—朝鮮儒学史の再定位—

十七世紀東アジアから考える

被誤讀的
儒學史

國家存亡關頭的思想，十七世紀朝鮮儒學新論

姜智恩 著

蔣薰誼——譯

目次

前言

　　本書旨在重新思考朝鮮朝（1392-1910）儒學史的展開過程，考察重點尤在於釐清朝鮮朝中期、十七世紀儒者活動及作為的思想史脈絡。然而，本書的討論並非始於十七世紀，而是二十世紀前後，進而言之，不是單純從朝鮮儒者出發，而是從東亞知識人所背負的時代使命開始追述。理由是，為了恢復朝鮮儒學史的真實樣貌，必須採取含括中、日、韓三國的東亞全體視野。同時，還必須考慮到朝鮮儒學史研究正式開始時，研究者所身處的環境。

　　眾所周知，「中國」或「東亞」能否成為歷史研究的單位，至今仍有爭論。爭論的核心在於，歷史中的「中國」或「東亞」是否曾以具有同一性的單位存在。例如，對於學術史長期將「中國」當作「漢族」的「漢文明」敘述，羅友枝（Evelyn S. Rawski）[1]、石橋崇雄[2]、歐立德（Mark C. Elliott）[3]等所

1　Rawski, Evelyn S., "Reenvisioning the Qing: The Significance of the Qing Period in Chinese History," *The Journal of Asian Studies* 55:4 (November1996).; *The Last Emperors: A Social History of Qing Imperial Institutions* (Berkeley: University of California Press, 1998).

2　石橋崇雄，《大清帝国》（東京：講談社，2000）。

3　Elliott, Mark C., *The Manchu Way: the Eight Banners and Ethnic Identity in Late Imperial China* (Stanford, Calif.: Stanford University Press, 2001).

謂的「新清史」（New Qing History）研究者曾論證，清帝國統治者所打造的是多民族國家體制，且帝國經營的成功關鍵也非何炳棣一直以來所主張的積極漢化。4

如此說來，「中國」若非以「漢族」的「漢文明」為一個整體，以其為單位講述的「中國○○史」或是「中華○○原理」等研究史，不就必須重新進行論述嗎？與此種困惑相對的，出現了質疑「東亞」視野的討論。例如，葛兆光主張，在接受漢唐所代表的中華文明的韓國、日本，從十七世紀中葉開始，以漢唐中華為歷史記憶的文化認同逐漸瓦解。從那時開始，帶有歷史同一性的「東亞」空間便不復存在。近來他又指出，為了打破將現存民族國家看成是歷史上的中國之研究方法，「亞洲」被當作歷史空間來研究，但是這些研究在強化「東亞」的連帶性和同一性的過程中，時常有意無意地淡化中國、日本、朝鮮的差異，也因此導致亞洲之中的中國變得模糊。5

本書礙於篇幅無法加入上述討論。只是，無關乎帶有歷史同一性的「東亞」是否存在，筆者認為「東亞」是能夠清楚認識「中國、日本、朝鮮之差異」的空間。如後所述，從十七世

4　Ho, Ping-ti, "The Significance of the Ch'ing Period in Chinese History," *The Journal of Asian Studies* 26:2 (February 1967).

5　葛兆光，〈地雖近而心漸遠──十七世紀中葉以後的中國、朝鮮和日本〉，《台灣東亞文明研究學刊》第3卷第1號（台北：臺灣大學人文社會高等研究院，2006）；〈重建「中國」的歷史論述〉，《二十一世紀》第90號（香港：香港中文大學中國文化研究所，2005）。

紀中葉日本的例子來看，過去持續認同中華的日本人，到了這個時點之後就不再認同──此種說法脫離史實。就朝鮮儒者而言，無論認同的中華是否實際存在於西邊，他們的中華認同都益發強烈，甚至可以說，真正意義上的東亞在十七世紀以後才誕生。[6]若去除以中國為中心的「天下」，便無法正確解讀朝鮮儒者遺留的著作。欲正確地了解朝鮮儒學史，東亞的視野便不可或缺。

朝鮮儒學史無論在形成過程，或是作為近代學術的研究對象開始被述說之際，都帶有跨越國境的性質。即，朝鮮時代立足於以中國為中心的「天下」，將該「天下」中自己所應有的狀態當作思考的基準。又，從十九世紀開始到殖民地時代，朝鮮儒學一邊強烈地意識著德川日本的儒學史及近代日本的學術研究成果，一邊設定自己的研究課題。對於欲納入統治之下的中國和朝鮮，日本曾詳細分析其歷史，而中國和韓國學界則不斷地學習日本的學說並加以反駁。即是說，朝鮮儒學史的研究，受到朝鮮外部因素的強烈影響，又與中國學界相似地，以應對外部影響的方式展開研究。

在二十世紀，找出朝鮮儒學史意義的工作，除了研究者，尚由愛國運動家、媒體工作者等各種領域中的人們所推動。他們肩負著時代的使命感，回顧朝鮮的歷史。他們對於朝鮮儒學史的思考與探索，被後人延展或補足，延續至今。然而，在當時的東亞情勢中所做的研究，是否對史料產生重大「誤解」？

6　詳細內容參照第二章。

這是筆者最初所抱持的問題意識。

該「誤解」的內容如下。

朝鮮儒學思想史被認為在十七世紀發生轉折。朝鮮半島在1592至1636年的四十多年間，受到中國及日本的四次侵略。在那個苦難的年代，經書解釋中出現了與朱子學解釋不同的學說。那些新的解釋被定義為：一部分的儒者為了度過嚴峻的時代，摸索出取代現有朱子學的新思想，而新解釋之產生即為其中一環。

但是，本書對於這樣的定義，將進行如下的再檢討。

首先，考慮到二十世紀前後的狀況，朝鮮半島的知識分子們面臨國家、民族的危機，欲從朝鮮儒學史中找出「近代性」思想的萌芽。他們在過程中，從十七世紀儒者們的著作推導出以下見解：十七世紀儒者認為以往的思想——朱子學——無法度過眼前的危機。然而，儘管二十世紀的知識分子存在此種問題意識，但十七世紀的儒者是否如此？本書擬就此詳細闡明。

為確認其過程，需先行考慮十七世紀朝鮮儒者的時代觀念，他們如何接受東亞當時發生的最大「事件」——「明清交替」，進而如何認識自己的時代使命？當「夷」取代「華」之時，朝鮮儒者是否開始對朱子學抱持懷疑？還是他們反而抱持更大的使命感來進行朱子學研究？本書擬透過分析史料究明此事。

其次，在十七世紀的朝鮮儒學界，異於朱熹（1130-1200）之經書詮釋的新解釋如何出現？新解釋在朝鮮儒學史的意義為何？這些新解釋的作者經過何種過程提出己見？當時的社會如

何接受它？本書將分析這些儒者的同儕及政敵的反應，藉此考察他們對於此事的理解。提出新見解的行為是否意味著對現有權威思想體系的挑戰？又，提出新學說之人是否自視為朱子學的批判者？

　　朝鮮儒者所生存的世界，與二十世紀前後知識分子所面對的東亞情勢大不相同。因此，從西方殖民中尋求救國方法的近代知識分子，和抱持以中國為中心之天下意識的朝鮮儒者，兩者所立定之「為了國家」或「為了天下」的志向截然不同。然而，當殖民地時代的韓國知識分子為朝鮮儒者的活動及作為賦予意義時，卻遺忘朝鮮朝儒者所生存的社會現實與他們的生存方式。

　　在殖民地時代，韓國的知識分子視奪回主權乃韓國作為近代民族國家的最優先使命。因此他們無法從朝鮮儒者的視角觀看，也沒有餘裕踏實地考量朝鮮儒者窮極一生究竟追求何物，朝鮮儒學史的內涵與意義到底為何。二十世紀後半出生的筆者，對當年知識分子所背負之沉重的使命感實在難以想像。儘管本書的內容以朝鮮儒學史為主旨，並試圖修正它後來所應有的歷史定位，但是筆者願學習這些知識分子的志向與抱負，並追隨他們，腳踏實地的完成擺在二十一世紀學術界前頭的時代使命。

第一章

二十世紀初「東亞」之誕生

　　二十世紀初頭，當帝國主義逐漸覆蓋亞洲，東亞的中日韓三國學界，紛紛依照本國狀況設定目標，描繪出各自國家的「歷史」。面臨西方文明傳播所帶來的世紀轉換期，各國知識分子乃重新審視本國歷史，以藉此建立未來的發展方向，此即他們所擔負的時代使命。當然，身處殖民地的韓國知識分子也不例外，他們於回顧本國歷史之際，一邊反省當時的狀態，一邊思考國家、民族的未來。

　　在這樣的危機意識下，對於朝鮮儒學的關心和批判日益增長，儒學史研究因而正式展開。知識分子試圖透過史料詮釋，以歷史證明本國仍具有持續存續的力量。然而，在此國家、民族陷入生死存亡危機之際，知識分子所設定的研究目標及從之衍生的觀點，可能對研究對象有所扭曲。這是因為，他們超乎史實地強調能夠凸顯此種繼續存活的力量──或可稱之為「推進力」──的部分。而無助於「推進力」，或者正相反的部分，便不會成為研究對象，甚至連存在本身都遭到抹殺。

　　其次，在殖民地時代，殖民當局為了建立殖民政策積極進行殖民地研究，而殖民地學界則以對抗當局的研究及主張為目的。因此，他們未能對當局設定的問題本身產生疑問，反而總是在被設定的框架中展開反駁。以朝鮮儒者最傾注力量的朱子學研究為例，殖民當局的御用學者提出，朝鮮儒者只知跟從朱子學，卻毫無獨創性。相對的，韓國的民族運動者則主張，朝鮮存在著異於朱子學的陽明學派及朱子學批判者。由此導致「獨創性」成為此後描繪朝鮮儒學史的焦點。要言之，在殖民的背景下，朝鮮儒學史研究以外部所給予的主題為中心展開，

因此無法避免研究視點的扭曲。

　　因此，本章擬先從過往的儒學史研究，檢視殖民地知識分子與時代使命糾纏的過程。

第一節　對於儒學史的關注

梁啟超、井上哲次郎、丸山真男的思想史敘述

　　十九世紀末，因為在兩次鴉片戰爭、甲午戰爭中敗北等原因，「中華天朝」陷入危機。許多知識分子在此情勢中，力圖「救國」。其代表人物，如梁啟超（1873-1929），積極參與變法政策，一邊介紹海外新知識，一邊編纂中國學術史，展開啟蒙教育。他以「在十九世紀末和二十世紀初對中國社會所做出的突破性貢獻」[1]而聞名。梁啟超的文章之所以影響力巨大，並非因為他曾位居政界高位，而是因為梁啟超「將西洋近代文明的精髓，進行學術性地攝取、介紹，進行基盤整備使其定著，同時使其作為提升『民智』、形成『國民』的言論普及滲透」。[2]例如他透過日本──西洋文明輸入東亞的窗口──學習社會達爾文主義。其後，該理論又經由他的著作輸入韓國，引起反響。社會達爾文主義透過梁啟超的《飲冰室文集》輸入韓國，其中

1　吳松，〈點校前言〉，梁啟超著、吳松等點校，《飲冰室文集點校》第一集（昆明：雲南教育出版社，2001），頁1。

2　狹間直樹，〈序文〉，狹間直樹編，《共同研究梁啟超──西洋近代思想と明治日本》（東京：みすず書房，1999），頁2。

一部分被翻譯成韓文，作為學校的教材使用。1905至1910年之間，韓國的報紙和愛國啟蒙團體的機關報刊登了它，社會大眾得以與之接觸。[3]申采浩（1880-1936）等韓國民族運動者吸收了梁啟超的變法自強思想，展開思想運動。[4]可以說，梁啟超在引導當代知識分子作為適應新時代的「東亞人」一事上，扮演著重要的角色。

那麼，使梁啟超作為「東亞人」活躍於世的原動力是什麼？他在二十五歲時（1897）寄給嚴復（1854-1921）的信中，如此寫道：

> 地球既入文明之運，則蒸蒸相逼，不得不變，不特中國民權之說即當大行，即各地土番野傜亦當丕變。其不變者，即漸滅以至於盡，此又不易之理也。[5]

3　Jeon Jahyeon、高熙卓，〈從近代韓國的社會進化論導入、變容看政治認識構造——在國家獨立與文明開化之間〉，《大韓政治學報》（首爾：大韓政治學會，2011），頁29。

4　關於社會進化論透過梁啟超著作在韓國的傳播，參照：李光麟，〈舊韓末進化論的受容及其影響〉，《韓國開化思想研究》（首爾：一潮閣，1979），頁260-266；申一澈、千寬宇、金允植座談紀錄，〈丹齋申采浩論〉，《韓國學報》第5號（首爾：一志社，1979），頁174；李泰鎮，〈如何看待黨爭〉，李泰鎮編，《朝鮮時代政治史的再認識》改訂版（首爾：太學社，2003），頁30-31。

5　梁啟超，〈與嚴幼陵先生書〉，吳松等點校，《飲冰室文集點校》第1集，頁178。（嚴復字又陵，而此處作幼陵。「又」與「幼」是否因發音相同造成傳抄之誤，還是書信原本誤植，尚無法確認。）

　　梁啟超抱持「其不變者即漸滅以至於盡」的危機感。因此，他立志於「變法自強」，努力吸取海外新知，並向啟蒙教育邁進。他認為變化、繼續發展對生存而言是不可或缺的條件。基於這樣的想法，他指出，中國學術的發展經歷了啟蒙、全盛、變質、衰退的過程。

　　首先，在《清代學術概論》中，梁啟超提到「我國（中國）文化史確有研究價值」。[6]接著以新思潮對舊思潮的克服來掌握文化史的發展。他說：「分四期：啟蒙期（生），全盛期（住），蛻分期（異），衰落期（滅）。無論何國何時代之思潮，其發展變遷，多循斯軌。啟蒙期者，對於舊思潮初起反動之期也。……反動者，凡以求建設新思潮也。然建設必先之以破壞，故此期之重要人物，其經歷皆用於破壞。……『清代思潮』果何物耶？簡單言之：則對於宋明理學之一大反動。」[7]他提出，中國學術史中的新思潮作為對前思潮的反動而展開。其中，清代思潮被理解成，對長久以來作為權威的宋明理學的反動，此點值得注意。

　　另一方面，在日本，經由明治維新建立了西方式的民族國家，以新政府為中心進行文明開化。推進殖產興業，著手富國強兵，並開始威脅鄰國的主權。進而加入列強行列，推動殖民政策。

6　梁啟超著、朱維錚導讀，《清代學術概論》（上海：上海古籍出版社，2000），頁105。

7　同上，頁2-3。

　　在這樣的情勢中，日本政府的御用學者以學術活動支援政
府政策，代表人物為井上哲次郎。他在1910年7月自己創設的
東亞協會主辦的活動中，展開為期兩週，題為「國民道德研
究」的講習會。以講習會為端緒，他受當時的文部大臣之命進
行了數次國民道德論的演講。之後，因為「對於講習員的要求
甚為急切」，將演講內容出版成《國民道德概論》一書。[8]書
中，井上主張「一個小家族已經使家族制度成形，若將許多個
它集合起來，便能成為一個大的家族制度。它就是國家全體。
小家族是將國家全體縮小後的形態。所以在一個小家族內對家
長盡孝，與在大家族內對君盡忠，在道德上性質相同。」[9]他利
用儒學的價值觀鼓吹「愛國」意識。

　　又，井上哲次郎舉出日本朱子學派的思想，作為日本國民
道德的源流之一。在《日本朱子學派之哲學》中寫道：「作為
德川氏三百年間我國的教育主義，對於國民道德發展有偉大影

8　井上哲次郎，〈國民道德概論序〉，《國民道德概論》（鳥薗進監修，鳥薗
　　進、磯前順一編纂，《井上哲次郎集》，收入《シリーズ日本の宗教學二》
　　第2卷，東京：クレス出版，2003），頁1-3。此版本是大正元年（1912）8
　　月1日，三省堂書店發行本之影印本。此外，該書在1918年還發行了增訂
　　版，名為《增訂國民道德概論》；1928年發行新修版，名為《新修國民道
　　德概論》。
　　〈國民道德概論序〉中具體地記錄了當時國民道德講習會如何展開。最初為
　　在東京外國語大學講習會後，於同年（1910）12月，受當時文部大臣小松
　　原英太郎之命，在文部省修文館舉行長達九日對師範學校修身科教員的講
　　習會。隔年，井上又受託主講中等教員的講習會，在東京帝國大學進行五
　　日的講習。這些講習的紀錄經訂正增補後，出版成《國民道德概論》。
9　井上哲次郎，《國民道德概論》，頁270。

響的朱子學派之史學研究，豈可一日忽視之。」[10] 此書講述德川時代朱子學思想對國民道德的發展帶來極大貢獻，並在此基礎上系統性地討論屬於日本朱子學派的人物及其學說。1905年12月初版刊行，到1933年2月已發行到十五版。可知當時在日本社會引起極大反響。

繼國民道德論之興盛，接著是「近代的超克」論風靡戰爭期日本。「第二次世界大戰開始前及其進行中盛行的『近代的超克』論，不啻是呼應以日本為『盟主』之東亞戰勝歐美、進而稱霸世界的『預設構想』的理論。」[11] 進一步說，此想法「在越來越庸俗化的過程中，具現化為以國民精神總動員運動為名，駁雜地否認西歐文化。而在社會面的實態是，藉由警察權力強制施行神道信仰，尤其是天皇制神道」。[12]

此外，二戰期間，丸山真男主張，十七世紀在日本興起的古學派挑戰了朱子學思維方式，意味著「近代意識的成長」。[13]

---

10 井上哲次郎，〈日本朱子學派之哲學序〉，《日本朱子學派之哲學》第十五版（東京：富山房，1933），頁5-6。

11 廣松涉，《「近代的超克」論──昭和思想史への一視角》（東京：講談社，1989），頁5。

12 中村哲夫，〈梁啟超と「近代の超克」論〉，狹間直樹編，《共同研究梁啟超──西洋近代思想と明治日本》，頁388。

13 丸山真男於1940至1944年間執筆三篇論文，首先刊登在《國家學會雜誌》，其後經整理成書出版，即丸山真男，《日本政治思想史研究》（東京：東京大學出版會，1952）。1974年英譯本出版時，添加了〈英文版作者序〉。此序文也被添加於1982年以後的日文新裝版。參照同書〈英文版作者序〉，頁377。

後來，他以批判「近代的超克」的立場指出，在1940年代的
日本「『近代的超克』已成為最重要的課題，然而卻還未達成
近代化」，[14] 用以批判當時的思想潮流。

　　在那個時代，人們企望在思想史研究中尋獲革新思想，如
能夠挑戰朱子學等過往學術權威的存在。明治時期的陽明學研
究也是如此，「在《王陽明》中，雪嶺[15] 認為儒教並非盲從孔
孟，而是帶有追求真理的『獨立性』和『創造性』，因而與發
達的西洋哲學為同樣的哲學，並認為陽明學是其頂點。羯南[16]
在此書的跋中特別表彰李卓吾不拘成例的思想自由。在這裡，
王陽明的『自得』論被發揚為思想進步的源泉」。[17] 從那之後，
中國大陸或台灣具有代表性的日本陽明學研究書，都以井上哲
次郎或高瀨武次郎的著作為據，論證日本的陽明學被「置於與
官學即朱子學對立而作為異端的被壓制的民間革新思想的地位
上⋯⋯在現在（指此書出版年1996年——引用者注）的日本也
是通行的說法，但並不是事實」。[18]

　　上述例子展現在二十世紀前半的動盪年代中，知識分子回
應時代要求，對儒學史做出解釋的過程。梁啟超透過整理儒學
史，努力探尋本國能夠度過時代危機的潛力。井上哲次郎欲從

14　丸山真男，〈英文版作者序〉，《日本政治思想史研究》，頁397。

15　引用者注：三宅雪嶺（雄二郎）（1860-1945），《王陽明》（東京：哲學書
　　院，1895）。

16　引用者注：陸羯南（1857-1907）。

17　荻生茂博，〈幕末與明治時期的陽明學與明清思想史〉，嚴紹璗、源了圓
　　編，《中日文化交流史大系3思想卷》（杭州：浙江人民，1996），頁295。

18　同上，頁299。

儒學史表現國民道德的源流，丸山真男則欲在儒學史中確認近代意識的成長。從這些儒學史敘述可以發現，研究者——特別是日本的研究者——都以正面評價看待本國儒學史。但是，韓國的狀況卻極為不同。

殖民地知識分子的時代使命

二十世紀初，逐漸殖民地化的韓國，內部產生了對本國儒學史的嚴厲批判。他們將朝鮮王朝的官學朱子學及儒者視為招致亡國危機的罪魁禍首。他們批判朝鮮的儒者過度傾心朱子學，埋頭於理論鬥爭且不諳國際情勢，並責備後者未考慮國家利益，結果導致國家滅亡。朝鮮儒學逐漸成為舉國的眾矢之的，其中最受批判的是朝鮮儒學界極度偏於朱子學的傾向。

1900年代初，《大韓每日申報》的社論針對儒家，呼籲：「若利用時勢研究時務，是儒學之幸，也是國家之幸。但是，若具有高等知識，居上流社會階層多數的士不能覺醒於此，……終而國將亡，使我民族以至斷絕。……（儒家知識分子）不能不為國家而反省，不能不為同胞而反省，不能不為子孫而反省。」[19] 1909年《皇城新聞》社論以「墨守死法，盡慕虛文迂論，漸失實德」[20]等，對輕視實踐的儒者社會風氣進行激烈批判。

---

19 論說〈警告儒林同胞（續）〉，《大韓每日申報》第2卷第187號，1908年1月16日。

20 論說〈勸告儒林社會〉，《皇城新聞》第3197號，1909年10月12日。

　　由於儒者階層肩負營運朝鮮社會的責任，他們被要求覺醒，或是被追究亡國的責任，都是理所當然。因此，從朝鮮社會中儒者的角色來看，在思考國家未來之際，反省儒學史和儒者社會的行為都是不可或缺的。

　　民族運動者申采浩批判朝鮮過度尊崇儒教的現象，他說：「李朝以來，尊崇儒教，五百年間，書籍不是四書五經就是四書五經的老調重彈。學術只有講論心、性、理、氣。除了朝鮮，還有其他社會如此單調嗎？」[21]又指出：「幾百年間，學界輩出狠毒的暴君，如果某人的議論或言語，有絲毫超越該陋儒所劃的範圍，就會被斥為異端邪說、夷狄禽獸，按照儒林相傳的斯文亂賊（亂儒學之罪人——引用者注）之律被誅殺」，[22]他批評朝鮮的儒者原教旨主義般的擁護朱子學，彈壓獨創性見解。因此，申采浩力說：「若欲擴張儒教，應擴張儒教的真理，棄『虛偽』，務『實學』。」[23]

　　此處的「實學」，一般指「朝鮮後期出現，對應社會環境的變化，脫卻過去遠離現實的理論，以實際有用的學問為目標之學風」。[24]此定義隱含的意思是，此新學風與過去的學風大不

---

21 申采浩，〈沒有問題的論文〉（1928年1月1日《朝鮮日報》刊登），丹齋申采浩先生紀念事業會編，《丹齋申采浩全集》下（首爾：瑩雪出版社，1979），頁156。

22 申采浩，〈舊書刊行論〉（1908年12月18-20日《大韓每日申報》刊登），《丹齋申采浩全集》下，頁100。

23 申采浩，〈論儒教擴張〉（1909年6月16日《大韓每日申報》刊登），《丹齋申采浩全集》下，頁119-120。

24 首先將「實學」作為「朝鮮後期登場的新學風」意義使用的人，被認為是

相同。例如千寬宇認為，柳馨遠（1622-1673）正視社會現實，對國家體制提出具體的改革案，與過去學風極為不同。只是他同時將柳馨遠立基於儒學傳統的事實，理解為他未能全面脫除東方封建社會的本質。[25]

　　然而，韓㳂劤主張：「實學是李朝儒學者的共通想法，指的是實心實學──作為一個研究學問的人所被要求的基本態度與對德性的體會認識。即，其學問必須包含治人之實。由於從三代之治、聖賢之書尋求治人的實際方法和理想，故可稱為窮經實學。也就是，實學不是只在特定時期、特定儒者身上才能看見。朝鮮後期所謂的『實學』應稱為『經世致用之學』。」同時，韓㳂劤認為：「從事『經世致用之學』的人物都是被疏遠於治人位置之外者，因此能以客觀立場，面向經世給予辛辣的批判，此點應該注意。」[26]韓㳂劤對「實學」一詞的再定義，以它對殖民地時代以來「朝鮮後期出現之實學」的「發現」及過度「賦予意義」兩事敲響警鐘來看，具有重要的意義。韓㳂劤的再定義顯示，「朝鮮後期出現『實學派』且顛覆過去朝鮮儒者的『虛學』浪潮」一事實際上無法成功推論，也無法輕率

　　稻葉岩吉（1876-1940）。引自權純哲，〈韓國思想史における「実学」の植民地近代性──韓国思想史再考Ⅰ〉，《日本アジア研究》第2號（埼玉：埼玉大學大學院文化科學研究科博士後期課程紀要二，2005）。

25　千寬宇，〈磻溪柳馨遠研究（上）、（下）──從實學發生看李朝社會之一斷面〉，《歷史學報》第2、3號（首爾：歷史學會，1952）。

26　韓㳂劤，〈關於李朝「實學」概念〉，《震檀學報》第50號（首爾：震檀學會，1958），及〈明齋尹拯的「實學」觀──李朝實學概念再論〉，《東國史學》第6號（首爾：東國史學會，1960）。

地稱之為思想上的一股新潮流。

然而,「實學」一詞已如千寬宇定義般,指向與朝鮮前期有根本上差異的新學風,成為特定概念,廣泛使用於今日。時至今日,非常多的朝鮮研究都基於此說,在進一步補足或擴大該定義後,展開研究。[27] 詹姆斯‧帕拉斯(James B. Palais)指出,過去的研究述說所謂的實學者脫離傳統儒學,領導人們向某種「現代化」的道路前進。然而,這些都是出於誤解的評價。[28]

殖民地時代的申采浩,在強調相反於「虛偽」之學的意義下,使用「實學」之詞。[29] 又,他將現在被歸作「實學派」的朴趾源(1737-1805)視為思想界的偉人,將丁若鏞(1762-1836)稱為經世學的大家,作為與「虛偽」對比的「實學」代表,給予高度評價,主張一定要傳承兩者的著作。[30] 如果我們把此處之「實學」換成「經世致用之學」來看,[31] 丁若鏞的經世學與他作為儒者的理想便不矛盾。換言之,對於所謂「實學派」的人物

---

27 例如尹絲淳認為:實學不只是學風和方法論,它本身就是一門學問,作為其基盤的思想可以在朴世堂的學問中找到。參見尹絲淳,〈朴世堂的實學思想相關研究〉,《亞細亞研究》第15卷第2號,通卷第46號別冊(首爾:高麗大學亞細亞問題研究所,1972)。

28 Palais, James B., *Confucian State craft and Korean Institutions: Yu Hyŏngwŏn and the Late Chosŏn Dynasty* (Seattle: University of Washington Press, 1996), 14.

29 申采浩,〈論儒教擴張〉,頁119-120。

30 申采浩,〈舊書刊行論〉,《丹齋申采浩全集》下,頁102。

31 玄相允(1893-?)執筆《朝鮮儒學史》(首爾:民眾書館,1949)時,在用語上以「經濟學派」取代「實學派」,是認可朝鮮初期的儒學史價值的前提下,敘述後期儒學史變化的做法。

以三代之治為理想之事，便無需特地將其視為未能順利脫離封建思想，也不需要為了賦予實學派意義，而抹殺在它之前的思想史的意義。

只是，對申采浩而言，朝鮮儒學史研究是「從民族主義立場批判、評價儒教」，[32] 他「在認可傳統實學影響的同時，欲克服儒學、朱子學的舊態」。[33] 背負時代使命的申采浩，對於朝鮮儒者懷抱的儒學理想，恐怕不容易冷靜地考察。

鄭寅普（1893-1950以後？）和申采浩從同樣的批判意識出發，進行朝鮮陽明學派的研究。1933年，他認為「朝鮮在數百年間，學問只有儒學，儒學只信奉程朱」，[34] 並將朝鮮的儒學稱為「虛和假」之學。接著，以捨棄「虛和假」，順從「實心」的角度，標舉朝鮮陽明學派。他在《東亞日報》中連載〈陽明學演論〉多達六十六回，力說朝鮮過去存在努力超越朱子學的陽明學派。[35] 關於此事，中純夫說：

32　尹絲淳，〈丹齋申采浩的儒教觀〉，《韓國儒學思想論》增補版（首爾：藝文書院，2002），頁527。

33　申一澈、千寬宇、金允植座談紀錄〈丹齋申采浩論〉，頁174。

34　鄭寅普，〈陽明學演論〉，《陽明學演論（外）》（首爾：三星文化財團，1972），頁11。據洪以燮的解題，〈陽明學演論〉是1930年代在報紙上刊登的論稿（準確來說，應是刊載於1933年度《東亞日報》上的論稿），收錄在《薝園國學散藁》（1955年刊）第四篇，1972年和〈國學人物論〉一起被編成現在這本書。此外，其〈朝鮮的陽明學派〉有日文譯本如下：沈慶昊、小川晴久譯，〈朝鮮の陽明學派〉，《陽明學》第19號（東京：二松學舍大學東亞學術總合研究所陽明學研究部，2007）。

35　參照鄭寅普，〈陽明學演論〉，頁10-15。

　　鄭寅普是近代最初的朝鮮陽明學研究者，同時也是自視為江華學派（指朝鮮的陽明學派。此用詞早在 1972 年閔泳珪〔1915-2005〕即曾使用[36]——引用者注）後人的陽明學信奉者。無可否認的，他關於「朝鮮陽明學派」的研究包含了近於恣意推論和過度解釋的部分。並且，作為純然的學術研究進行評價時，那些部分損害了研究的客觀妥當性和實證性。然而，生存於那個激動的年代的鄭寅普從陽明學看到什麼？又向陽明學尋求什麼？把前述有問題的部分看成對這些問題的雄辯，可說具有極高的資料價值。[37]

　　批判朝鮮儒學史偏向朱子學的性質，同時積極挖掘對抗朱子學或欲從朱子學脫離的人物、學派——這便是殖民地時代韓國學界的動向。促成此種現象的原因之一，即是來自外部對朝鮮儒學的批判。

　　例如，殖民地時代的京城帝國大學（今首爾大學）教授高橋亨[38]（1878-1967）的批評：

---

36 閔泳珪，〈為堂鄭寅普先生行狀展現的幾個問題——實學原始〉，《東方學誌》第 13 號（首爾：延世大學國學研究院，1972）。閔泳珪論文的日文譯文如下：閔泳珪、小川晴久譯，〈為堂鄭寅普先生の行狀に現れるいくつかの問題——実学原始〉，《陽明學》第 19 號（東京：二松學舍大學東亞學術總合研究所陽明學研究部，2007）。

37 中純夫，《朝鮮の陽明学——初期江華学派の研究》（東京：汲古書院，2013），頁 46-47。

38 今日的韓國學界，一方面批判高橋亨透過皇國史觀故意貶低韓國儒學的價值，一方面承認他在朝鮮儒學研究史上起了一定的作用。

　　退溪（李滉，退溪為號——引用者注）之學問既極善，
又是朝鮮儒者思索的典型，從廣義來說，代表全朝鮮人的
學問。然而（他）對創思發明極其貧弱，畢竟只不過是朱
子學的忠實紹述者而已。因此，解釋經書只以（朱子）
《集注》為金科玉律，從未想過應尋覓朱子以前之古義。
就此而言，我國（日本）有豪傑之儒如荻生徂徠、伊藤仁
齋二氏，終於開拓出自成一派之觀點，對抗作為官學之朱
子學，以雄大氣勢樹立了民學。這一點，本來就是日本人
與朝鮮人頭腦之不同處，將來一定也是兩者學風永遠不會
消失的差異。[39]

第一，他將朝鮮儒學史區分學派、進行系統性地討論。他將李退溪和李栗
谷的學術，區分為主理派和主氣派。他的區分法在之後的朝鮮儒學史討論
中屢屢被使用。見高橋亨，〈李朝儒学史に於ける主理派と主気派の発
達〉，《朝鮮支那文化の研究》（京城帝國大學法文學會第二部論纂第一
輯，1929）。例如，裵宗鎬，《韓國儒學史》（首爾：延世大學出版部，
1974）討論了「主理派和主氣派的對立」。將朝鮮儒學史分為學派別來討
論，見韓國思想史研究會編，《朝鮮儒學之學派》（首爾：藝文書院，
1996）。他也指出退溪學派和栗谷學派各自確立了「主理說」、「主氣說」。
又，阿部吉雄，《日本朱子學と朝鮮》（東京：東京大學出版會，1965）也
提及高橋亨作為先行研究者，使用了主理和主氣的區分法。
第二，對於高橋觀點之質疑，產生的問題意識導致新的研究不斷地出現。
例如，千寬宇論及柳馨遠實學思想之際，對高橋亨的柳馨遠研究進行論駁
（〈磻溪柳馨遠研究（上）——從實學發生看李朝社會之一斷面〉，頁42-
44）。又，尹絲淳一邊駁斥高橋否定韓國儒學獨特性的論點，一邊論述了
韓國儒學的獨自性（〈韓國儒學的諸問題〉，《韓國學報》第3號〔首爾：
一志社，1977〕，頁192-201）。
39 高橋亨，〈朝鮮儒學大觀〉，《朝鮮史講座》（京城：朝鮮史學會編，

高橋亨認為，朝鮮儒學只不過是跟從朱子學而已，就算再優秀的儒者也沒有多大意義，他們在經書解釋中不斷重複朱熹之說，不具創見。換言之，他以德川日本古學派「不屈於作為官學的朱子學權威，樹立新的一派」之事為基準，貶低與此不同的朝鮮儒學。儘管據今日日本思想史學界的研究成果，高橋亨關於德川日本古學派的見解未必正確，此處先不論其正誤。他評價伊藤仁齋、荻生徂徠超越朱子的學說，有其新見地。他從「批判朱子學」和「獨創性」的觀點，強調朝鮮儒學史的「跟從朱子學」和「缺乏獨創性」。

高橋從上述觀點出發，視朝鮮陽明學為「異學」，並評價其意義。[40]另一方面，鄭寅普也如同前述般賦予朝鮮陽明學意義。這麼說來，若欲貶低朝鮮的歷史，就強調「異學」的萌芽在朱子學的彈壓下消滅；若欲在一面倒向朱子學的處境中解救朝鮮的歷史，就強調「異學」萌芽本身的意義。儘管兩者的強調點不同，任一方卻都認為，「異學」萌芽於批判位居權力中心部之朱子學的意識，因此必須加以評價。

如同上述，無論是朝鮮學界或殖民當局，都視側重朱子學

1927），頁35-36。〈朝鮮儒學大觀〉也被收錄在川原秀城、金光來編譯，《高橋亨朝鮮儒學論集》（東京：知泉書館，2011）。

40 參照高橋亨，〈朝鮮の陽明學派〉，《朝鮮學報》第4號（奈良：朝鮮學會，1953）；中純夫，〈高橋亨〈朝鮮の陽明學派〉譯注〉，《東洋古典學研究》第36號（東廣島：東洋古典學研究會，2013）；權純哲〈〔增訂〕高橋亨の朝鮮儒学研究における「異学派」──京城帝大講義ノートを読む〉，《埼玉大學紀要（教養學部）》第50卷第1號（埼玉：埼玉大學，2014）等。

為朝鮮儒學史的最大弱點。進一步說，就活在動盪的二十世紀初的人們看來，朝鮮儒學史上圍繞著朱子學理論的激烈論爭，除了脫離現實的理論以外什麼都不是。此外，從朝鮮儒學史中「發現」朝鮮「甚貧弱於創思發明」，或是沉迷於脫離現實的理論所引起之黨派鬥爭的「民族性」，對殖民當局都很有利。其後，韓國的民族運動者為了對抗殖民地當局所主張的「甚貧弱於創思發明」，致力於找出朝鮮儒學史中「批判朱子學」的意識和獨創性，便是理所當然的結果。

安在鴻（1891-1965）等進行抗日政治鬥爭的活動者，在反覆被捕入獄的殘酷狀況中，轉向以文化運動的方法進行鬥爭。他決意推進「闡明朝鮮固有的東西、朝鮮文化的特色、朝鮮的傳統，使其成為系統性的學問」。[41] 他說：

> 滿洲事變發生以來，我一次又一次入獄，世局益發嚴峻。我在獄中意識到，在政治上進行鬥爭，暫時是絕望的。所以鑽研我國歷史，使民族精氣存留不朽，成為我自任之最高使命。[42]

也就是，截至當時展開的政治鬥爭，不得不如同「使民族

---

41 安在鴻，〈朝鮮學的問題〉，《新朝鮮》，1934。轉引用自韓永愚，〈韓國學的概念與分野〉，《韓國學研究》第1號（首爾：檀國大學韓國學研究所，1994），頁13。

42 安在鴻，《朝鮮上古史鑑》卷頭文。轉引用自韓永愚，〈韓國學的概念與分野〉，頁13。

精氣存留不朽」般，帶著身處殖民地的時代使命，向國史研究
轉換。

　　如上所述，二十世紀前半的時代環境壓迫著殖民地的知識
分子。包含儒學史在內的朝鮮史研究的內在反省，與他們對抗
殖民當局蔑視朝鮮史的意識糾纏，政治問題開始與學術問題糾
纏不清。結果錯失機會，無法以客觀角度研究及還原朝鮮儒學
史開展的歷史環境、朝鮮儒者的自我認同，以及他們傾注力氣
研究經學的意義。

第二節　對十七世紀的注目

　　高橋等人所尖銳批評的朝鮮儒學史，其本質到底為何？高
橋說「甚貧弱於創思發明」，可以算是對朝鮮儒學史本質的一
種解釋？本書後述內容將闡明，他的說法其實著眼於，比起獨
創更重視繼承的朝鮮儒學史的傳統。除卻貶低韓國民族性的政
治意圖，他賦予「甚貧弱於創思發明」之印象的朝鮮儒學史
「特徵」，其實深刻地影響當時的韓國學界。韓國學界繼而強
調，此「弱點」在十七世紀迎來轉機。

　　十七世紀被認為是朝鮮儒學史迎來思想史轉折的時代。轉
折開始於，這個反覆受到外部侵略的苦難時代，在經書解釋方
面出現了異於朱子學的學說。二十世紀的韓國學界，對於這個
苦難時代與新經書解釋的出現，闡述其因果關係如下：一部分
的儒者為度過嚴峻時代，摸索能夠取代過往朱子學的新思想。
異於朱子學的新經書解釋即其成果，而此成果正是反駁「朝鮮

史僅有『跟從朱子學』之思想」及由之而來的「朝鮮民族的跟從性」的證據。

為了反思上述經緯，我們先向前回溯數百年。

十六世紀到十七世紀，是東亞各國樹立新秩序的時代。

在日本列島，豐臣秀吉（1537〔一說1536〕-1598）剷除明智光秀（1528-1582）勢力，並一統琉球和蝦夷地之外的日本後，作為入侵明朝中國的前哨戰出兵朝鮮，終而戰敗病逝。其後，德川家康（1542-1616）在關原之戰獲得勝利，於1603年在江戶建立新政權。

在中國大陸，女真族的努爾哈赤（清太祖，1559-1626）在1616年即帝位，稱國號為大金（後金）。其子皇太極（太宗，1592-1643）於1636年改國號為大清，其孫世祖入主北京。

在朝鮮半島，李成桂（朝鮮太祖，1335-1408）於1392年建立新王朝後，經過兩百年。夾在日本與中國間的朝鮮半島，受到兩國政情變化波及。曾受到日本（1592、1597）、後金（1627）、清（1636）的四次侵略，國土及民心荒廢，社會綱紀混亂。慘敗於「夷狄」女真的武力之屈辱，給予朝鮮儒者極大衝擊。1637年戰敗後，國王仁祖（1595-1649，1623-1649在位）向南面而坐的清太宗行三拜九叩之禮。[43]這個「事件」成為朝鮮儒者亟欲雪除的恥辱。清朝成立後，朝鮮儒者冀望反清復明，一邊注意大陸的情報，一邊等待雪恥的時機。

43《朝鮮王朝實錄（仁祖實錄）》仁祖十五年（1637）1月30日庚午：「龍胡等引入，設席於壇下北面，請上就席，使清人臚唱。上行三拜九叩頭禮。」

　　十七世紀的學術狀況在現代受到極大注目，乃肇因於此種
假說：朝鮮在十七世紀面臨建國以來的最大危機，在此嚴峻狀
況下，身為朝鮮知識階層的儒者，不能不摸索新的活路。因此
當時萌生了懷疑官學朱子學之意識，也發生了「思想史轉
折」。以下簡述現代學界對於十七世紀學術史的注目。

　　現代學界普遍認為，在此時期出現了對於朱子學的懷疑，
以及朱子學世界觀之變化，並且視其為韓國思想史上重要的轉
折。以此作為朝鮮後期的政治思想史、儒學思想史、文學思想
史研究的關鍵，現代研究者有如下描述：

　　十七世紀中葉，拒絕朱子學＝儒學的普遍想法，反對透
　過朱子學理論理解孔孟、將朱子學視為絕對的學問態度，
　這樣的新學風出現了。這是以壬辰倭亂、丙子胡亂為起
　點，與中世社會體制的動搖、崩壞現象密切關聯，而展開
　的認識、思惟樣式的變化，即所謂的「反朱子學」的登
　場。44

　　性理學作為朝鮮朝的官學（統治原理），有著很大的歷
　史影響。另一方面，對於性理學的學風及其本身的不滿，
　導致新的儒學（儒學革新——原注）產生，我們不能輕視
　脫性理學的歷史貢獻。45

---

44 金駿錫，《朝鮮後期政治思想史研究》（首爾：知識產業社，2003），頁25。
45 尹絲淳，《韓國儒學思想論》增補版（首爾：藝文書院，2002），頁367-368。

　　與朝鮮後期精神史中所有新變化相同，該時代的文學思想及文體的遷移，也從朱子學世界觀的動搖、鬆弛、解體的過程開始，作為該過程的一部分或是與該過程有所關聯地展開。因此，欲認識此種變遷的樣態，首先不得不以朱子學式的文學思想及文體美學為基點著手。[46]

　　從史料可以看出，十七世紀的朝鮮儒學界，非常活潑地進行圍繞著朱子學的理氣、心性的論爭。此外，也發生如：提出異於朱子學的解釋，導致朴世堂（1629-1703）《思辨錄》和崔錫鼎（1646-1715）《禮記類編》等經書研究著作被焚書處分的事件。尹鑴（1617-1680）和朴世堂被批評為「斯文亂賊」，前者最終被賜死，後者在七十五歲高齡時被褫奪官爵，差一點流放遠方。[47]換言之，史料述說的是，朱子學的一方基於嚴格的原教旨主義壓制了所有的反對言論。此外，若注意尹鑴和朴世堂等朝鮮儒學界的「斯文亂賊」的登場，會發現，十七世紀朝鮮儒學史將朱子學的挑戰者與原本朱子學的一方，歸納成對立的架構。

　　1966年，李丙燾（1896-1989）如下定義尹鑴及朴世堂的經書注釋：

---

46 李東歡，〈朝鮮後期的文學思想和文體遷移〉，黃浿江等編，《韓國文學研究入門》第14刷（首爾：知識產業社，2000），頁291。
47 由於李寅燁的上疏獲採納，朴世堂最終未被流放。

　　暫且不談他們（尹鑴和朴世堂——引用者注）的見解和
解釋，是否比朱子的更進一步。他們呼喚學問的自由，試
圖脫離舊殼，他們進步且啟蒙的態度和思想非常重要而且
優秀。進一步說，在極為嚴苛的黨論中，提倡反對朱子學
的異說，實為大膽，或者，不能不稱許他們這是出於學問
良心的一種義憤。[48]

　　李丙燾最關注的是，兩者不屈服於官學朱子學，敢於提倡
不同意見之處。然而，如果要判定新的經書注釋有其意義，其
內容是否應該比現有的「不充分」解釋更向前邁進一步？然
而，李丙燾將尹鑴和朴世堂的見解或解釋，是否比過往的朱子
學解釋更有進展之事放在一旁，認為進步的、啟蒙的態度最重
要。這是因為，在他的想法背後，已預先安置了「他們身處黨
爭嚴重、反朱子學異說受到彈壓的時代背景下，卻……」的前
提。尹鑴和朴世堂的經書解釋，在內容價值被審視之前，因為
作者敢於提出不同意見的「進步的、啟蒙的」態度，就被朝鮮
儒學史視為深具意義的著作。
　　那麼，尹鑴和朴世堂為何提出異於朱子學之注釋？
　　尹鑴和朴世堂處於因外國四次侵略而國土和民心皆告荒廢
的嚴峻時代。而比他們面臨更殘酷的現實的殖民地時代韓國知
識分子，所建立的論述是：他們兩人判斷依靠朱子學無法度過

48　李丙燾，〈朴西溪和反朱子學思想〉，《大東文化研究》第3號（首爾：成
　　均館大學大東文化研究院，1966），頁1。

危機，必須努力探求新思想。因此，視尹鑴和朴世堂為反朱子學思想的主張者，將兩人評價為導致朝鮮後期實學派出現、使「思想史轉折」萌芽的人物。例如，李丙燾認為，十七世紀一部分的儒者批判朱子學世界觀，開創重讀古典、解決現實問題的新學風，並將尹鑴和朴世堂稱為實學派、反朱子學派的兩大巨頭。又指出，兩人為經書做出新解釋之舉，在政界、學界招來物議，因而被安上「斯文亂賊」的罪名。李丙燾強調他們活躍的價值在其先驅性。[49]

如果將注意力集中在考察十七世紀思想史轉折之上，李丙燾關注的焦點，不是尹鑴和朴世堂所成就的具體內容，而是其象徵意義。他將兩人定位為：對過去的思想體系抱持問題意識，就算受到政治迫害也不屈服，終而完成朝鮮儒學史中「進步的、啟蒙的」轉折之人物。

1970年代，朴世堂的經書注釋書《思辨錄》被評為：「在反朱子學的旗幟下，具備了充分的理論，是一個思想的結晶。實踐性思想的傾向在《思辨錄》中更忠實地以多樣化的思想開花結果。」[50]反朱子學的、實踐性的想法具備理論後，在此作為思想被具體化。《思辨錄》的注釋被視為：「從該時代來看，（它是）找不到類似例子的新注釋。朴世堂解釋經典時，並未拘泥過往的任何既存觀念。」[51]

---

49 李丙燾，《國譯思辨錄》解題（首爾：民族文化推進會，1968），頁1。

50 尹絲淳，〈朴世堂的實學思想相關研究〉，頁65。

51 尹絲淳，〈西溪全書解題〉。朴世堂，《西溪全書》（首爾：太學社，1979）。

如此，視尹鑴和朴世堂的經書解釋是為了「批判朱子學」而寫的著作，並以此分析他們的「獨創性」和「實踐性」。前述「找不到類似例子的新注釋」，意味著它與過往權威性注釋（即朱子學注釋）具有異質性。朝鮮儒者朴世堂的著作帶有「異於朱子學的獨創性」一事，成為能夠洗清「跟從朱子學」、「缺乏獨創性」等殖民地時代以來朝鮮儒學史之汙名的關鍵。此種現象產生自當時的學界所懷抱的根深柢固的問題意識——對抗殖民當局的御用學者貶低朝鮮儒學史之論述（即所謂「殖民史觀」）。直到1970年代，排除殖民史觀在韓國學界仍然是重要的課題。例如，尹絲淳將殖民史觀視為克服對象，致力於洗淨殖民地儒學的殘渣，其發言如下：

　　韓國人獨特的思想能力展現於，使傳來的儒學扎根並獨特地展開，這便是韓國儒學。可是，日本人官學者卻在口頭上極度否定了此種韓國儒學的獨特性。他們否定它，並抹殺身為韓國思想的韓國儒學的存在。站在前頭，否定韓國儒學獨特性的是高橋亨。據他所說，韓國導入儒學之後，什麼發展也沒有。他特別就高麗朝以來「朱子學」的開展，主張此說。他將韓國說成是從高麗末期到朝鮮末期的六百四十餘年間，只有朱子學隆盛，只要是儒者就陷溺於朱子學。他認為，韓國儒學結果上僅止於爭執朱子的真義，就像在李退溪和李栗谷的四端七情論究中表現的那樣。……對於韓國儒學，沒有根據就予以否定、給予過低評價的這種態度，就是今日必須快點清算的殖民地儒學的

殘渣。[52]

對於尹鑴和朴世堂經書注釋的注目，就是清算——刻意貶低朝鮮儒學史，說它是跟從朱子學、缺乏獨創性的——「殖民史觀」的工程，過去也有許多研究者努力於此。

到了1990年代，尹鑴和朴世堂的經書注釋作為「經學」開始正式被研究。產生與過去——只強調他們的學問態度本身的意義——不同的評價。在那之後，開始從經書解釋史的觀點被全面性地分析。之所以需要具體分析他們的經書解釋內容，理由如下：

> 朱子學的經典解釋與反朱子學的經典解釋之糾葛，從1920年代張志淵《朝鮮儒教淵源》提出以來，對今日的朝鮮儒學研究者來說，是早已不新的常識。……（朱子學與反朱子學的糾葛中——引用者注）成為理論根據的是經學說，但是關於它的正式研究卻一直未展開。……反朱子學思想家產生的經學觀，作為擺脫朱子學的一個過程，被認為是開啟實學式經學觀的重要「鑰匙」。若考慮到它是在朱子學權威最高漲的年代，站在朱子學正對面與之對立的思想，就必須要從僅止於概說性記述的現階段，向前邁進，分析它的具體內容，究明其實態。[53]

---

52 尹絲淳，〈韓國儒學的諸問題〉，頁192-201。

53 安秉杰，《十七世紀朝鮮朝儒學的經傳解釋相關研究——以圍繞〈中庸〉

　　也就是說，十七世紀的儒學史被敘述成朱子學派與反朱子學派的對立架構，但是應該作為敘述根據的經書解釋之研究卻未正式進行。反思這個問題，我們可以發現朝鮮儒學研究史有如下狀況。

　　尹鑴和朴世堂長期被視為反朱子學派。這是因為，他們在經書解釋中採取批判朱熹之說的立場。即便如此，卻幾乎從未有過真正仔細分析他們之經書注釋的研究。很多研究只是從注釋表現出的「語氣」和不跟從朱熹解釋的態度，就解讀出他們的「反朱子學性」。即，討論十七世紀朝鮮儒學史所使用之朱子學派與反朱子學派的對立架構，並非分析過兩人著作內容後所歸納出來的架構。

　　尹鑴和朴世堂的學術活動確實在朝鮮時代招來非議。現代韓國學界則因為面臨克服殖民史觀的課題，著眼於尹鑴和朴世堂的學問態度。此外，史料記載，使兩人被折磨的理由是他們撰寫反對朱子學經書解釋的著作。根據這些記載，尹鑴和朴世堂被認為是努力超越朱子學的人物。但是，長久以來，卻沒有任何研究具體分析他們的著作如何超越朱子學的經書解釋。

　　如前所述，儘管起步較晚，到了1990年代終於展開對尹鑴和朴世堂經書注釋的分析。經過分析，他們異於朱子學解釋的地方被解讀出具「獨特性」和「實踐性」。於是，向來的觀點又進一步深化，從朱子學派與反朱子學派之對立出發，描繪

解釋的朱子學派與反朱子學解釋間的糾葛為中心》（首爾：成均館大學博士學位論文，1991），頁4。

的十七世紀儒學史架構也益發堅固。從此，對尹鑴和朴世堂注釋的研究都以這種對立架構為背景。[54]

　　論證朝鮮儒學史不是「只有朱子學」的工作，不僅從「反朱子學」研究著手，在陽明學史的研究中也進行著。

　　2005年，展望韓國陽明學研究之際，談到「以前，殖民史觀將朝鮮思想史誤解成唯一信奉朱子學。而韓國陽明學研究史正是從這種誤解和謬誤中蛻變的過程……朝鮮思想史絕非只是將朱子學韓國化的連續過程，這段歷史包含了多樣的思想、旺盛的學術活動，（陽明學研究者）不能不肩負起使這些事實明朗化的任務」。[55]

　　那麼我們是否可以說，從尹鑴和朴世堂的注釋中讀出「批

54 例如，安秉杰，〈西溪朴世堂的獨特經傳解釋與現實認識〉、〈白湖尹鑴的實踐性經學與其社會政治觀〉，成均館大學大東文化研究院編，《朝鮮後期經學的展開與其性格》（首爾：成均館大學出版部，1998）；金容欽，〈朝鮮後期老、少論分黨的思想基盤──以對朴世堂《思辨論》的是非論爭為中心〉，《學林》第17號（首爾：延世大學史學研究會，1996）；琴章泰，〈白湖尹鑴的性理說與經學〉，《朝鮮後期的儒學思想》（首爾：不咸文化社，1998）；金吉洛，〈白湖尹鑴的哲學思想的陸王學照明〉，《儒教思想研究》第10號（首爾：韓國儒教學會，1998）；宋錫準，〈韓國陽明學的初期展開樣相──以尹鑴及朴世堂的〈大學〉解釋為中心〉，《東洋哲學研究》第22號（首爾：東洋哲學研究會，2000）；李昤昊，〈從《讀書記・大學》看白湖尹鑴的經學思想〉，《韓國漢文學研究》第25號（首爾：韓國漢文學會，2000）；尹絲淳，《西溪朴世堂研究》（首爾：集文堂，2007）等。

55 金容載，〈韓國陽明學研究的現況和新的摸索──以江華學研究之必要性及接近方法為中心〉，《陽明學》第14號（首爾：韓國陽明學會，2005），頁151-152。

判朱子學」、「獨創性」、「實踐性」的研究,實際上已將貶低
朝鮮儒學史為「跟從朱子學」、「缺乏獨創性」、「虛、假之學」
的「殖民史觀」一掃而空,使朝鮮儒學史回復正常狀態?

　　根據一連串的史料,建立假說,然後使其一般化為學說,
該學說又受到學界的廣泛接受。乍看之下,這是沒有問題的學
說確立過程。然而,此過程中其實過度強調克服殖民史觀的目
標。再者,還有一些問題尚未反省:被這個目標束縛而陷入褊
狹的視野之中,以及,過度將史料的內容一般化所造成的危險
等。事實上,很早就有人指出這些問題,卻一直未獲矚目。例
如1974年艾德華‧華格納(Edward W. Wagner)提出的見解。
他在一篇討論十七世紀朝鮮社會階層的文章中,對比過往通
說,如下定位自己的研究:

　　這個見解(關於朝鮮社會特徵之通說──引用者注)的
　立基根據,本質為何?它並非那麼欠缺根據,但是必須承
　認,在一連串的一般化中,它隱藏了許多問題,應該在所
　有方面被認真研究。它原本不過是一個帶有可能性的假
　說,是否(因為某種原因)出現推動力,使它從應該作為
　基礎證據的文書獨立出來?如果(我的)假說正確,我們
　就必須找回事實和推測之間的平衡。儘管渺小,我的論文
　希望能對這個目標有所貢獻。[56]

────────

56 Edward W., Wagner, "Social Stratification in Seventeenth Century Korea: Some
　　Observations from a 1663 Seoul Census Register," *Occasional Papers on Korea*,

　　基於上述過程，本書欲從以下觀點著眼，努力從過往的朝鮮儒學史踏出新的一步。

　　1930年代至今，持續進行著「朝鮮存在反朱子學派和陽明學派等，絕非只有朱子學」的「論證」。儘管如此，朝鮮的學術依然被「誤解」為朱子學韓國化的過程（換句話說，朝鮮學術史以朱子學為主展開）。這是為什麼？這個「誤解」，為何始終無法消解？朝鮮思想史中被想定的多樣性，為何至今仍無法完全論證它的存在？為了與這個「誤解」戰鬥，韓國學界今後仍不得不傾盡全力？

　　換言之，包含反朱子學派在內的多元學派登場並挑戰了朱子學，這不是一個正確捕捉朝鮮儒學史的觀點，或許它根本就是一種無法得到眾人認可的架空觀點。只要持續使用此觀點，我們恐怕永遠都必須持續和前述的「誤解」戰鬥。

　　承上思考，我們不得不說，努力脫去殖民史觀是一把雙面刃。因為過度注目挑戰朱子學的人物或著作，會導致對朝鮮過去最為興盛的朱子學考察或評價得不夠充分。並且，在朱子學和反朱子學的對立架構中，無法準確掌握耗費一生學習朱子學的朝鮮儒者的本質。

　　儘管尹絲淳是為了清算貶低朝鮮儒學的「殖民地儒學」，主張必須再評價朝鮮的「性理學」和「實學」，[57]我們也可以將這個主張看成，強調要使儒學思想史研究恢復均衡。自殖民地

---

no.1 (April 1974), 38.

57　尹絲淳，〈韓國儒學的諸問題〉，頁200-204。

時代以來，被視為桌上空論及黨爭溫床而一直未獲得細密探究的朝鮮性理學史，有進一步研究之必要。又，崔錫起指出：「韓國的經學研究在實學研究的延長線上進行，只注目以克服朱子學為目標的經學……未具體且詳細地考察經學說，視經學思想為反朱子學、脫朱子學、脫性理學等，提出了太過性急的結論。」[58] 那些經學研究並未具體地研究朝鮮時代的著作、解讀其思想，而是將焦點放在挑戰朱子學的主題上，急於推出結論。

　　如同後述，十七世紀的朝鮮儒者，期待取代滿族統治的清朝繼承中華的道統，而這個必須繼承之道的中心，便是朱子學。在那樣的時期，為何出現對朱子學的懷疑？其次，是否存在得以證明人們對朱子學心生懷疑的史料？如果此種史料不存在，或者，如果十七世紀朝鮮儒學史的轉折並非從確信朱子學到懷疑朱子學的改變過程，那麼轉折到底是什麼？為了探究這些問題，首先，我們必須進入十七世紀朝鮮儒者社會的內部，考察朝鮮特色為何。

---

58 崔錫起，〈韓國經學研究之回顧與展望〉，《大東漢文學》第19號（大邱：大東漢文學會，2003）頁 171-172, 182-183。

第二章

十七世紀儒者世界的樣態

關於十七世紀朝鮮思想之展開，有兩個特徵時常被提起：
一、朱子學研究的深化與隨之而來的朱子學教條化。二、對朱
子學之懷疑與批判意識的誕生與成長。

第一個特徵被提出的理由是：面臨中國大陸上「北狄」取
代「中華」之事態，朝鮮儒者自任為中華文化的繼承者，乃進
一步加強朱子學式的道統意識。由於在十七世紀的史料中，可
以看見許多徹底分析、研究朱熹著述的書籍，也有許多以繼承
中華為己任的言說，此論理既顯現根據又具說服力。

而第二個特徵被提出的理由是：連續四次遭受外敵入侵，
知識分子面臨國家社會的全面危機，痛感朱子學之極限性，繼
而摸索取代它的新思想。此處的「摸索」，不僅表現出十七世
紀近代意識成長之思想史轉折，同時作為朝鮮後期登場的「實
學」之萌芽而受到重視。

有些人列舉部分十七世紀儒者異於朱子學的經書注釋，作
為上述第二個特徵的根據。然而，那些「不同見解」真的出於
批判朱子學的意圖嗎？那些儒者的著作，在內容上與朱子學理
論相斥嗎？對於這些問題，至今仍未見到有根據又有說服力的
論證。儘管能夠推測朝鮮儒者在建國以來的最大危機中，萌生
了對過往意識形態的反省，但是，在當時滿懷繼承以朱子學道
統為核心之「中華」意志的情況下，同時開始產生對朱子學本
身的懷疑，能夠協助推論並回答此問題的史料實在不足。過
去，研究者試圖用以下推論彌補史料之不足：十七世紀，當朱
子學與政治鬥爭結合後變得更加教條化，在此狀況下，儒者無
法直接批判朱子學。研究者據此推論，即使在朝鮮儒者的著作

中找不到直接批判朱子學的言論，仍然可以從字裡行間「發現」他們對朱子學的批判意識。後來，這成為解讀十七世紀著作的主要研究方法。

　　然而，在解讀史料「字裡行間」的意思之前，如果直接就文面的意思加以理解，又會如何？直接考察文面，恐怕很難找到與朱子學批判意識有關的證據。進一步說，若欲採取從字裡行間解讀作者意圖之方法，難道不需要先確認作者所處社會狀況及歷史文脈？如果不這麼做，那麼從字裡行間讀取作者意圖的工作，很可能會被研究者的問題意識左右，因而出現脫離史料原義的解讀。

　　以下，將首先考察士大夫社會的具體樣態，以確認十七世紀朝鮮社會之環境是否可能產生前述對立架構（朱子學的深化研究和教條化vs.對朱子學的懷疑和批判）。其次，如本書前言部分所說，朝鮮儒學史有必要從東亞視角來進行考察，因此本章後半部將介紹德川日本之儒者世界的樣態，以凸顯其與朝鮮士大夫社會的差異。如此可以探究韓日兩國儒者如何受到各自的社會屬性影響，展開相異的儒學史。此外，筆者相信，探索作為儒學史展開背景的社會環境，更能凸顯日韓儒學史之所以朝相異方向發展的理由。

第一節　朝鮮的士大夫社會

　　對十七世紀朝鮮儒者來說，讀經書、做注釋之行為，具有何種意義？本節企圖提出象徵他們思維方式及特性的數個面

向，以回答此問題。

遭逢華夷變態

　　1674年（顯宗十五年）3月，赴清謝恩使金壽恆（1629-1689）在北京獲得情報，得知以吳三桂舉兵為始，反清復明運動已經展開。為了立刻向朝鮮朝廷傳遞消息，他令擔任通譯的金時徵先行歸國。[1]金壽恆期待著反清復明運動的成功，判斷就算是一日也需盡早讓朝廷得知消息。

　　同年7月，尹鑴冀望北伐而上奏顯宗（1641-1674；1659-1674在位），說：

今日北方之聞，雖不可詳，醜類（對滿洲人之蔑稱——引用者注）之竊據已久，華夏之怨怒方興，吳起於西，孔連於南，猶[2]伺於北，鄭窺於東，薙髮遺民叩胸吞聲，不忘思漢之心，側聽風颷之響，天下之大勢，可知也已，我以鄰比之邦，處要害之地，居天下之後，有全盛之形，而

1　《朝鮮王朝實錄（顯宗實錄）》顯宗十五年（1674）3月2日（丙寅）記事：
　　「謝恩使金壽恆等，使譯官金時徵先來，其狀略曰，吳三桂不欲北還，拘執使者而舉兵叛。」

2　據《朝鮮王朝實錄（顯宗改修實錄）》顯宗十三年（1672）10月27日（戊辰）記事，許積（1610-1680）於1666年作為謝恩使留處燕京時，獲得關於蒙古族的情報。當時，蒙古族包含項朵顏、大朵顏、山朵顏等。其中，以被稱為雙環猶子的山朵顏最為強悍，連清朝都不敢攻擊。此處尹鑴上奏文中的「猶」，便是朝鮮朝普遍喚作「猶子」的雙環猶子。

不於此時，興一旅馳一檄，為天下倡，以披其勢震其心，
與共天下之憂，以扶天下之義，則不徒操刀不割，撫機不
發之為可惜，實恐我聖上邁追其承之心，無以奏假我祖宗
我先王，而有辭於天下萬世矣。[3]

尹鑴列出中國各地一齊發生的反清復明行動，指出這是天
下大勢。並主張，朝鮮不能錯過這個時機，應該要為了助天下
之義──非為朝鮮國的平安──舉兵。

藉由軍事行動恢復中華的建議最終未被施行。但是，朝鮮
儒者並未忘記北伐的天下大義。例如，韓元震（1682-1751）曾
驕傲地舉出，孝宗時代立定具體的北伐計畫是出於天下大義。
並認為，如果陸海並進攻擊，應能成功。[4]李頤命（1658-1722）
評價，孝宗的北伐計畫「不顧輕弱之勢，慨然明大義於一方」。
儘管該計畫未能實現，卻仍於天下萬世間貫徹了大義。[5]

3　尹鑴，《白湖全書》卷5〈甲寅封事疏〉甲寅七月初一（大邱：慶北大學出
　　版部，1974），頁157。實際上，尹鑴上奏的1674年吳三桂（1612-1678）
　　雖然仍在世，但是孔有德（1602左右-1652）和鄭成功（1624-1662）均已
　　去世，鄭成功的繼承者長男鄭經（1642-1681）仍在世。

4　韓元震，《南塘集》卷38〈外篇〉下，收入《韓國文集叢刊》第202冊（首
　　爾：民族文化推進會，1998），頁311。「孝廟北征之計，天下大義也。恨
　　當日區畫既祕，後人莫之聞也。愚嘗竊為當日計之制北虜之策，莫如造兵
　　車治舟師。水陸併發，首尾掩擊，庶可以得志矣。」

5　《朝鮮王朝實錄（肅宗實錄）》肅宗三十二年（1706）1月12日（辛未）記
　　事：「惟我孝廟，不顧輕弱之勢，慨然明大義於一方。……雖大勳未集，
　　可永有辭於天下萬世矣。」

在朝鮮儒者的討論中，朝鮮必須擔當「一匡天下」的中心角色。為了強化根據，他們更進一步展開「正統論」的討論。「正統論」嚴格辨別中國歷代王朝的正統與非正統，接著強調：清朝雖然實際掌握中原領土，但不代表它具有統治的正統。[6]朝鮮儒者基於朱熹的《資治通鑑綱目》分別正統與非正統，準此，劉備（161-223）的「王統」和蜀漢的「政統」被視為「正統」而受到尊崇，曹操（155-220）的「王統」和魏朝的「政統」則獲得極低評價。其後，清朝的天下越是安穩堅固，朝鮮儒者就越發以朱子學「道統論」為根據，並以繼承中華道統自任。[7]

韓元震認為「至於我朝，列聖相承，賢相代出。其所以修己治人者，必法堯舜文武之道。故禮樂刑政，衣冠文物，悉襲中國之制。……海內腥膻之時，乃以一隅偏邦，獨能保中華之制，承先聖之統，而殆與昔之閩越，無相遜讓。則雖由此進於

---

6 許太榕，〈十七世紀中後半中華回復意識的展開與歷史認識的變化〉，《韓國史研究》第134號（首爾：韓國史研究會，2006），頁85-88，91。

7 一直以來受到矚目的是，朝鮮朝在十八世紀後半以後，主張接受清朝文物的「北學論」登場。在那些研究的描述中，當時朝鮮已克服基於華夷觀念的中華意識，形成了新的民族意識。但是，許太榕（〈英、正祖時代中華繼承的強化與宋明歷史書編纂〉，《朝鮮時代史學報》第42號〔首爾：朝鮮時代史學會，2007〕，頁240-242。）研究發現，「北學」的主張只限於部分的人物。並且包含「北學」主張者——即朴趾源、李德懋（1741-1793）、洪良浩（1724-1802）、成大中（1732-1812）——在內的多數人，依然堅持繼承中華的意識。

中國，行王道而有天下，亦無不可矣」，[8]自負朝鮮是當時唯一繼承中國聖賢之道和中國制度的國家，因此具有進入中國本土行王道，統治天下的資格。又，尹鳳九（1683-1767）說「四海腥羶，我獨小華」，[9]自負朝鮮是唯一的中華繼承者。

　　朝鮮儒者自豪地說，原本是「東夷」的朝鮮民族，過去蒙自中華文明而來的箕子之教化，已經重生為「華」。[10]朝鮮建國時，將箕子當作「教化之君」與朝鮮的「始祖檀君」一起祭祀，[11]在那之後，箕子就一直是朝鮮儒者的崇拜對象。也就是說，他們在尊崇象徵中華文明之箕子的同時，也祭拜民族始祖之檀君。這或許就是朝鮮被認為「以微妙的形態將自國中心及中國中心的雙重天下並存」[12]的理由。

　　由於中、韓陸地相連，清軍的武力強弱與朝鮮的興亡密切相關。因此，朝鮮儒者將中國大陸上發生的中華與夷狄置換態勢，視為己身之問題，十分敏感。另一方面，與朝鮮儒者相比，德川日本的儒者則更像是旁觀者，在大海對岸遠眺大陸上

8　韓元震，前揭《南塘集》拾遺卷6〈拙修齋說辨〉，頁448。

9　尹鳳九，《屏溪集》卷43，〈華陽尊周錄序〉（首爾：民族文化推進會《韓國文集叢刊》第204冊，1998），頁365。

10　例如，黃宗海《朽淺集》卷6，〈祭先師鄭寒岡文〉（首爾：民族文化推進會《韓國文集叢刊》第84冊，1988），頁526。提及「吾道之東，自我箕子」。

11　《朝鮮王朝實錄（太祖實錄）》太祖元年（1392）8月11日（庚申）記事：「朝鮮檀君，東方始受命之主，箕子，始興教化之君，令平壤府以時致祭。」

12　山內弘一，《朝鮮からみた華夷思想》（東京：山川出版社，2003），頁18。

的情勢發展。儘管如此，日本儒者之中也有人在面對明清交替的天下大事時，同樣基於華夷觀念，表現出希望明朝復國的心情。

德川前期的儒官林鵞峰[13]（1618-1680）在〈華夷變態序〉[14]中，寫道：

> 崇禎登天，弘光陷虜，唐魯纔保南隅，而韃虜橫行中原，是華變於夷之態也。雲海渺茫，不詳其始末。如勦闖小說，中興偉略，明季遺聞等概記而已。按朱氏失鹿，當我正保年中，爾來三十年所，福漳商船來往長崎，所傳說，有達江府者，其中聞於公件件，讀進之，和解之，吾家無不與之。其草案留在反古堆，恐其亡失，故敘其次第，錄為冊子，號華夷變態。頃開（聞）吳、鄭檄各省，有恢復之舉。其勝敗不可知焉。若夫有為夷變於華之態，則縱異方域，不亦快乎！[15]

---

13 林鵞峰（名為又三郎、春勝、恕）是德川前期的儒者。作為林羅山的三男，在父親過世後，於明曆三年（1657）繼承林家，參與幕政。

14 《華夷變態》是鎖國體制下，將德川政權最高幹部入手的海外機密情報，編輯成海外風說的集成書。編者是作為德川政權儒官的林鵞峰、林信篤父子。現存三卷《華夷變態》和三卷《崎港商說》，收錄了 1644 至 1724 年八十一年間共兩千三百件的唐船風說。參照〈序〉頁 1-2。及浦廉一，〈唐船風說書の研究〉（林春勝、林信篤編，浦廉一解說《華夷變態》上冊，東京：東洋文庫，1858），頁 43-44。

15 林春勝，〈華夷変態序〉，同前註，頁 1。此序文寫於 1674 年，該年鄭成功去世，長男鄭經繼承其位。

　　1644年，李自成攻陷北京後，明朝末代皇帝崇禎帝（1611-1644；1627-1644在位）自縊於景山。1645年，南明初代之弘光帝（1607-1646；1644-1645在位）在清軍追擊下，戰敗成為俘虜被押送北京。除了南方的一隅，中原皆成滿清天下，林鵞峰將此形勢，理解為中華被夷狄取代的事態。大陸的情報從長崎被送往江戶後，作為德川政權儒官的林鵞峰負責將其譯為和文並向上報告。後來，他又將漢文草案編輯成冊，題為「華夷變態」。「華夷變態」的書名未必完全適合於輯錄大陸最新情報的冊子，其續編「崎港商說」之名或許更相符。[16]對於大陸上的反清復明運動，儘管林鵞峰說未知其勝負發展，卻同時表現出對於「華」再次取代「夷」，恢復中原的期待。

　　林鵞峰和朝鮮儒者尹鑴同樣基於華夷思想，期盼「華」的恢復。面對漢文和儒學所代表的「中華」受到夷狄威脅的事態，他們不禁顯露哀惜之情。

　　從林鵞峰將明清交替理解成華夷變態一事，宮嶋博史則解讀為「十七世紀東亞世界的一體化」。他說：「宋朝被金和元等非漢族王朝取代時，此事尚未被稱為華夷變態。而（十七世紀卻出現華夷變態的觀點，）如此變化的背景在於，東亞世界已經明顯產生較宋代深化的一體化。」[17]

---

16 浦廉一認為，「華夷變態」的書名，「表現出當時將清朝視為夷狄，對於明朝的沒落寄予深深同情的我國朝野的風潮。但是作為長年間唐船風說書的集成書的名稱，很難說其適當。接續它的『崎港商說』是更為相符的名稱」。浦廉一，〈唐船風說書の研究〉，頁47。

17 宮嶋博史，〈華夷変態，世界システムと東アジア〉，岸本美緒、宮嶋博

的確如此。只是，日韓儒者身處的社會背景，並未使他們繼續走上一體化的道路。誕生自中國的華夷觀念，開始顯著地以多元方式被解釋。

因此，中國大陸發生的華夷變態所招致的東亞一體化，意味著東亞國家從各自立場注視華夷觀念，並開始思考自己所擔任的角色，而非意味著各國在驅逐夷狄以守護中國為本來之華一事上達成共識。

士大夫集團的出生與成長

根據通說，朝鮮朝建國的主力，乃是在高麗朝後期登場的「新興士大夫」中急進改革派聯合新興武人的勢力。此種通說力圖證明朝鮮建國勢力和朝鮮朝的支配階層有顯著的不同。[18]然而，也有人強烈質疑通說之觀點。

John B. Duncan曾分析高麗朝中後期、朝鮮朝前期官僚集團的替換及主要家門的浮沉，證實王朝交替前後的支配階級其實沒有太大的變化。[19]其研究成果建立在史料分析之上，顯示了對通說進行全面檢討之必要。然而，我們不能就此推斷，高麗朝的貴族官僚和本章所討論的朝鮮朝士大夫有著同樣的自我認

史，《明清と李朝の時代》（東京：中央公論社，1998），頁196-197。

18 代表性文章例如，李佑成，〈對於高麗朝的「吏」〉，《歷史學報》第23號（首爾：歷史學會，1964）。

19 Duncan, John B., *The Origins of the Chosŏn Dynasty* (Seattle: University of Washington Press, 2000).

同。如同本章在後面將提到的，事實反倒是，由於朝鮮朝士大夫並非藉由全面否定高麗朝以建立自己的立足點，所以導致他們產生了一種獨特的自我認同。

　　本章所談的士大夫，是以引導朝鮮社會走向正途為己任的人們，但他們未必皆是朝廷高官。換言之，高官只是所謂士大夫階層的一部分而已。分析朝鮮朝的官僚和門閥的方法有其意義，但是為了清楚了解朝鮮朝，我們更必須考慮那些不問官職之有無，卻強烈意識著自己作為儒者之使命而生存的士大夫階層。

　　首先，讓我們考慮士大夫在朝鮮朝中以何種方式存在。無需贅言，士大夫概念源於中國。在中國，指涉舊時代知識分子階層的「士大夫」概念，大抵由下述變化所形成：[20]

一、「大夫」和「士」一開始是商代到春秋時代，公、卿、諸
　　侯之下貴族階層的稱號。[21]
二、由於「大夫」和「士」的地位沒有太大差異，周代出現將
　　兩者合稱「士大夫」的紀錄。[22]在此，士大夫被列在六職

20　參照余英時，《士與中國文化》（上海：上海人民出版社，1978）。張培
　　鋒，〈論中國古代「士大夫」概念的演變參與界定〉，《天津大學學報（社
　　會科學版）》第八卷第一期（天津：天津大學，2006）。
21　《國語》卷1〈周語〉上：「諸侯春秋受職於王以臨其民，大夫、士日恪位
　　箸以儆其官，庶人、工、商各守其業以共其上。」（韋昭（？-273）註：中
　　庭之左右曰位。門屏之間曰箸。）以及張培鋒，同前註，頁46。
22　《周禮・冬官考工記》第六：「國有六職，……坐而論道，謂之王公。作而
　　行之，謂之士大夫。審曲面埶，以飭五材，以辨民器，謂之百工。通四方

（王公、士大夫、百工、商旅、農夫、婦功）中的第二位。

三、戰國時代，「士」階層開始從貴族階級下降為貴族和庶民
　　之間的階層。[23]此時，以學問獲得地位者被稱為「士」。如
　　《孟子》：「下士與庶人在官者同祿」[24]所言，士的下層和庶
　　人上層逐漸合流。貴族下降者和庶民上升者之加入，擴大
　　了士階層，對於其出仕意義及正確方式的討論也隨之增
　　加。[25]

四、漢代以降，秉持士精神的儒家知識分子，因為擔任整備國
　　家制度等重要角色而逐漸提升地位。[26]

五、作為世襲的士族有了不可動搖的地位後，秉持古代理想主
　　義的士精神，宋代以降開始出現新儒家。他們可能是官
　　吏，但他們擔任的角色卻不限於官吏的職務。他們所追求
　　的風骨，以范仲淹（北宋，989-1052）「先天下之憂而
　　憂，後天下之樂而樂」[27]為標準。

之珍異以資之，謂之商旅。飭力以長地財，謂之農夫。治絲麻以成之，謂
之婦功。」（關於「士大夫」，鄭玄注「親受其職居其官也」）以及張培
鋒，同前註，頁46。

23　《漢書》卷24上〈食貨志〉：「士、農、工、商，四民有業。學以居位曰
　　士，闢土殖穀曰農，作巧成器曰工，通財鬻貨曰商。」以及張培鋒，同前
　　註，頁46。

24　《孟子‧萬章》下。

25　《孟子‧滕文公》下：「士之失位也，猶諸侯之失國家也。……士之仕也，
　　猶農夫之耕也。」

26　《史記》卷10〈孝文本紀〉：「高帝親率士大夫，始平天下，建諸侯。」

27　出自范仲淹，《范文正集》卷7「岳陽樓記」。范仲淹字希文，諡號文正。
　　《宋史》卷314，〈范仲淹列傳〉（脫脫等撰，《宋史》，北京：中華書局，

　　從第三代國王太宗（1367-1422；1400-1418在位）之時到朝鮮末期，朝鮮朝頻繁使用「士大夫」一詞。[28]十六至十七世紀的朝鮮極度強調「士大夫」精神，而且顯著地帶有前述第五點宋代新儒家的風格。

　　然而，這個士大夫集團卻傳承自高麗王朝末期反對新王朝開創的人物。具體而言，朝鮮士大夫之自我認同，與強烈反對開創新王朝而被殺的鄭夢周（1337-1392）重疊。鄭夢周曾上奏請求誅殺鄭道傳（1342-1398）、趙浚（1346-1405）（當時兩人是新王朝產生的推手），極力阻止新王朝產生，結果遭朝鮮太祖李成桂之次男李芳遠（即後來的太宗）所殺。[29]

　　1400年，李芳遠即位為第三代國王，擔任參贊門下府事的權近（1352-1409）建議表彰為高麗朝守節義的鄭夢周和吉再（1353-1419）等人。在上疏文中，他寫道：「王者舉義創業之時，人之附我者賞之，不附者罪之，固其宜也。及大業既定，守成之時，則必賞盡節前代之臣，亡者追贈，存者徵用，竝加旌賞，以勵後世人臣之節，此古今之通義也。……夢周死於高麗，獨不可追贈於今日乎？前注書吉再，苦節之士。……在革命之後，尚為舊君守節，能辭爵祿者，唯此一人而已，豈非高

　　2007，頁10267。）記載：「一時士大夫矯厲尚風節，自仲淹倡之。」

28　以「士大夫」為關鍵字檢索《朝鮮王朝實錄》原文，出現2,423次。一次也沒有出現的朝代，只有最後的二十七代國王純宗（1874-1926；1907-1910在位）的時代。出現最多次的是在「中宗反正」後被擁立為國王的中宗（1488-1544；1506-1544在位）的時代，共489件。

29　參照《朝鮮王朝實錄（太祖實錄）》總序。

士哉！宜更禮召，以加爵命。」[30]他主張，創業告一段落後，便進入維持事業的守成期。一旦進入守成期，第一件要做的事便是擁抱那些過去為高麗朝盡節義的人們。殺死鄭夢周的始作俑者太宗，經過十個月的漫長思考後，決定追贈鄭夢周等人官職。[31]如此一來，以必死的決心反對朝鮮王朝建立的高麗朝舊臣，還有因為「忠臣不事二君」的信條而辭去官職者，在新王朝建立還不到十年之內，便被大力表彰。

對於鄭夢周節義的讚賞，在整個朝鮮朝時期都未曾斷絕。第四代國王世宗下令為鄭夢周做「忠臣圖」並附上贊文。[32]第九代成宗時，作為高麗的遺臣特別任用其子孫。[33]第十一代中宗時，開始在文廟祭祀鄭夢周。[34]派禮曹官吏至其墓前祭拜，並稱「高麗守門下侍中文忠公鄭夢周之墓」，明白表旌他是前朝高麗的遺臣。[35]

原本，若從李氏朝廷的立場來看，鄭夢周絕對是敵人。如

---

30 《朝鮮王朝實錄（太宗實錄）》太宗元年（1401）1月14日（甲戌）記事。

31 參照《朝鮮王朝實錄（太宗實錄）》太宗元年（1401）11月7日（辛卯）記事。

32 《朝鮮王朝實錄（世宗實錄）》世宗十三年（1431）11月11日（壬申）記事：「上謂偰循曰，侍中鄭夢周守死不變，注書吉再執節不移，上疏乞退，於所撰忠臣圖內，竝圖形作贊。」

33 《朝鮮王朝實錄（成宗實錄）》成宗五年（1474）6月20日（癸酉）記事：「傳旨吏曹曰，高麗侍中鄭夢周、注書吉再之後，訪問錄用。」

34 《朝鮮王朝實錄（中宗實錄）》中宗十二年（1517）9月17日（庚寅）記事。

35 同前註，中宗十三年（1518）10月26日（壬辰）記事：「遣禮曹正郎李純，致祭於高麗守門下侍中文忠公鄭夢周之墓。」

果鄭夢周當初貫徹其意志，那麼力圖開創新王朝的人，就會被當作謀反者處死。朝鮮王朝的繼承者清楚地知道這件事。儘管如此卻仍選擇表彰高麗遺臣，以養士氣，讓士大夫以鄭夢周為模範捨命守節。從官拜左承旨的權橃（1478-1548）與中宗之對話，亦可窺其一二。

權橃建議：「國家元氣，則當使之恢弘。不摧挫士氣，然後根本鞏固。近見禮曹公事，請製鄭夢周祭文，此美事也。……夢周見人心盡歸太祖，諷臺諫，凡付太宗者，如趙浚、鄭道傳、南誾等，皆出之。……勢與夢周，不可兩立，故乃去夢周。以此見之，夢周於我國如仇讎。然襃崇此人，然後綱常人明。」對此，中宗回道「夢周於太祖廟，如是被害，以此言之，果如仇讎。然今則襃獎此人，然後可以立國規模也」，[36]而予以同意。如同此段對話所示，若國家政策欲確立綱常倫理，便亟需如鄭夢周般的模範。

另一方面，士大夫也自發性地積極繼承鄭夢周的節義精神，以他為始祖所描繪的朝鮮道學繼承圖，成為士大夫自我認同的基礎。此種想法逐漸為全體朝鮮朝所繼承。以下是朝鮮道學的忠實繼承者之一，趙光祖（1482-1519）的例子。

中宗（1488-1544；1506-1544在位）為成宗次男，與前代國王燕山君（1476-1506）是異母兄弟。眾官僚推翻失道的燕山君並擁立中宗為王（即中宗反正）。[37]中宗即位後，隨即迎來

---

36 同前註，中宗十三年（1518）10月23日（己丑）記事。

37 同前註，中宗元年（1506）9月2日（戊寅）記事。

新時代，進而鼓舞許多年輕而優秀的儒者大展身手。

　　趙光祖自進士試合格、入學成均館開始，便以慎於操行而聞名。[38]中宗六年，年僅三十歲的趙光祖獲成均館舉薦，並於中宗十年就任成均館典籍的官職。[39]當時，他獲得士大夫社會的全面信賴與支持，以實現道學為政治目標，積極推動改革。改革者主張，應該除去擁立中宗、參與中宗反正的所謂「靖國功臣」中的不適任者。此事無異於要求國家將已賜予功臣之地位收回，是件極為困難之事。中宗斷然答稱「非常困難」[40]也是理所當然之事。但是推動改革的群體仍反覆上疏，終於漸次達成要求。從中宗二年（1507）開始，功臣中被認為是「偽勳」者逐漸被去除，當事者的不滿和不安逐漸擴大。

　　《中宗實錄》中屢屢可見，趙光祖等新進官員以將君主導向正途為己任，即使在君主面前也不扭曲信念，堅持直言不諱。結果，最終引起敵對勢力全面反撲（己卯士禍），以趙光祖為首的改革派被逐出權力中心。[41]即便是這個時候，趙光祖仍獲得年輕士林的全面支持。成均館儒生數百人為了保住他的性命而上書，士大夫也提出為數眾多的請願書，但是最終仍未能

---

38 同前註，中宗五年（1510）10月10日（癸巳）及11月15日（丁卯）記事。

39 同前註，中宗六年（1511）4月1日（庚辰），4月3日（壬午），4月11日（庚寅），4月18日（丁酉）及中宗十年（1515）8月29日（癸未）記事。

40 同前註，中宗十二年（1517）2月26日（壬申）：「國家既錄為功臣，又隨而改正，無乃重難耶。」

41 同前註，中宗十四年（1519）11月15日（乙巳），11月16日（丙午），11月17日（丁未）記事。

成功。[42] 一個月後，以趙光祖為首的新進，因為帶給後進士人不良影響、顛倒輿論、耽誤朝政等罪名被處刑，趙光祖則被賜死。[43]

趙光祖死後二十六年，即1545年（仁宗元年）時獲得平反，1568年（宣祖元年）追贈為領議政。其後，享祀於全國各地的書院，從祀文廟。[44] 這樣的平反和追贈，正是來自士大夫對他的堅定支持。就算以耽誤朝政之罪被賜死，士大夫集團對他的支持仍然不變。朝鮮朝的士大夫精神，時而受到朝廷的獎掖，時而遭到排斥，在鍛鍊中屹立不搖地持續成長。

此外，積極參與新王朝的建立，為朝鮮王朝奠定根基的人，未必一定受到士大夫集團的重視。例如，鄭道傳（1342-1398）是推舉李成桂成為太祖的開國功臣之一。現在，沒有人會否認他為朝鮮王朝奠下統治思想和制度的基礎，貢獻至大。但是，朝鮮開國的六年後，他因為世子冊封的問題遭李芳遠打壓，於太祖七年（1398）被斬首。死後，無論哪個黨派握有政治主導權，無論展開何種政治，他對朝鮮之統治思想和制度的貢獻都不曾被回顧，似乎已被士大夫所遺忘。[45] 直到朝鮮末期的

---

42 同前註，中宗十四年（1519）11月19日（己酉）記事。

43 趙光祖，《靜菴集》附錄卷5〈靜菴先生年譜〉（首爾：民族文化推進會《韓國文集叢刊》第22冊，1988），頁106。及《朝鮮王朝實錄（中宗實錄）》中宗十四年（1519）12月16日（丙子）記事。

44 同前註，附錄卷之5「靜菴先生年譜」，頁106。

45 鄭道傳的文集在太祖六年（1397）、世祖十一年（1465）、成宗十七年（1486）刊行後，再次刊行就是三百年後的正祖十五年（1791），可以看出自朝鮮中期開始他長期受到忽略。（參照韓永愚，〈三峰集解題〉，《國譯三

1865年，其官爵始被朝廷恢復，距離其死後已四百六十七年。[46]與趙光祖死後二十六年即恢復官相比，有著極大差距。

　　朝鮮朝的士大夫超越政派和學派，皆視鄭夢周和吉再為道學傳承的源流，將趙光祖尊為道統的繼承者。因為後者承繼了賭上性命實行道學理想的精神。[47]因此，就算是無冠的士大夫也為國家安危擔憂，擴大了積極議論國政的風氣。然而，從決定和執行政策的官吏立場來看，這樣的風氣卻十分麻煩。官吏紛

峰集》〔首爾：民族文化推進會，1977〕）。這樣的低評價影響到現代學術研究。關於鄭道傳的第一篇研究在1935年登場（李相栢，〈三峰人物考（一）、（完）〉第2、3號〔首爾：震檀學會，1935〕）。但是對於他思想的正式研究，直到1970年代才開始。（韓永愚，《鄭道傳思想的研究》〔首爾：首爾大學出版部，1973〕）。尹絲淳呼籲，應該要反省朝鮮儒學研究一直只沿著朝鮮朝儒者決定的「道學」系譜進行之狀況。（〈鄭道傳理學的特性與其評價問題〉，《震檀學報》第50號〔首爾：震檀學會，1980〕）。又，姜在彥批判將鄭道傳除外的朝鮮儒學史上的道統觀念（《朝鮮儒教の二千年》〔東京：講談社，2012〕）。

46 《朝鮮王朝實錄（高宗實錄）》高宗二年（1865）9月10日（壬申）記事。

47 前揭《中宗實錄》中宗三十九年（1544）5月29日（丙寅）記事：「成均館生員辛百齡等上疏曰，……吾道久東，亦必有傳。蓋光祖得之於金宏弼，宏弼得之於金宗直，宗直得之於前朝臣吉再，吉再得之於鄭夢周。其泝流濂洛，窮源洙泗，竊以顏閔之所學，伊尹之所志，自許其身者，為如何哉。」《仁宗實錄》仁宗元年（1545）3月13日（乙亥）記事：「成均館進士朴謹等上疏曰，……臣等竊念，趙光祖以豪傑之材，從事於聖賢之學，風雲際會，得遭我先王求治之誠，一心徇國，期臻至治。……光祖之學之正，其所傳者，有自來矣。自少慨然有求道之志，受業於金宏弼，宏弼受業於金宗直，宗直之學，傳於其父司藝臣淑滋，淑滋之學，傳於高麗臣吉再，吉再之學，傳於鄭夢周。夢周之學，實為吾東方之祖，則其學問之淵源類此。」

紛出現不滿的聲音，批判綱紀混亂。例如，弘文館的官吏向中宗上疏：「立紀綱。數年來，上之所用，皆新進僥利之人，潛相交結，晝聚夜集。韋布而論國政得失，僕隸而議官長是非，名為公論，禁制縉紳。臺諫而不得行其職，宰執而不能任其責。」[48] 可知，當時的新進年輕人志向一同且勇於發言。無職的士大夫評論國政之得失，下僚議論官長之是非。這種透過公論以牽制高官的方式，逐漸成為士大夫社會的潮流。

　　朝鮮後期的儒者朴趾源（1737-1805），曾歸納朝鮮士大夫的屬性，如次：「兩班者，士族之尊稱也。……維厥兩班，名謂多端。讀書曰士，從政為大夫。」[49]

　　這番話很好地表現出朝鮮朝士大夫的屬性。兩班階層的他們從讀書人的角度來說是士，從有官職者的角度來看是大夫。換言之，士進而為大夫，大夫退而為士。[50] 不問地位高低，士大

---

48 前揭《中宗實錄》中宗十五年（1520）1月15日（甲辰）記事。

49 朴趾源，《燕巖集》卷8別集放璚閣外傳〈兩班傳〉（首爾：民族文化推進會《韓國文集叢刊》第252冊，2000）。頁122。「兩班傳」屬於短篇小說類的著作。

50 例如韓國文學史研究書指出：「本來，士大夫進則為官人，退則為處士。所以高麗末期朝鮮初期的士大夫文學中，帶有官人文學和處士文學的兩面性。」（李柄赫，〈麗末鮮初的官人文學和處士文學〉，黃浿江等編，前揭《韓國文學研究入門》，頁240。）又，「我國士大夫階級如同『讀書則為士，入仕則為大夫』所說般，同時身為文人知識層和官人支配層」。（林熒澤，〈朝鮮前期的文人類型和方外人文學〉，同前，頁244。）此種士大夫觀，不只限於韓國思想史學界的觀點。例如，報紙專欄中，研究經濟學的大學教授如下言道：「參與前任政府事務的教授招致不少混亂，所以在這次的新政府中，被認為多半排除了教授。但是，出乎意料的

夫的自我認識是抱持士和大夫之志者，其他社會成員也將他們的自我認識視為理所當然。

中宗時代以來，在士大夫之間，形成公論、積極地參與「道之實現」的風氣持續成長。不問是否就任官職，學習儒書者，幾乎都矚目朝廷之決定。如果朝廷出現「不正確」的決定，他們無法坐視不管，因為導正國家和國王，不使其走向錯誤道路，就是他們的任務。茲舉一例以為說明。

1659年，對於孝宗的喪禮，國中議論曾發生分歧。詳細而言，此乃關於仁祖（孝宗之父）之繼妃慈懿大妃（莊烈王后，1624-1688）作為母親應該如何為子服喪的議論。孝宗雖是仁祖次男，但在長男病死後即位為王。如果孝宗因為即位視同嫡嗣，作為母親的慈懿大妃即須為視同長男的孝宗服三年喪服。

是，仍然任用了許多教授，這樣的狀況或許受到歷史的影響。作為儒教國家的朝鮮，其支配階層士大夫們，是退而為士，進則為大夫的存在。」（Lee, Jae min〔延世大學教授，經濟學〕，〈政治家和教授之間〉，《韓國經濟新聞》2008年3月31日，專欄記事。）

另一方面，中國《新華詞典》第3版（商務印書館，2004）（2001年3版的第61刷）對於「士」字的解說是：「一、對人的美稱；二、指從事某些工作的人員；三、軍銜名，士官。在尉之下，也泛指士兵；四、舊指讀書人；五、古代統治階級中次於卿大夫的一個階層；六、古指未婚男子。」此外，日本《廣辭苑》第5版（岩波書店，1998）則記為：「一、有官位、俸祿，居於人民上位者；二、周代，四民之上，大夫之下的身分；三、職司指揮兵卒者，或指軍人、兵；四、近世封建社會身分之一，武士；五、修德的令人欽佩的男子，或是男子的敬稱；六、具有一定資格，擔當一定角色者。」也就是說，中國和日本都未以士特定指稱「不就官職者」。

或者就孝宗本身來看，他雖然繼承王位，但實際上是次男，就此點而言，慈懿大妃應服期年（一年）喪服。議論在不同的政治黨派間產生分歧，[51] 整體而言，南人黨主張服喪三年說，西人

---

[51] 朝鮮王朝建國以來作為在野勢力的士林，在宣祖（1552-1608，1567-1608在位）即位後，成為中央政治的主導者。1575年（宣祖八年）以圍繞吏曹銓郎之職的摩擦為契機，逐漸依照學派和地域基盤分成不同派系。吏曹銓郎是吏曹的正郎及佐郎之並稱。官位雖居正五品和正六品的低位，但是擁有三司（司憲府、司諫院、弘文館）的官吏任命權等強大權限，能保證之後的升進道路。又，吏曹銓郎在辭官時擁有推薦後繼者的權限，並握有在野人才的推薦權，是所謂的「清要職」。

1575年（宣祖六年），金孝元（1542-1580）被吳健（1521-1574）推薦為吏曹銓郎，但是沈義謙（1535-1587）表明反對。之後，沈義謙之弟沈忠謙被舉薦，又被金孝元反對。由於金孝元的家位於首爾東側，沈義謙的家位於西側，支持金孝元的勢力被稱為東人，支持沈義謙的勢力則稱為西人。儘管前者中學於李退溪或曹植（1501-1572）的嶺南學派占多數，後者中學於李栗谷者較多，但是此時學派和政治派系不一定一致。

此後，東人分裂為南人和北人，西人分裂成老論和少論。1589年（宣祖二十二年），處埋鄭汝立（1546-1589）謀反事件的己丑獄事是東人分裂為南人和北人的主要原因之一。西人的鄭澈（1536-1593）主導事件的處理，而東人多數被害。此後，東人之內，分成採取敵對西人的立場，與並非如此的立場。前者以徐敬德（1489-1546）、曹植學脈的人物為主，形成北人。後者以李退溪學脈的柳成龍、禹性傳、金誠一等人物為主軸，形成南人。北人在仁祖反正之後消滅，成員為南人及西人吸收。

南人和西人一邊在禮訟上對立，一邊反覆交替執掌政權。南人在肅宗即位後握有政權，卻在肅宗六年（1680，庚申）時，因為尹鎸、許積、李夏鎮、李元禎等被賜死或流放而失勢。接著，在1689年（肅宗十五年）的己巳換局時恢復政權，卻又在1694年（肅宗二十年）的甲戌換局中再次失去。南人主要是李退溪的學脈，但是其中嶺南地域的南人繼承李退溪學說，近畿地域的南人則有較強的關心多元學術的傾向。特別是，朝鮮後期

黨主張服喪期年說。爭執到最後的結果，是採西人黨之說。

　　其後，顯宗十五年（1674），孝宗之妃仁宣王后沒後，又面臨慈懿大妃的喪服問題。此次和前回情況相同，對於需要服喪一年或是九個月（著大功服）之意見不一。若將孝宗視為嫡嗣，那麼孝宗之妃便是慈懿大妃的長媳，慈懿大妃應該服期年之喪。但是，如果照孝宗出身的順位而言，慈懿大妃只須服喪九個月（大功服）。

　　如果前回所做的決定──即慈懿大妃在孝宗喪禮著期年喪服──正確，那麼這次在仁宣王后之喪，慈懿大妃就應該穿著九個月的喪服。因此，在西人黨提出的九個月大功服說，與南人黨提出的期年服說爭論之結果，這次仍然是西人黨的大功服

「實學」的主要人物多出自近畿南人。南人握有中央權力的時期很短，主要成就的是學術的業績。

另一方面，1623年，西人在追放光海君、擁立仁祖的政變（仁祖反正）中崛起，掌握政權。1680年，南人的黨派失勢後（庚申大黜陟），圍繞著南人的處分問題，西人內部的論爭無法消停。金益勳、金錫冑等老壯派希望對南人拔本塞源，但是韓泰東、趙持謙等少壯派反對。同時，宋時烈支持老壯派，這件事又添上宋時烈和弟子尹拯的對立。尹拯之父尹宣舉（1610-1669）原與宋時烈親交甚篤，然而，當宋時烈對尹亞的經書解釋提出異議時，尹宣舉為其辯護、試圖幫助協調，因此開始被宋時烈排斥。尹宣舉死後，尹拯請宋時烈為其父寫墓誌銘，宋時烈卻將過去的不滿表現在墓誌銘上，導致兩人斷絕師徒關係。宋時烈等老壯派形成老論，尹拯等少壯派則成為少論。1694年（肅宗二十年，甲戌），南人被排除在政權之外後，便再也未能回到中心，政局被老論、少論把持。十八世紀，英祖、正祖的時代採取均等登用老論和少論的蕩平政策，政局較為安定。但是，正祖之後的純祖時代開始，則變成老論獨自掌權。（參照前揭金駿錫，《朝鮮後期政治思想史研究》、李成茂《朝鮮時代黨爭史》〔首爾：東方媒體，2000〕）。

說被採用。

然而，與此同時，住在大邱的一介儒者都慎徵（1604-1678）認為朝廷的決定有誤，乃帶著上疏文前往漢城府（今日的首爾地域）。因為年事已高，發病於途中，過了一個月才抵達京城，喪禮已在執行當中。然而，都慎徵並未因而放棄，趴伏於宮殿前，希望能遞交上疏文。經過半個月，上疏文始被受理。以下是上疏文的部分內容：

> 禮以為國，聖人明訓。禮或一虧，國隨以亡，可不慎哉。臣雖無狀，尚有不泯之彝性，衷情所激，不量愚賤，裹足千里，擬干鐵鉞之誅。……凡有血氣，孰不駭憤。而內懷鬱悒，外相戒飭，尚無一人，為殿下發口言者，猶為國有人乎。唯是禮之一字，為世所諱，人皆愛身，莫敢開喙，值此莫重莫大不可不言之際，而率以含默為尚，在朝之公議泯滅，在野之士氣沮喪。國事至此，寧不寒心哉。殿下誠能，翻然覺悟，惕然自省，明敕禮官，詳考典禮，革其差謬，復其正制，渙降悔悟之教，快釋中外之惑，則送終之禮，無憾，長嫡之義，克明。經正道合，亶在此舉，一言興邦，即今日其會也。[52]

都慎徵主張，慈懿大妃應該穿著期年服，並請求撤回已在執行中的九個月服喪禮。如果回應他的請求，即意味著已經結

---

[52]《朝鮮王朝實錄（顯宗實錄）》顯宗十五年（1674）7月6日記事。

束的孝宗喪禮也有錯誤。孝宗本為次男，作為母親的慈懿大妃在他的喪禮後已穿了期年的喪服。而孝宗之妃的喪禮，如果延續之前的判斷，則大妃著大功服，便不會有問題。然而，無冠的儒者都慎徵主張，前回和此次的喪禮決定都有誤，要求朝廷改變決定。顯宗批閱上疏文後，命掌管喪禮的官員前來問話，遂改喪禮為期年之喪，並將領義政金壽弘（1601-1681）處以流放之刑。掌權的西人勢力因此折損甚大。[53]

都慎徵是與中央政界權力鬥爭無關的一介鄉下儒者。[54]這樣的人，對國王說「禮或一虧，國隨以亡」，嘆息「尚無一人，為殿下發口言者，猶為國有人乎」。還說，如果王自我反省、改去謬誤，是興國的關鍵。都慎徵因無法坐視朝廷的「錯誤」決定，試圖糾正錯誤。鄉下的老儒者拚了性命上疏，終於被接受。其後，這位老儒者在推薦下擔任末職，但因年過七旬，老邁不堪旋即去世。

如上所述，當時幾乎所有的士大夫，不問地位高低，都為了實現正確之道而拚命。將實現正確之道作為自己的義務來行動，這樣的儒者所形成的朝鮮儒學史，應當與並非如此的儒者社會所形成之儒學史，大為不同。在儒學史研究之中，對於類此種儒者存在樣態之差異，應該給予更多的注意。

---

53 同前註，顯宗十五年（1674）7月6日及7月13日記事。

54 據李在喆，〈朝鮮後期竹軒都慎徵的議禮疏和國政變通論〉（《朝鮮時代史學報》，首爾：朝鮮時代史學會，2005，頁90），都慎微曾致信尹鑴並收到回信。可以推測他對於南人側的國喪見解有一定的了解。

科舉和士大夫社會

　　科舉制度及士大夫意識本身皆由中國傳至朝鮮半島。若考察兩者東傳後，為朝鮮所接受並隨風土改變之處，就更能凸顯出中國、朝鮮社會的不同特徵。以下在涉及本章主旨的範圍內，簡單進行比較。

　　秦漢以來的人才選拔制度，歷經察舉制、九品中正制，後來發展成科舉制度。科舉最初成立的時間，以記載「進士科」一詞的文獻為準，被認為大概在隋煬帝（569-618；604-618在位）時。[55]

　　宮崎市定提到，「隋唐以來盛行的科舉制度，就算有些可非議的缺點，從結果來看，它仍是一種選拔，通過選拔的進士到底身負超越凡人的教養」[56]，到宋代，又迎來進士的全盛期。他指出：「太祖在開保六年，聽聞考官在錄取上有不公平的狀況，決定自己進行複試。後來成為定制，在禮部的貢舉（省試）後，加上天子親臨的殿試。……（也就是說，宋代以後的科舉）附隨於天子，產生輔助天子獨裁權力、供其驅使的忠實官僚。……唐以前的貴族只以他們的血統門閥自負，並不一定是讀書人。但是，宋以後的士大夫必須擁有文的學問，至少要能夠應付科舉，他們是程度較高的知識階級。」[57]

55　李新達，《中國科舉制度史》（台北：文津出版社，1996），頁106-110。

56　宮崎市定，《科舉史》（東京：平凡社，1987），頁247。

57　同前註，頁255、257。

　　中國的科舉考試在清末光緒三十一年（1905）八月被停止之前，約一千三百年間持續實施。在這一千三百年間，無數的知識分子抱著青雲之志、持續挑戰科舉。梁啟超及其師康有為（1858-1927）也不例外，拚命以科舉合格為目標。梁啟超進入康有為之門時，已經是地方鄉試合格的「舉人」。此後九年間，到光緒二十四年（1898）的會試以前，梁啟超挑戰了「進士」五次，皆未能成功。另一方面，收梁啟超為徒時，康有為還是鄉試未合格的「生員」。之後，他和弟子們一起反覆挑戰，光緒二十一年（1895）終於在會試及第。[58]而梁啟超雖然一直未進士及第，卻擔負起時代的使命，積極展開行動。

　　科舉對中國及朝鮮社會影響甚鉅，其影響不僅及於科舉合格後就任官職的人們，尚及於人數比合格者龐大許多的「不合格者」們。後者從科舉的科目習得知識，以其為基礎素養，形成社會的知識階層，努力擔負「士」的角色。就算是無法獲得官職以實際參與政治的人，也努力以其他的方式實現抱負。因此在某些時候，比起科舉及第、進入政界者因為不停衝撞現實的壁壘，時而被迫放棄理想，在野儒者反倒能保有初衷，必要時以其他管道反對中央的政策決定。這正是朝鮮任官者，對於在野公論「臺諫而不得行其職，宰執而不能任其責」產生不滿的理由。

　　中國的科舉制度在高麗朝第四代國王光宗九年（958）時

---

58 竹內弘行，〈梁啟超の康有為への入門從學をめぐって〉（狹間直樹編，《共同研究梁啟超》，東京：みすず書房，1999），頁14-15。

被引入朝鮮半島。並在朝鮮王朝成立後，正式展開影響。朝鮮朝士大夫社會的樣態和科舉制度一直有密切的關聯。在中國，「宋以後，特別是在明代，科舉制度因為包攝學校制度而受到大幅擴充和整頓」。[59]但是在朝鮮朝，學校制度和科舉制度並未密切結合。官學的最高教育機關是首都的成均館，中等教育機關在首都圈有四部學堂，在地方則有鄉校。學堂的儒生滿十五歲後，如果陞補試合格，就能獲得住宿於成均館寄齋（宿舍），並在成均館學習的資格。朝鮮初期，朝廷重視培養官學生，施行如由司憲府和禮曹監督官學中的教育是否認真進行，並頒布督勵四學教員的詔令等。[60]此外又建立許多對策讓成均館儒生精通經書。[61]但是，由於作為貴族的兩班，比起一般庶民也能進入的官學，更加偏好私學，官學便逐漸衰退。[62]

朝鮮朝定期舉行的科舉，主要分為：一、文科；二、武科；三、雜科；四、生員試、進士試。文科、武科被稱為大科，生員試、進士試（略稱生員進士試或生進試。以下記為生員進士試）被稱為小科。文科合格稱為及第，生員進士試合格稱為入格。文、武科的合格者會獲得等同合格證書的紅牌，而雜科和生員進士試的合格者則會獲得白牌。但是，生員進士試的白牌上，和文武科的紅牌一樣，蓋有國王玉璽之科舉寶印。

---

59 宮崎市定，前揭《科舉史》，頁20。

60《朝鮮王朝實錄（成宗實錄）》成宗十四年（1483）2月27日（庚寅）及同二十三年（1492）11月20日（丁亥）記事。

61 同前註，成宗元年（1470）11月8日（壬午）記事。

62 李成茂，《韓國的科舉制度》（首爾：集文堂，2000）。

即是說，生員進士試雖為小科，卻與雜科不同，擁有國王認可的合格證。[63]

　　若要考慮科舉對朝鮮社會的影響，或考察朝鮮士大夫社會，都不能忽略生員進士試產生的生員、進士。唯需格外注意朝鮮朝進士與中國進士之不同。在中國，以清代制度為例，府州縣學皆是儒學，儒學的學生稱為生員。科舉分為三階段，第一階段是各省生員在其省府聚集，進行鄉試，鄉試合格後獲得舉人資格。接下來，全國舉人聚集在北京，進行第二階段的會試。會試合格後繼續參加第三階段，由天子主持的殿試。殿試及第後才獲進士稱號，取得高等文官的資格。舉人若想成為進士，必須繼續通過會試和殿試。其中，實際決定進士及第與否的是會試，殿試只決定成績順序。[64]要言之，中國的進士是會試及第者之稱，而朝鮮的進士則用以稱呼小科進士試的合格者。

　　朝鮮朝法典《經國大典·禮典》，規定了文科和生員進士試的應考資格。文科是正三品通訓大夫以下，生員進士試是正五品通德郎以下者可以受試。法制明示可應考者的資格雖定有上限，卻未規定下限。理由是，「擔心為吸收新人而設置的科舉門戶，會因為現任官員的應考變得狹窄，所以加上一定的限制」。[65]又，有些人被禁止參加考試，《禮典》明定「犯罪永不敘用者，贓吏之子，再嫁失行婦女之子及孫，庶孽子孫（指非

63　同前註，頁113-136。

64　宮崎市定，前揭《科舉史》，頁71，126-156。

65　宋俊浩，〈朝鮮時代的科舉與兩班、良人（I）──以文科和生員進士試為中心〉，《歷史學報》第67號（首爾：歷史學會，1976），頁17。

嫡出之子孫。庶是良人妾之子孫，孽是賤人妾之子孫——引用者注）勿許赴文科生員進士試」。[66]（此外，雖未明定，但是女性一開始就被排除在外。）

　　被禁止參加考試的人們，除了犯罪者，還包含再嫁婦女或失行女性的子孫、非嫡出子孫的理由為何？那是因為，「試圖守護儒教家庭秩序之安定與血緣關係之正統性、純粹性，並防止具有兩班身分之人數無限制地增加」。[67]進一步說，還因為「文科和生員進士試的制度，絕不只是為了挑選行政技術的執行者。它是為了選拔肩負教化任務者——以儒家理論和儒家德行為武裝——的制度」。[68]生員進士試和文科相同，都是為了選拔能使朝鮮社會順利推行儒學式統治之人的關卡。

　　只要是士大夫家的男子，無論有無意願，都帶著以科舉合格為目標之宿命而生。然而，就算他們未能科舉及第並任官，也不會因此而遠離「治人之道」。學習儒學、參加科舉考試一事，不同於購買彩券，未中便全盤皆輸。只要充分地修身，就算自己不應試科舉，也會被周圍的人推薦。李退溪和宋時烈等人，並非因為及第於大科、獲得高位，才對朝鮮社會產生巨大影響。又，沒有繼續向科舉及第邁進，止步於生員、進士階段的人們，也以肩負地方社會教化之人自任，而有「先天下之憂

---

66 《經國大典‧禮典》。

67 韓㳓劢，〈中央集權體制的特性〉，國史編纂委員會編，《韓國史》第10冊朝鮮：兩班官僚國家的社會構造（首爾：國史編纂委員會，1974），頁212。

68 宋俊浩，前揭〈朝鮮時代的科舉與兩班、良人（Ⅰ）——以文科和生員進士試為中心〉，頁19。

而憂，後天下之樂而樂」之志。由上可知，生員、進士等無冠
之士的活躍，在在說明了科舉制度對朝鮮士大夫社會的形塑。

　　生員進士試的合格者，即生員和進士，雖有擔任成均館典
籍等官職之例，但是生員進士試不一定直接與出仕連結。制度
上可以確定的是，進入成均館學習約三百日後，可以獲得參加
文科考試的資格。後來，很多人成為生員、進士卻不進入成均
館就讀。此外，還有不少人在成均館學習不滿三百日便應考，
導致這項規定流於形式。[69]再者，不是生員、進士，直接以幼學
身分及第於文科者之數量，到了朝鮮後期，開始超過以生員、
進士身分及第者。也就是，如果只以科舉及第為目標，就算不
參加生員進士試也能達成該目標。然而，在這樣的狀況下，生
員進士試的考試人數到朝鮮末期卻一直沒有減少。從朝鮮太祖
元年（1392）到廢止科舉的高宗三十一年（1894），生員進士
試合計實施兩百二十九回，推測共產生了四萬七千七百四十八
名的生員、進士。[70]

　　生員、進士建立地方上的兩班自治機構，擔負地方民眾的
教化。通過生員進士試除了獲得參加文科考試的資格，還可以
獲得鞏固支配地方社會之兩班地位的資格。這就是朝鮮朝後
期，生員、進士的人數和不參加文科考試的人數雙方皆增加的
原因。[71]如此大量的生員、進士，其中多數在通過科舉第一道關

---

69 宋俊浩，《李朝生員進士試之研究》（首爾：大韓民國國會圖書館，1970），
　　頁14-22。

70 同前註，頁38。

71 李成茂，前揭《韓國的科舉制度》，頁138-141。

卡後，不就任（或是無法就任）官職，成為全國各地士大夫社會的成員。

至於科舉考試科目，生員試初試是測試經書理解的五經義、四書疑。[72]雖然有一時性的變更，例如從五經義中去除春秋義變成四經義，或是從五經各自出一個問題，由考生自行擇其一作答等，但是多數的考試方式是，整合五經為一個問題發問，再整合四書為另一個問題發問。[73]準備考試期間，考生們將習熟四書五經，獲得士大夫社會的普遍知識。

武科也包含經書考試。武科自然以弓射、擊毬等科目為優先，但仍包含了講書的考試。複試時考生必須從四書五經中選擇一本書，從武經七書中選擇一本書，從通鑑、兵要、將鑑博議、武經、小學中選一本書，還要再加上朝鮮的法典《經國大典》做講解。[74]根據《朝鮮王朝實錄》：「傳旨曰，科舉所以取士。自今武舉，雖未射二百步者，若通經術則取之。」[75]可知，武術能力不足的武科考生只要精通儒學，也可以合格。此事清楚顯露朝鮮文治社會的右文主義（比起武術更重視學術）。

科舉制度除了能夠選拔官僚，尚產生了大量的生員、進士等知識階層。他們被社會大眾認可為，透過（包含準備考試的過程）讀書而具備教養的儒者士大夫。位於知識階層中的他們，以襯於該資格的強烈士大夫意識為武裝，以肩負朝鮮社會

---

72 參照《經國大典・禮典》，諸科生員初試項目。

73 李成茂，前揭《韓國的科舉制度》，頁228-230。

74 參照《經國大典・兵典》試取。

75 《朝鮮王朝實錄（世宗實錄）》世宗四年（1422）12月24日（丁未）記事。

發展之責任者自任。連武科都需考核文之素養，此種程度的右
文主義，為儒者的活躍提供了最佳的舞台。

第二節　無法取得共鳴的日韓儒者

「中華」與我國

　　如同前述，因為清軍入侵變得荒涼的朝鮮，儒者等待以武
力懲罰「夷狄」的機會，他們同時在歷史觀點上展開否認以清
朝為正統的討論，因此逐漸加深朝鮮的華夷觀念。此時，在日
本擔任德川政權儒官的林鵞峰也以「華夷變態」來理解中原變
成滿族天下的情勢，希望反清復明運動能夠成功。但是，憂慮
中華衰退的日韓儒者其實沒有真正的共鳴。如先行研究所顯
示，德川日本的儒者們在多元議論之下，逐漸產生新形態的華
夷論，這是他們與朝鮮儒者顯著不同之處。「將己國的『武威』
和天皇的存在，當作『華』的根據，用以證明自己立於中國
（明、清）之外」，日本如此逐步發展出「日本型華夷意識」。[76]
　　德川日本前期的儒者山鹿素行（1622-1685），在其著作
《中朝事實》中，列舉《日本書紀》稱日本為中國之處，論述
日本才是中國。據他所言，作為中華的日本，水土富饒。因
此，天神「故知水土之沃壤，人物之庶富，教化可以施焉」。

---

76 荒野泰典，《近世日本と東アジア》（東京：東京大學出版會，1988）序，
　　頁X。

其結果是，「本朝唯卓爾於洋海，稟天地之精秀，四時不違，文明以隆，皇統終不斷」。認為日本作為獨立的島國（而非大陸），文化能夠有所發展。接著，日本是「天地之所運，四時之所交，得其中，則風雨寒暑之會不偏，故水土沃而人物精，是乃可稱中國」。在風土面上，由於不偏且得中，因此養育出優秀的人民。與之相較，大陸的中國「封疆太廣，連續四夷，無封域之要，故藩屏屯戍甚多，不得守其約」。素行認為中國具有疆域過於遼闊的弱點。[77]

淺見絅齋（1652-1712）則認為，中國和夷狄的區分在於，後者是中國這一個天下的周邊。中國將周邊民族稱為夷狄，但是從各國的角度來看，自己的國家便是一個天下。若有人稱自己為「夷狄」，顯示他並不了解「中華」和「夷狄」之實。[78]

他們的討論未將關心放在以下事情：向中國的儒學書籍求取普遍之道，並尋求將此普遍之道——也就是儒學的理想——在日本付諸實現。對於這個現象，有一種看法是，本來「華夷意識帶有國家意識的面向和文化意識的面向，近世日本的狀況是，首先形成了國家意識，再從其架構中看見文化意識的成長」。[79]

另一方面，佐藤直方批判「日本很優秀所以必須自稱中

77　山鹿素行，《中朝事實》（廣瀨豐編，《山鹿素行全集：思想篇》第13卷，東京：岩波書店，1940），引用自頁16-18，21。

78　淺見絅齋，〈中國弁〉（西順藏等校注，《山崎闇齋學派》，「日本思想大系」第31卷，東京：岩波書店，1980）。

79　荒野泰典，前揭《近世日本と東アジア》，頁56。

國」的說法，他說：「不知天下之公理，陷於變化聖賢正說，此事令人不快。」[80]直方認為：「根本，中國之定夷狄以地形云，非以風俗善惡云。」也就是，區分中國和夷狄的基準是地形，而非中國是善、夷狄是惡，若因此主張本國是中國，實不合道理。

德川日本的儒者們別說以繼承中華為己任，對於中華的意思本身就有各式各樣的解釋。那是因為，「不管如何環顧四周，當時的日本都不存在可以做那種主張的儒教文化」。[81]因為當時「廣泛深切規範人們的是『武國』的……『自國優越觀念』」。[82]

若從朝鮮儒者的觀點來看，對於「日本型華夷論議」，想必無法接受。山崎闇齋的如下軼聞，應該會使他們大吃一驚：

> 嘗問群弟子曰：「方今彼邦，以孔子為大將，孟子為副將，牽數萬騎來攻我邦，則吾黨學孔孟之道者為之如何？」弟子咸不能答，曰：「小子不知所為，願聞其說。」曰：「不幸關逢此厄，則吾黨身披堅，手執銳，與之一戰而擒孔孟，以報國恩，此即孔孟之道也。」[83]

---

80 佐藤直方，〈中國論集〉（西順藏等校注，前揭《山崎闇齋學派》），頁420-425。

81 渡邊浩，《近世日本社會と宋學》（東京：東京大學出版會，1985），頁50。

82 前田勉，《兵學と朱子學、蘭學、國學：近世日本思想史の構図》（東京：平凡社，2006），頁13。

83 原念齋著，源了圓、前田勉譯注，《先哲叢談》（東京：平凡社，2006），

　　闇齋認為，如果孔子和孟子率領軍隊入侵日本，日本的儒者應該要與孔孟一戰以向本國報恩。對於十七世紀的朝鮮儒者而言，這番發言很難被認為是儒者之言。但是，這段軼聞傳入韓國的時間不是十七世紀，而是二十世紀初頭，反倒使二十世紀的韓國人有如下感嘆：

　　　　李華西（李恆老〔1792-1868〕之號——引用者注）是
　　　韓國儒家的巨匠，山崎闇齋是日本儒家的巨匠。如果比較
　　　兩人的學術文章，山崎氏只不過是華西門下的一個侍童。
　　　但是華西說了「今日吾輩之責，在儒教盛衰，至於國家存
　　　亡，猶屬第二件事」，而山崎說「有來侵吾國者，雖孔子
　　　為將，顏子為先鋒，吾當以讐敵視之」。啊，韓日強弱之
　　　差，從兩國儒教徒的精神便可看出。[84]

　　作為李恆老的話而被引用的「今日吾輩之責，在儒教盛衰，至於國家存亡，猶屬第二件事」的文句，在此被解讀為「發展儒教是儒者最重要的責任，使國家存續則沒有那麼重要」。因此，此篇社論被認為「尖銳地凸顯（李恆老的）衛正斥邪思想的弱點」，[85]並且被提出作為「明顯表現出日本和朝鮮

　　頁118-119。

84 社論〈今日需要宗教家之處〉，《大韓每日申報》（第7卷第1252號），1905
　　年8月11日。

85 姜在彥，《朝鮮の儒教と近代》（東京：明石書店，1996），頁201。

儒學特質的差異」[86]之例。

　　然而，李恆老真的持有上述認識，並做出此種發言？李恆老終其一生專注於朱子學研究，著有《朱子大全箚疑輯補》，為龐大的《朱子大全》做注。在這樣的生涯中，他真的把宣揚朱子學看作比國家存亡更重要的大事？在現存他的文集中，找不到與前述社論所引用完全一致的文章。接著，儘管他的著作中看得見「儒家」、「儒臣」、「儒生」等用語，但是沒有一處出現「儒教」之詞。也就是說，「儒教盛衰」是上述社論的作者，將李恆老文章的某個詞語「翻譯」而「做成」的東西。他所引用的原文，恐怕是下文的畫線部分：

> 　　西洋亂道最可憂。天地間一脈陽氣在吾東，若幷此被壞，天心豈忍如此。吾人正當為天地立心，以明此道汲汲如救焚。國之存亡，猶是第二事。[87]

　　這段文字可以讀取的李恆老觀點如下。

　　第一、儒者的急務是明道。

　　第二、在中國絕脈的道，現在只殘存於朝鮮，但是西洋的勢力卻擾亂著它。

　　第三、不能不守護在天地間唯一保有道統的朝鮮。只是，

86　前田勉，前揭《兵學と朱子學‧蘭學‧國學》，頁103。

87　李恆老，《華西集》附錄卷5〈語錄〉（柳重教錄）（首爾：民族文化推進會《韓國文集叢刊》第305冊，2003），頁420。

其意義在於明道，關乎國家存亡的意義次於前者。

社論記載的李恆老之言中，「儒教盛衰」似乎和「國家存亡」無法相容。但是，在這篇原文中，「為了天地」、「救道」其實便是「守護朝鮮」，兩者是相互完備的概念。

為確認李恆老的真實想法，以下納入更多他的文章做討論。

首先，他將西洋勢力要求傳播天主教和開港，視為對韓國表裡兩面的侵略，在華夷觀念之下，他主張治理國內的同時，必須驅逐「洋夷」：

> 蓋洋夷之潛入我國，廣傳邪學者，豈有他哉。欲以植其黨與，表裡相應，偵我虛實，率師入寇，糞穢我衣裳，奪掠我貨色，以充谿壑之欲也。情狀已露，婦孺皆知，然則內修外攘之舉，如根本枝葉之相須，不可闕一也明矣。[88]

李恆老認為，守護國家最重要的方法是修身。他清楚意識到「洋夷」覬覦韓國土地和人民，[89]並且拚命想要阻止。既然他說「國之存亡猶是第二事」，那麼此處為何又對「國家存亡」這般在意？理由自然是因為，對於儒者而言，守護道和守護國家並不矛盾。唯一能夠守護保存了道的朝鮮，其方法是「為天地護道」。即，為了天地而努力的話，國家自然會得到良好的

88 同前註，卷3「辭同義禁疏（十月初三日）」，頁90。

89 同前註，附錄卷4〈語錄〉（朴慶壽錄），頁413-414。「今海寇之覬覦情跡，已著不可諱也，而必諉之以土地人民。非其所欲，何哉。」

治理。李恆老門下的華西學派繼承了這樣的信念，在西洋和日本入侵時，舉義兵展開抗戰。

《大韓每日申報》刊登的社論，後頭尚有如下內容：

今日，韓國的宗教不只有儒、佛，還有耶穌教和天主教，但是其中又有哪個擁抱國家主義呢？但是，從我們耳目所及之處來看，一旦帶著宗教家之名，就成為了佛之國民，成為天主之國民，仍然是韓國國民者幾希。悲哉！[90]

此處，將以取代中國、肩負中華自豪的朝鮮儒者，與耶穌教、天主教的信徒放在一列，帶有批判地將他們描繪成沉迷於宗教而忘記自己是國家一員的宗教分子。若從當時儒家的處境觀之，別說「天下」，連「國家」都無法守護的現實，導致他們作為統治階級所持之志不被理解，似乎也無可厚非。

另一方面，德川日本的伊藤仁齋曾說：「蓋學者之進道，其初學問與日用扞格齟齬，不能相入。及乎真積力久，自有所得，則向視之以為遠者，今始得近，向視之以為難者，今始得易。」[91] 他注意到儒學之道與「日用（現實社會）」不相容，為兩者間的齟齬該如何調整而煩惱。此處，與超出國家框架、追究廣大天地之道的儒學有所不同，思考如何實現於日常生活中

---

90 前揭社論〈今日需要宗教家之處〉。

91 伊藤仁齋《童子問》卷之中第61章（寶永四年丁亥夏五月刊本）（東京大學文學部漢籍庫所藏，天理圖書館40178複寫本）。

的儒學，開創出不同的學問世界。儘管兩者都不是中國儒學內找不到的想法，兩者之間的差距，仍然能清楚表現朝鮮和德川日本儒者世界的差異。

　　中江藤樹（1608-1648）九歲時成為祖父的養子，十五歲時祖父去世。年紀輕輕便繼承家業，侍奉主君的他，如同年譜所言「欲修身齊家，不知其道」，出於實際上的需要，想要學習修身齊家之道。後來，他愛好儒學欲努力學習，卻為了避開周遭崇武之武士們的批判目光，在夜裡獨自學習《四書大全》。他每晚讀二十頁方就寢，熱衷於學習。讀了一百次《大學大全》後開始能夠理解內容。之後又閱讀及理解《論語》、《孟子》。[92] 在夜間有限的時間內，《四書》中除了〈中庸〉，通讀其他三書應該需要相當多時間。就連分量最少的〈大學〉，如果將《大全》包含小注全部熟讀一百次，粗算三日可以讀一次的話，至少也需要三百日。如果他以同樣方式閱讀《大全》本的《論語》、《孟子》，那該花費多少倍的歲月。考慮到，三十一歲的中江藤樹已經在數年間抱持「聖人之道不合於今世」的疑惑，[93] 想必他在理解經書內容之後，很快地就開始抱持疑惑。

　　中江藤樹在十七歲到三十一歲間的學問歷程，煩惱於儒家

---

92 尾藤正英校注〈藤樹先生年譜〉（山井湧等校注《中江藤樹》，「日本思想大系」第29卷，東京：岩波書店，1974），頁286-287。

93 同前註，頁295。「此前，專讀四書，堅守格法。其意專聖人典要格式等，不欲逐一受持。然間時不合，滯礙以行，疑以為『如聖人之道，在今世，吾輩不及處』。於是，取五經熟讀，有觸發感得。故《持敬圖說》並作為《原人》以示同志。數年行此。然不行處多，甚戾人情逆物理。故疑不能止。」

之道與人情、物理相違處頗多。也就是，學習「正心、修身、齊家」之道，希望能在日常生活中活用的藤樹，切身體會就算習熟儒書也無法直接應用於現實生活之問題。

　　德川日本的儒者們清楚意識到，儒學和日常生活間存在齟齬，正是因為這樣的認識，才導致「宋學逐漸受到種種修正。不如說正因如此，宋學才在日本社會達成一定程度以上的擴大」。[94]

　　十七世紀的朝鮮朝被認為，出現了將儒學「實踐」於日常生活中的新現象。但是，如同前章所述，朝鮮儒學相關的史料無法證明此事。再者，經由此處的討論可知，將儒學實踐於日常之現象，不在朝鮮，反而在德川日本的儒者身上可以看見。

　　中國和朝鮮的儒者，盡可能學習作為中華文明精華之經書的每一部分，如果科舉及第，就能成為為政者的一員、加入實現理想的行列。尚且，個人又可預期同時獲得榮華富貴。如同「書中自有千鍾粟，書中自有黃金屋」[95]所言，通過學習書籍能夠達到社會性的成功，這件事有制度上的保障。科舉制度下，儒者基於公定的注釋，徹底學習經書的內容，以積累進入官場的踏腳石。無論是否打從心底認同經書的教誨，只要充分學習其內容，就能開啟擔任社會支配階層中一定角色的康莊大道。

　　另一方面，未設立科舉制度的社會中，儒者便不得不自己

---

94 渡邊浩，前揭《近世日本社會と宋學》，頁29。

95 劉剡校正，《詳說古文真寶大全》前集卷1〈真宗皇帝勸學〉（首爾：保景文化社，1989），頁8。「富家不用買良田，書中自有千鍾粟。安居不用架高堂，書中自有黃金屋。」

創造經書內容與現實社會的聯繫。並且，從每一個儒者的個人立場來看，沒有必要想定經書內容全部正確。武士所統治的社會中，本來就不被期盼實現儒學理想。

黑住真注意到，德川日本的儒學未充分採納作為來源的中國儒學體系的原因，在於十七世紀初儒學開始在日本發展時，宋、元、明朝和朝鮮發展了四百多年的新儒學，和發展超過一千年的舊儒學一起傳來。他認為，外部和日本之間存在某種程度的落差，導致了「修正主義」式的接受。接著他認為，這種現象在日本文化形成史上屢屢發生，他將此事視為如同德川儒學之土壤般的前提，強調在進行研究前必須先認知這一點。[96]

黑住真所說的「日本文化形成史上屢屢發生的現象」，被認為也發生在受容佛教之時。中村元稱：「有一些狀況是日本人刻意讀錯漢文。這是需要特別注意的思想史現象。把中國人書寫的漢文，不照原意解讀，並且附上擅自做的解釋。即利用漢文沒有嚴密語法的這一點，為了方便發表自己的思想，以自己的思想來解讀，進行恣意的解釋。……特別是認可日本特徵的宗教家，更是對漢文進行不合理的解釋。例如親鸞絕對不會按照原意解讀漢文。這是守護淨土真宗傳統教學的統派學者們，自己也明白承認的事實。此外，道元也同樣無視於漢文的文脈，進行解釋。這樣的恣意解釋，也屢屢被二宮尊德等與民眾一起活動的學者認可。不僅如此，對於漢文的恣意解釋，就算是有學問的巨匠也可能故意去做，尚且有明顯違背漢文原意

---

96 黑住真，《近世日本社會と儒教》（東京：ぺりかん社，2003），頁21-22。

的解釋，受到朝廷公開認可並採用的歷史事實。」[97]中村元認為，前近代的日本人脫離漢文本來的意思，進行獨特解釋的理由，「恐怕是因為，日本人心理思惟的進行過程，與漢文的言語形式有無法相合之處」。[98]

那麼，我們可以說十七世紀朝鮮朝的士大夫們，心理思惟的進行過程與漢文的言語形式完全吻合？如果從現代語的形態來看，韓文的構造比起漢文，更接近日文，而且心理思惟的進行過程應該與其母語的形式有所關聯。若是如此，朝鮮儒者為何還是傾向以原本的形態，學習以漢文書寫的中華文化？理由是，在朝鮮朝士大夫社會中，學習經書的方法和解釋的基準都已經被確立，而且在那個環境中，很難出現脫離共有方法、基準的獨特解釋。

除了從社會背景或語言等角度說明，共同體（例如一國或一族）接受外部文化之際，很可能存在獨特的傾向。若從此點展開考察，且能不帶優劣評價去認識各共同體的特徵，將利於

97　中村元，《日本人の思惟方法》，《中村元選集（決定版）》（東京：春秋社，2003），頁8。親鸞（1173-1262）為鎌倉初期僧侶，是淨土真宗的開山祖；道元（1200-1253）為鎌倉初期禪僧，日本曹洞宗的開山祖；二宮尊德（1787-1856）是德川後期的篤農家，取神道、儒、佛教思想創立報德教。

98　中村元，前揭《日本人の思惟方法》，頁9。如果從中村元的見解推測，德川儒學以「修正主義式的」接受形態展開的理由，除了社會狀況本來就和儒學有一段距離外，也受到日本文化形成史的特徵影響。即，日本文化接受他文化之際，比起依照出處的體系，更帶有按照自己的想法更改體系的傾向。

我們理解東亞儒學史的多元展開。

以儒者為業

　　儘管德川日本未實施科舉考試，但如眾所周知，仍然存在儒官。唯其狀況與科舉社會十分不同。林羅山（1583-1657）年僅二十三歲便侍奉德川家康，卻並非作為儒者登用。他以剃去頭髮之博學僧侶的身分任官，1629年（寬永六年）敘任民部卿法印，其弟林東舟則敘任刑部卿法印。林羅山曾因為兄弟兩人皆成為法印，作〈敘法印位詩〉，序文提到「何榮幸加之哉」。[99] 然而，中江藤樹為此作〈林氏剃髮受位弁〉，[100] 嚴厲批判他身為儒者卻接受僧位並自我辯解的行為。

　　和島芳男指出，林羅山常侍將軍，為其講解《論語》，獲賜土地和黃金等，「從這一連的事實來看，讀者可能以為到了家光的時代對於林家的恩遇終於提升，自然也應該更加尊重且採納其家學」，但也指出實際上並非如此。他舉例，對於1624年（寬永元年）羅山的初次謁見，羅山自己的紀錄和將軍方的紀錄有著很大的差異。[101] 其差別大致如下。

　　《羅山先生年譜》記載，「或講論語，或讀貞觀政要，或談

99　林羅山，〈敘法印位詩（并序）〉，《林羅山詩集》下卷38（東京：ぺりかん社，1979），頁418。

100　山井湧等校注，〈文集〉（山井湧等校注，前揭《中江藤樹》），頁13。

101　和島芳男，《日本宋學史の研究（增補版）》（東京：吉川弘文館，1988），頁466。

倭漢故事，或接執政之諮詢」，暗示羅山也參與了政治的諮詢。另一方面，《大猷院殿御實紀》[102]則記錄：「將軍家光幼少時，其父秀忠、祖父家康命深知往事的老人們，為家光講解昔日故事。當時老人們日夜忙於參謁家光，林羅山則擔任『談判』（陪大名、將軍講話者。又稱御伽眾——引用者注），經常陪他們閒聊今昔故事。最初家光只當故事聽而已。但因興趣所致，逐漸積極提問。從此他開始明瞭古今之天下治亂、政事之臧否、人臣之功績等事，對其後來掌理政事，助益不少。」也就是說，羅山不只不被期待以儒者效力於將軍，尚且僅從事御伽眾、御咄眾（陪談人——引用者注）的工作。儘管他的談話涉及儒學，內容仍須是有趣的話題，根本不可能成為開啟儒者參與政事之道的前提。[103]

儒學不僅非幕藩體制之基礎，多數武士也不認為包含儒學在內的學問與武士之道有關聯，甚至持排斥的態度。中江藤樹出席《論語》的講釋、在夜裡讀經書等，是非常少見的狀況。[104]「武士們多數對宋學及任何『學問』，甚至是接觸書本一事漠不關心，他們反對、嘲笑想學習的同僚，絕非不可思議之事。他們並沒有使用從文字而來的知識、教養引導自己生命的習慣。」[105]武士若想出人頭地，刀是必須，但是書本並非不可

---

102 德川家康到第十代將軍家治的和文編年體實錄，通稱《德川實紀》。《大猷院殿御實紀》是第三代將軍家光的實錄。大猷院為家光諡號。

103 和島芳男，前揭《日本宋學史の研究》，頁466-467。

104 尾藤正英校注，前揭〈藤樹先生年譜〉，頁295。

105 渡邊浩，前揭《近世日本社會と宋學》第4刷（東京：東京大學出版會，

或缺，如此想來，武士理所當然會養成此種風氣。

再者，從民間來看，儒者是非主流且被疏遠的人們。其定位是，「儒學低與遊藝並列，高與武藝並列」。[106]「儒者不保證一定有讀者和聽眾。沒有檀家，也沒有授予資格的家元制。本來，（日本）統治的法律規則和世間風俗，這些現實與儒學的教誨相去甚遠。因此，儒者一邊意識敵意、警戒、輕蔑、冷笑之眼，一邊不能不以『修己治人之道』說服其他社會成員。」[107]

抱持強烈的士大夫精神，以學習經書、實現道為目標的朝鮮儒者，聖人之道與國家現狀發生齟齬、思索該如何解決的德川日本儒者，雙方皆按照自己的立場解讀經書。以下擬透過考察他們如何理解「無私欲」──朱熹解釋《論語》之「仁」時使用之詞──以討論雙方之不同。

朱熹解釋《論語・雍也》之「回也，其心三月不違仁」時，說「仁者，心之德。心不違仁者，無私欲而有其德也」，[108]並引用程子說「不違仁，只是無纖毫私欲。少有私欲，便是不仁」。也就是，人的心若有一點私欲就會脫離仁，為了不離仁，一定要使私欲完全消失。

朝鮮儒者趙翼（1579-1655）將朱熹的解釋說明為「仁者，本心之德也。心本有此德，惟私欲蔽之，故此德亡矣。故

　　2001。初版為1985年），頁12。

106　渡邊浩，《日本政治思想史　十七～十九世紀》（東京：東京大學出版會，2010），頁93-94。

107　同前註，頁97-98。

108　朱熹，《四書章句集注》（北京：中華書局，1983），頁86。

私欲去則此德無不存矣」，並說「學者為學，可不以為仁為事
而用力，可不以不違為期乎」。[109] 即，趙翼接受了朱子學的解
釋：作為人之德的仁雖然存在，卻容易因為私欲而逐漸消失，
人必須努力讓仁不蔽於私欲。因此，他將努力不蔽於私欲視為
學習者之工夫。

　　然而，仁齋卻認為這段文章說的是「言為仁天下之至難
也」，又說「仁主於吾心，猶五臟六腑之具於吾身，人人皆
有。豈得獨以顏子為不違邪。曰，此宋儒以仁為性之誤也」，[110]
對認為每個人都具備本性之仁的朱熹學說提出質疑。接著，仁
齋在《論語古義》其他章節中也批判宋儒所說的無私欲。他將
宋儒「無私欲」之言理解成「去除所有私欲」。並嚴厲地批
評，使用「虛靜」一詞討論此種話題的宋儒之學是佛學。[111]

　　趙翼從朱熹注釋中學到「如欲不離仁，必須致力去除私
欲」的教誨。然而，仁齋卻從無私欲這件事感受到強烈的違和
感。對於無私欲的問題，為何趙翼和仁齋產生如此不同的反
應？

　　首先，因為兩人在不同的意義上理解「私」字。古典漢語
中的「私」字帶有負面印象，日文中「私」（私的、わたくし）

---

109 趙翼，《浦渚先生遺書》卷6〈論語淺說〉，豐壤趙氏花樹會編，《豐壤趙
　　氏文集叢書》四（首爾：保景文化社，1988），頁13。

110 伊藤仁齋，《論語古義》（林本），雍也（東京大學文學部漢籍庫所藏，天
　　理圖書館406094複寫本）。

111 同前註，憲問：「若後世主無欲主靜之說者，實虛無寂滅之學，而非孔門
　　為仁之旨矣。」

則帶有中立印象，讓我們從兩者之間的差距來思考。

　　漢語中「私」的用法和「公」相反，時常出現在損害「公」的情況。尤其在朱子學的文獻中，如同「無私，是人之前事」[112]所言，「私」是為仁必須先去除的東西。自然會產生必須為了「公」而「杜絕私恩」[113]的主張。然而，至少在德川時代的日語裡，「私」（私的、わたくし）不被認為是危害「公」（公的、おほやけ）的存在。渡邊浩指出，（日語中的）「私」和「公」的關係，「不是倫理式的善惡正邪，而是權力式的大小強弱」。[114]「這個『私』概念和『公』概念，如果把它們想作一個個箱子，箱子的排列形態不是橫向並排，而是箱中有箱。大的『公』中有複數個『私』。而這些『私』箱子中，又各自有許多的小的『私』，和後者一比，前者本身則又成了『公』。接下來，不斷重複『公』和『私』的相對連鎖，直到抵達最小的『私』為止。」[115]

　　也就是說，以仁齋當時的日語來看，「私」是構成「公」的一部分。如果想的是此定義之「私」，那麼「完全去除私欲」，不但沒有理由，也幾乎不可能實踐。

112　黎靖德編，《朱子語類》卷6〈性理三〉（《朱子全書》，上海：上海古籍出版社、合肥：安徽教育出版社，2001。第14冊），頁259。

113　前揭《中宗實錄》中宗元年（1506）10月25日（己卯）：「臺諫合司上八條疏，……六曰杜私恩。」

114　渡邊浩，〈「おほやけ」「わたくし」の語義──「公」「私」，"Public" "Private"との比較において〉，佐々木毅、金泰昌編，《公と私の思想史》（東京大學出版會，2003），頁153。

115　同前註，頁150-151。

　　再加上，仁齋從宋儒注釋感受到的違和感，來自於立場之不同，從他的立場上無法理解宋儒抱持的強烈士大夫意識。因為仁齋無法不考慮「一般人也能夠遵循這個注釋的內容嗎？」的問題，這是朱熹及朝鮮注釋者們未曾想過的。朝鮮的趙翼身為統治階層的一員，抱持強烈的士大夫意識，決心致力於去除私欲。另一方面，近於「一般人」的德川日本儒者伊藤仁齋批判朱子學，認為它（向普通人）「強迫推薦無法做到的事情」。如果從朝鮮朝儒者的角度來看，學習者朝著完全去除私欲、為仁的目標而努力，並不會讓他們感到違和。

　　朱熹注釋指出，帶有仁之「性」這一點人人皆同。指的是，誰都帶有可能性。朱熹欲表述的重點是，仁之性能否一直發揮，需靠個人努力。因此，信奉朱熹學說的朝鮮儒者，不僅努力去除私欲，還透過許多修養方法，盡一切努力接近仁。

　　此外，對於「要求人們完全去除私欲是否妥當？」這個問題，朱熹和仁齋所指涉的「人們」，實際上指涉的是不同的人。朱熹嚴格要求的對象不是一般庶民。如同顏淵般不懈地努力，認為自己的任務是將王導上正道，此種未來的統治階級，才是朱熹所謂的「人們」。

　　與生來就必須成為儒者的朝鮮儒者不同，德川日本的儒者都是出於自己的選擇，選擇了儒者這個「行業」。在那之後，他們又經由積極地選擇而持續成長。例如，年輕時的伊藤仁齋，放棄了成為町人（城市的工商業者）和醫生的選項，儘管受到周遭的人反對仍志於儒學。中江藤樹則是一邊擔心被周圍的武士排斥，一邊努力學習經書。然而，從另一方面來看，他

們對於自己閱讀的經書有很大的選擇空間，只要能夠入手，便能盡可能地接觸多元的注釋，也能自由地思考經書解釋的各種可能性。

德川初期，公家之清原家講解四書，〈大學〉、〈中庸〉使用朱熹之注，《論語》、《孟子》用何晏（193左右-249）、趙岐（？-201）的注，皇侃（488-545）、邢昺（932-1010）的疏。五經則用漢唐注疏。因此，林羅山使用《論語集注》講解之事曾被視為問題。[116]從這件事我們可以想定，無論是漢代的經學或是宋代的朱子學，當時並不存在社會公認的權威。

儒者基於個人判斷使用注釋，是一個什麼樣的狀況？例如，林羅山學習《論語》時，首先接觸了何晏的《論語集解》[117]（以下記為《集解》）和它所附的〈皇侃疏〉，之後，十

---

116 這件事，羅山三男林鵞峰所著〈年譜〉及四男林讀耕齋所著〈行狀〉皆有記載。《羅山林先生集》附錄卷3記載：（慶長）「八年癸卯，先生開筵聚諸生，講論語集注，戶外屨滿。外史清原秀賢娟（媚？）疾之，奏曰，自古講書者皆有勅許，今則不然。請督責之，乃啟稟於東照大神君。大君哂曰，庸詎傷乎。各宜從其所好。何為告訴之淺卑乎。是以事輟。」也就是，德川家康認為經書注釋各從所好即可，斥退清原秀賢。一些先行研究推定上述記載由林家捏造。但是，堀勇雄透過林羅山《野槌》、藤原惺窩的書信及清原秀賢《慶長日件錄》的紀錄，論證慶長九年或十年的確發生此事。（堀勇雄，《林羅山》〔東京：吉川弘文館，1992〕，頁38-54。）

117 《論語集解》是由魏代何晏取捨漢代注釋而成的注釋書（梁代皇侃為《論語集解》做疏，成《論語義疏》。但是在北宋邢昺〔932-1010〕的《論語正義》出現後，逐漸亡於中國。傳入日本的抄本，於清代再次輸入中國，皇侃《論語集解》失而復得）。日本從南北朝時代到室町時代數度復刻《論語集解》，此書廣為流傳。天理圖書館編，《古義堂文庫目錄》（天

七、十八歲時開始讀朱熹的《集注》。[118]

　　伊藤仁齋十六、十七歲時，讀了朱熹的四書詮釋，認為朱熹之注是訓詁之學，不是聖門德性之學，想要學習其他的注釋。但是由於當時無法入手其他注釋，仁齋只好先讀朱子學系統的書籍。[119] 仁齋的注釋書中，可以看出同時參考複數注釋書的狀況，可以推測，後來他終於入手漢代注疏，與朱子學解釋並讀。

　　據本書之考察，仁齋的《論語古義》（以下記為《古義》）很可能以何晏《集解》的經注本，或是以該經注本為中心的集成書，即集合歷代注釋並編輯的書籍為主要的文本。[120] 例如，

　　　理：天理大學出版部，1956）中包含《論語集解》。目錄中雖記載為東涯
　　　手澤本，唯從《論語古義》內容可知仁齋時常參照此書。

118 林羅山，〈徒然草野槌〉：「初，論語余讀何晏集解、皇侃疏。十七八歲頃
　　　始讀朱子集注。思考大全，兼讀程子遺書、性理大全。為朋友講讀集注之
　　　趣，時年二十一歲也。經一二年，有著深衣講說之事。」（再引用自和島
　　　芳男，《日本宋學史の研究》，頁426。）

119 伊藤仁齋，《古學先生詩文集》卷5〈同志會筆記〉（天理圖書館古義堂文
　　　庫藏）（三宅正彥編集、解說，《近世儒家文集集成》第1卷，東京：ぺり
　　　かん社，1985，頁111。）「余十六七歲時，讀朱子四書，竊自以為是訓詁
　　　之學，非聖門德行之學。然家無他書，語錄或問近思錄性理大典等書。」

120 仁齋《舊藏書籍目錄》除了朱子學系書籍外，也可以看見《論語講義困勉
　　　錄》等集成書。《論語講義困勉錄》是清初陸隴其（1630-1692）所撰。據
　　　《四庫全書》總目提要解題及《四書講義困勉錄》原序，陸隴其沒後，此
　　　書由族人陸公穆及門人們刊行。序中又提及，陸隴其編纂《四書大全輔》
　　　（應同於《三魚堂四書大全》）後，從中取出萬曆以降諸家之說，輯成他
　　　書。

　　　據佐野公治，《四書學史の研究》（東京：創文社，1981。頁7-8），從陸

《古義・學而篇》的「慎終追遠」章[121]的注，仁齋引用了漢代孔安國、何氏（晏）、朱氏（熹）之說，[122]這是他透過《集解》讀到孔安國之說的證據。[123]又，〈學而篇〉的「道千乘之國」章[124]中，附上與朱熹《集注》幾乎相同的小注，但是其出處寫「包氏曰」，而非「朱氏曰」。[125]這個注釋被認為是，何晏《集解》引用了包氏說法，[126]然後仁齋再從《集解》引用該注。另

　　隴其《三魚堂四書大全》開始，將朱熹四書說進一步補強的書籍，大量輸入江戶時代的日本，在各地藩校和私塾間廣為流傳，這些書籍現在多半保存於內閣文庫或收藏漢籍的圖書館中。仁齋自然未必看過《舊藏書籍目錄》上所有的書籍，但是從仁齋的注釋可以推測，他讀過《論語講義困勉錄》等以諸家之說補強朱熹注釋的集成書。

121《論語・學而》：「曾子曰，慎終追遠，民德歸厚矣。」

122 伊藤仁齋，《論語古義》學而「何氏朱氏，皆以慎終為喪之事，追遠為祭之事。然義理不協。故今依本文解之。」

123 何晏，《論語集解》（《十三經注疏》整理本《論語注疏》，北京：北京大學出版社，2000），頁10。「孔曰慎終者，喪盡其哀。追遠者，祭盡其敬。」

124《論語・學而》：「子曰，道千乘之國，敬事而信，節用而愛人，使民以時。」

125 伊藤仁齋，前揭《論語古義・學而》：「包氏曰，道，治也。千乘之國，諸侯之國，其地可出兵車千乘者也。敬事而信者，敬慎民事，而信以接下也。人，通臣民而言。時，謂農隙之時。言治國之要，本在於所存，而非專任政事而可矣。」

126 何晏，《論語集解》：「包曰，道，治也。千乘之國者，百里之國也。古者井田方里為井，十井為乘，百里之國，適千乘也。融依周禮，包依王制，孟子義疑故兩存焉。包曰，為國者，舉事必敬慎與民必誠信。包曰，節用不奢侈，國以民為本，故愛養之。包曰，作事使民必以其時，不妨奪農務。」

一方面，《集注》的注釋則是朱熹參考過去的注釋書後加筆寫成的。[127]

仁齋在執筆《孟子古義》時，很可能同時參考了趙岐和朱熹的注，又或者參考同時引用兩者的書籍。例證如，《孟子·公孫丑下》，「天時不如地利，地利不如人和」之注，仁齋完整抄錄了趙岐的訓詁注。儘管此處《集注》之注與趙岐注幾乎完全相同，但是仁齋引用的注還包含「趙氏曰」三字。並且，引用朱熹訓詁注時，他時常不寫「朱氏曰」而直接引用。[128]

在朝鮮朝的科舉中，朱子學解釋是標準答案的基準。儒者一邊學習從修己到治人的〈大學〉之道，一邊為了取得治人的地位——搭上通往官僚之路的列車——而熟讀朱子學解釋。十六、十七歲向這條道路出發時，兩班家門的兒子如果（像仁齋般）開始懷疑朱熹的四書注釋非聖門德性之學，這條路將會變得非常難走。或者這麼說也不為過，十六、十七歲的朝鮮儒生幾乎沒有機會懷疑這些被給予的朱熹注釋是否真為聖門德性之學。

另一方面，德川日本的儒者則無此種門路，就算熟習〈大學〉之道也無法取得治人的地位保障。雖說如此，他們也因此

---

127 朱熹，前揭《論語集注·學而》：「道，治也。……千乘，諸侯之國，其地可出兵車千乘者也。敬者，<u>主一無適之謂</u>。敬事而信者，敬其事而信於民也。時，謂農隙之時。言治國之要，<u>在此五者，亦務本之意也</u>。」

128 林本的版本中，後來校正仁齋原稿的某人，在某個訓詁注之前添加了「朱氏曰」。如果要添加「朱氏曰」，不只該處，還有很多地方需要添加。此處可以看出校正者非習熟《集注》者。

得以不受科舉拘束，在面對經書時有更多思想上的自由，較能
做出多元的發想。渡邊浩說：「從不需要教導科舉的標準學說
這一點來看，他們是自由的。根據朱子學或陽明學，或是批判
雙方，都沒有問題。將軍和諸大名基本上並不關心哪個經學解
釋正確。然而，這種自由的背面便是，疏外於權力的位
置。」[129]描繪了德川儒者擁有學問自由的同時，也被疏外於權
力的處境。又，尾藤正英指出：「不限於朱子學，儒學對日本
而言，皆為外來思想。將軍和大名尊重它，只不過出於一種知
識上的虛榮。如此觀之，儘管十七世紀中期以後，許多學者提
出對朱子學的疑問和批判，但那與其說是對支撐體制之意識形
態的批判，不如說是，他們意識到外來思想和現實社會狀況存
在差距，因而有所表示。此種看待方式似乎更為妥當。」[130]如
果是這樣，那麼德川儒者的朱子學批判，就不是高橋亨所定義
的「對抗作為官學之朱子學，以雄大氣勢樹立了民學」。這和
朝鮮儒學史的狀況──對朱熹之說提出異見，這個行為本身就
被認為有意義──是不同的。

　　如同前面所確認的，朝鮮和德川日本的儒學展開背景完全
不同。但是，二十世紀初頭，經由殖民與反殖民抗爭的權力構
造，兩國的儒學與概念完全不同的「朱子學研究」、「朱子學
批判」，被不合理地聯繫在一起，成為單純比較的對象。這樣

---

129 渡邊浩，前揭《日本政治思想史》，頁97-98。
130 尾藤正英，《江戶時代とはなにか──日本史上の近世と近代》（東京：
　　岩波書店，2006），頁48-49。

不當的文化比較，為朝鮮儒學史研究營造了難以建立妥當觀點的環境。

　　在完全不同的社會狀況中，平面地比較思想史的展開，討論其「文化」或「民族性」的差異，不是本書要進行的課題，因為這是不當且無意義之事。因此，在本書中，不會進行此種無意義的討論，而是努力將朝鮮儒學史純粹作為朝鮮儒學史來加以理解。

第三章

朝鮮儒者的信念

　　即使在以朱子學為治國方針之依據、以朱子學經書解釋為科舉考試標準的朝鮮社會，也存在提出與朱熹注釋相異見解的人，因此而招來物議，最終遭受處罰。這些異於朱熹注釋之作者的登場及對於他們的牽制和批判，一直被理解為，抱持朱子學批判意識的一方被朱子學方所彈壓的狀況，因而產生「朱子學對反朱子學的對立架構」。該架構從兩個對立軸──朱子學的深化研究和教條化 vs.對朱子學的懷疑和批判──來說明十七世紀朝鮮儒學史。然而，筆者認為，十七世紀朝鮮儒學史之展開樣態是更為廣闊的，不應該被局限在這兩個對立軸內。

　　如前所述，作為十七世紀東亞最大「事件」的明清交替，並非可促成批判朱子學意識產生之原因。接下來，下面所要論述的是，異於朱熹經書解釋和見解的著作未必誕生於對朱子學思想的懷疑，以及朱子學研究未必會因深化而走向教條化。

　　一般而言，研究某個對象到了極為細密的階段後，將產生視野的窄化或受限於刻板印象之可能。然而，研究之際發現思想體系的缺點，因此開始將研究對象客觀化，進行批判性之認識，此種可能性也會同時提高。即使是看起來完美無缺的思想體系，若徹底加以追究，也可能發現其破綻。如同後述，十七世紀朝鮮的朱子學者在研究朱子學的同時，一邊比對朱熹的各種著作，確認朱熹的學說曾歷經數度變化，進而證實朱熹在其各種論述之間，存在著不少矛盾。

　　承上所述，我們無法從朝鮮朝儒者的研究，就斷定它不會是產生異於朱熹注釋之創見的原動力，也無法單單認為這些研究只有邁向朱子學教條化一途。無批判地信奉，毋寧是對研究

對象還未徹底了解時才容易產生的狀況。

再者，擁有數百年經書學習歷史的朝鮮朝士大夫，「只是不斷重複朱熹解釋就能獲得滿足，其中僅有尹鑴、朴世堂等數人對朱熹的注釋提出異見」，這個說法有說服力嗎？

朱子學研究的深化和異於朱熹的經書解釋，兩者皆由朝鮮儒者的信念所生。如果過往朝鮮儒學史研究描繪的架構脫離了這個信念，意味著它還有商榷的餘地。更進一步，若詳細分析朱子學的研究過程及異於朱注之注釋的誕生過程，此二軸──朱子學的深化研究和教條化 vs. 對朱子學的懷疑和批判──如何產生關聯當可確認。

第一節　朝鮮朝儒者社會的思想基礎

朝鮮儒學史研究的正式展開始於日本殖民時代，其研究基於深刻的反省，以圖究明朝鮮招致亡國之因。除了批判儒者社會輕視實用的傾向，同時也挖掘十七世紀重視實用、實踐的人物，並加以讚揚。但是，以二十世紀想定的「實用、實踐」來評論朝鮮儒學史，真的有意義嗎？如果考慮朝鮮儒者社會的思想基礎，對於輕視實用的反省、對於重視實用的讚揚，其實都與史實有所出入。此種研究方法比起從史實找到教訓，難道不是更近於生硬地套用當時的需求來解讀歷史？

儒者第一義

對於以經學為中心活動及作為的朝鮮士大夫來說，活化經書內容使其成為日常生活實用之物，並非他們關心的中心問題。如同在傳統的中國社會中，「在科舉所測試的，不是法律的詳細知識或徵稅計算等實務能力。此類實務是胥吏和幕友（地方官的私設祕書）的工作，對於官吏的要求是真正的道德能力」。[1]同樣的，朝鮮朝社會向士大夫要求的，也是高道德能力。具體來說，例如宰相治國之事被稱為「燮理陰陽」。[2]意即，作為官僚，最高責任是調和蘊生萬物的陰陽之氣。因此，以陰陽不調和為由要求宰相辭職之事並不少見。《朝鮮王朝實錄》有如下記載：

> 領議政沈連源、左議政尚震、右議政尹漑，以災變辭職。……史臣曰，三公處百僚之上，理陰陽順四時，乃其責也。則其遇災而辭職宜矣。[3]

這是三公負起災害發生的責任而辭職之紀錄。作為記錄者

---

1 岸本美緒，〈明帝國の広がり〉，收入岸本美緒、宮嶋博史編，《明清と李朝の時代》（東京：中央公論社，1998），頁87。

2 《尚書‧周官》：「立太師太傅太保，茲惟三公，論道經邦，燮理陰陽。」〔漢〕孔安國傳，〔唐〕孔穎達正義，《尚書正義》（北京：北京大學出版社，十三經注疏整理本，2000），頁569。

3 《朝鮮王朝實錄（明宗實錄）》明宗七年（1552）12月16日（甲子）。

的史臣，比起追究未做好防災準備等具體責任，反倒將沒有完成理陰陽順四時的責任，視為三公應辭職的理由。此種看法在當時是基於普遍的認識。再舉一例，中宗二年（1507）有如下記載：「以武夫，豈能燮理陰陽，不可久在相位。」[4]就算武官有幾分能力，仍與理陰陽的宰相之位不相襯，此種主張在當時十分具有說服力。

　　因此，高位官僚如果給出例如「禁止百姓濫採山中枯木」的建議，獲得的反應，比起稱讚他注意細微民生，反倒會引起議論：「當獻可替否，引君當道，糾正百官，則庶職修矣。松木斫伐之禁是有司之事，不足以煩天聽而亦言之。識者譏其不知大體也。」[5]即，高官介入瑣務，反倒成為被批判的理由。

　　在這樣的社會中，儒者於思考修己治人之際，實用的、具體的業務自然非其所管。儒者不以實用功夫為第一義的態度，不限於政事和經學的領域。以數學的領域為例，「兩班和中人（在兩班之下，身分居於第二階的技術官僚及其家系）[6]可說都

4　《朝鮮王朝實錄（中宗實錄）》中宗二年（1507）12月10日（己卯）。

5　同上，中宗九年（1514）2月5日（己亥）。

6　韓國學界對於中人的身分尚未有定論。1970年代，李成茂將朝鮮朝兩班和中人視為支配階層，常民和奴婢視為被支配。參見氏著〈朝鮮初期技術官及其地位──以中人層的成立問題為中心〉，《惠庵柳洪烈博士華甲紀念論叢》（首爾：探求堂，1971）及〈朝鮮初期的身分制度〉，《東亞文化》第13號（首爾：首爾大學東亞文化研究所，1976）；但是，韓永愚，〈試論朝鮮前期的社會階層和社會移動〉，《東洋學》第8號（首爾：壇國大學東洋學研究院，1978）指出，「朝鮮初期只有良人和賤人的區別。『中人』這樣的用語，朝鮮初期尚未成立」。李成茂，〈朝鮮初期身分史研究再檢討〉，

屬於算學研究者，但是兩班的算學和中人的算學有極大的性質差異，有著相互斷絕的傳統。兩班身分的數學家對算學思想十分關心，亟欲認識西算等新的數學知識。相較之下，中人身分的數學家作為專家，對算術自身有極大興趣，追求技法的習得與完成」。[7] 無論是哪個領域，兩班士大夫都不認為他們需要竭盡全力去學習「實用的、具體的內容」，這才是一般狀況。

　　殖民地時代以來，朱子學者的理論展開被批評是無用的空論，而尹鑴、朴世堂等人的經書注釋，卻被認為帶有「重視實踐經書內容於日常生活中」的特徵。接著，此特徵又被定位為朝鮮後期所謂「實學」思想的先驅。舉例而言，朴世堂的如下注釋，被認為是他將王陽明「知行合一」置於念頭，所做出的注釋：[8]

　　　若程子言欲孝者當知奉養溫凊之節，及致知之要當知至善之所在。如父止於慈、子止於孝之類。其不務此而徒欲泛觀萬理，吾恐其如大軍游騎出太遠而無所歸，及格物莫若察之於身，其得之尤切。[9]

《歷史學報》第102號（首爾：歷史學會，1984）則反駁道，朝鮮初期的中人「指道德資質或財產於中等程度者，中後期開始作為身分概念被使用」。但是「中人層的實態在朝鮮初期的身分改編時期便已經開始形成」。

7　川原秀城，《朝鮮數學史──朱子學式的展開及其終焉》（東京：東京大學出版會，2010），頁307-308。

8　例如宋錫準，〈韓國陽明學的初期展開樣相──以尹鑴及朴世堂的《大學》解釋為中心〉，《東洋哲學研究》第22號（首爾：東洋哲學研究會，2000）。

9　朴世堂，《大學思辨錄》，收入《西溪全書》下（首爾：太學社，1979），

　　程子認為，欲孝者比起遍知萬理，更需「明確知曉」奉養父母的方法、父母慈愛子女而子女須行孝親的道理。行孝須從身邊事物觀察，即「精確知曉，方為格物」。全句引用程子見解的朴世堂，強調「欲行某事者必要明確知曉它真正重要的部分」。如此觀之，上文中真的可以讀出實踐優先於知識的想法，並與陽明學的「知行合一」做連結嗎？

　　此外，朴世堂還提到，學習者讀經書之目的，是為了知道聖賢所示之準則並效法它：

　　　聖賢之垂訓立言，無非為後世學者，示之以準則，使知其法，而今乃為不可名不可學之說，以釋其義，為後學空談無益之侈觀。不知其可乎否也。[10]

　　因此，他未曾說過談論人之性是脫離實際的理論，還列舉程子對性之言論並說：

　　　凡此數說者，其於開示性體為循率之尺度準則之意，略

　　頁9。引用文中「欲孝者當知奉養溫情之節」未詳是否出自程子之言，唯其他內容皆從《大學或問》、《朱子語類》中引用的程子之言而來。然而，1968年民族文化推進會出版的《國譯思辨錄》（頁34）將此段最後一句斷為「及格物莫若察之於身。其得之尤切」，認為到「及格物莫若察之於身」為止是程子所言，而視「其得之尤切」為朴世堂的評論。先行研究也同樣斷句。

10 同上，《孟子思辨錄》，頁147。

未見其有所發明，但覺其窈冥幽默莫可指擬，使讀者芒然
無所措其思慮者，深為可疑，所以不敢求其必合。[11]

　　朴世堂沒有說無用於日常之說非古之道，也未說因此而不
需要它，但是他指出，程子之說未能明示性的本質。朴世堂的
目標在於，賦予率性（順從天性而行）的尺度、準則，使其實
際可行。

　　如果將「對於經書道理之理解」和「個人於現實中實踐經
書道理」，想成前者是本體而後者是機能，此處所引用的朴世
堂注釋重點在於本體而非機能。若從根本是「體」、機能是
「用」來看，朴世堂的重點可說是以「體」為主。「用」不是沒
有意義，但讀經書是為了「體」（理解道理），不是一個琢磨
於「用」（實踐道理）的過程。比起從日常生活中自己的周遭
尋求實踐孔子之言的方法，朴世堂解釋經書的方向，更著重於
相信修己之身能實現聖賢之道。

　　對於《中庸》：「喜怒哀樂之未發，謂之中。發而皆中節，
謂之和。中也者，天下之大本也。和也者，天下之達道也。致
中和，天地位焉，萬物育焉。」[12]的內容，朴世堂注：

　　　章首，既言率性之謂道，若遂不復明言性之所以為體者
　　如何，則將使學者有茫然不得其所謂之憂，既無以識此性

11　同上，《中庸思辨錄》，頁38。
12　《中庸》。

本然之體，又將何所率循，以為此道，然則雖欲無離於
道，不可得矣。故於此提以示之，使學者莫不皆知天理之
素明於吾心者本自如此，凡欲為此道，不待他求，既反之
此心而已足。俛焉孳孳以從事焉，則察之既密，隨其所發
莫不中節。位育之極功，可以由此而馴致，有無難者矣。[13]

朴世堂意識著「率性之謂道」的經文，認為如果不能明白
知曉性之本體，就無法理解經文內容，接著便無法實現道。他
從《中庸》談論中和處，讀到的重點是，中即性之本然之體。
又，對於「致中和」，朴世堂以本體和作用的表裡一體來說明
事物，他持體用之說，稱：

凡天下之物莫不有體有用，非用則體為虛器，非體則用
無所本，體用二者，物所以終始，其事一而其功同，則體
立而後用有以行，非有兩事者，詎不信然手哉。故目視而
耳聽手持而足行，耳目手足，體也。視聽行持，用也。是
體既立，是用以行，彼視聽行持之外，耳目手足果未有異
事而殊功者矣。[14]

即，朴世堂從經文的「中」、「和」讀取「體」、「用」，並
進一步推導出體用的不可分性——確立「體」後，「用」便可

---

13 朴世堂，《中庸思辨錄》，頁37。
14 朴世堂，《中庸思辨錄》，頁39。

立即實現。強調體用不可分，是朴世堂批判朱熹注釋的一環，如次：

> （朱子曰）「自戒懼而約之，以至於至靜之中，無少偏倚，而其守不失，則極其中而天地位矣。自謹獨而精之，以至於應物之處，無少差謬，而無適不然，則極其和而萬物育矣。」[15] 是則極其中者，自為體之事，而天地位，為其功矣，極其和者，自為用之事，而萬物育，為其功矣。一體一用，事二而功以分。是豈止為「動靜之殊而已而乃以為其實非有兩事」。[16] 彼天地萬物，非實而何。舍天地萬物，亦有可以謂之實者歟。夫存養省察分為兩段工夫，其源既失。遂並與中和位育分而兩之，一為存養之效，一為省察之效，既已如是矣，終見其不可分而兩之而遂已也。故又於此，合而一之，然其合與一，亦未有以明指所以合所以一之著驗顯實。[17]

朱熹注釋承《中庸》經文之「中」為「天下之大本」及「和」為「天下之達道」，並將「中」作為「體」，「和」作為「用」來解說。將「天地位焉」視為致「中」之效果，「萬物育焉」視為致「和」之效果。在此，朱熹將「中」與「和」分開

15　朱熹，《中庸章句》，《四書章句集注》（北京：中華書局，1983）。

16　同上，原文：「是其一體一用雖有動靜之殊，然必其體立而後用有以行，則其實亦非有兩事也。」

17　朴世堂，《中庸思辨錄》，頁39。

做解釋。但是，他又說「僅動靜之殊而已，實非二事」，兩者雖動靜不同，實非別物。因此，朴世堂認為朱熹此二說法間存在矛盾。

朴世堂認為自己的見解與朱熹所稱「非有二事」相同。但他同時批評，從整體來看，朱熹的說法是把「中」、「和」分成二事來說，儘管後來補上「非有二事」的說法，但仍無法解決矛盾。又，他以「體」與「用」無法分離為由，批評朱熹將其分開解釋的方法有錯。因為經文顯示，若「中」（體）已確立，便能自然達成「和」（用）。

但是，眾所周知朱子學不認為體和用可以分離。將耳、目、手、足和視、聽、行、持，以體用關係加以說明，乃朱熹時常使用的說明方法。也就是說，朴世堂的批判，乃是以朱子學理論來批判朱熹的注釋。而非他在心中抱持某種與朱子學不同的理論，以此辯駁朱子學。我們實在很難將朴世堂的上述行為認定為，他因對朱子學體系心懷不滿，想要藉由經書注釋批判朱子學本身。

如下引述，乃是朴世堂對於《中庸》之「故君子不可以不修身，思修身，不可以不事親。思事親，不可以不知人，思知人，不可以不知天也」[18]的注釋：

> 言為君為臣，必皆先脩其身而後，方可以有為。……而其本則又皆在於事親。然苟不知人所以為人之理，則亦無

18《中庸》。

以事其親。而理本出於天，故曰不可以不知人不知天。此所謂人，與仁者人也之人，正相發。恐非指賢者也。[19]

引文末句，朴世堂言《中庸》本文之「人」字「恐非指賢者也」，正是對朱熹注釋的回應。

對於《中庸》此句，朱熹注曰：「脩身以道，脩道以仁，故思脩身不可以不事親。欲盡親親之仁，必由尊賢之義，故又當知人。親親之殺，尊賢之等，皆天理也，故又當知天。」[20]將《中庸》的「知人」解釋為看出賢者並尊崇之。如此解釋的理由，或許是因為著眼前段經文所言之事親與尊賢。

與此相對，朴世堂認為「知人」是知道人之所以為人的道理。他從「事親」與「知人」相連的經文，讀出「事親是人知道所以為人之理的開始」。「知道人之所以為人的根本之理」比什麼都優先，行為則是知道這個理之後的事。若從體（根本）、用（機能）看朴世堂對此句之注釋，其重點可說在於如何使體變得明確。但是，現代學界至今皆以「出於重視實踐的角度談『用』」來解釋此句。

即使是不求功利的儒者，只要生存於現實社會中，就很難完全無視於實用性。十七世紀的朝鮮朝儒者也可能批判不顧現實的政策和論爭，但是需要追問的是，他們真的以實用與否作為判斷事物的基準嗎？更何況以此作為經書解釋的基準？

---

19 朴世堂，《中庸思辨錄》。
20 朱熹，《中庸章句》。

　　朴世堂經書注釋中的「實」字，往往被與「實踐」和「實學」等做連結，[21]理解成與西洋「近代精神」比肩之「重視實踐」的思想。但是，朴世堂雖有實現經書理念於社會之中的想法，卻未曾將重點放在儒者作為個人如何在日常生活中將其一一實踐。例如，作為儒者他自然認為必須實行孝親，但是在面對經書時，他並未只將經文當作教導如何實踐孝親的內容來解釋。為了清楚認識聖人的理念，使其實現於現實社會，閱讀經書時朴世堂在意的是如何究明其「體」。

　　對朴世堂的評價，尚有「朴世堂所表現的實學思想其實未超出他所設定的理想框架。其理想基於孔子『文質彬彬』[22]之言，以不獨偏文或偏質為目標，因此儘管他追求『實』，結果卻仍舊無法追根究柢，顯現其局限性」。[23]將孔子之言作為理想框架，對十七世紀的儒者而言，乃極其自然的事。但是，若從二十世紀追求實用的角度去考察朴世堂的經書注釋，期待他超越現有的思想，那麼朴世堂在該時代極為「自然」的想法，便只能被視為局限性。

　　狄培理（William Theodore de Bary）認為，從朱熹等人將《大學》的「親民」改成「新民」可以看出，宋明新儒家強調

21　從李丙燾，〈朴西溪和反朱子學式思想〉，《大東文化研究》第3號（首爾：成均館大學大東文化研究院，1996）以來，論及朴世堂《大學思辨錄》的研究，幾乎都舉實踐精神作為朴世堂的經學特徵。

22　《論語・雍也》：「子曰，質勝文則野，文勝質則史。文質彬彬，然後君子。」

23　尹絲淳，〈關於朴世堂實學思想之研究〉，《亞細亞研究》第15卷第2號，通卷第46號別冊（首爾：高麗大學亞細亞問題研究所，1972）。

社會更新、再生及革新的想法。另一方面，他提醒，朱熹等人
的主張不一定來自「進步」的角度。新儒家所謂的「新」，是
近於經過一年又到了新年，經過四季又到了新春這樣意義的
「新」。因此，新儒家的「生命力」或「創造性」的概念，若從
歐美人語感中帶有極高附加價值的個人的獨創性或完全的獨特
性等意義去理解，將會有所困難。[24]

　　同樣的，朴世堂所謂的「實」，也應該在十七世紀朝鮮儒
者之第一義的基礎上，追蹤他所理解的詞意才對。因為它並不
直接等同於現代人平常所理解的「實」。

學術環境

　　十七世紀被視為「斯文亂賊」排斥的人，和排斥他們的
人，兩者間的差異一直受到研究者關注。只是，重新注意到兩
者立基於同一學術基礎，或許能幫助我們朝重新考察朝鮮儒學
史，邁出新的一步。

　　首先，十七世紀朝鮮儒者的學術環境如何？茲簡述如下。

　　第一，應試科舉必須以公定的朱子學為基礎，詳細分析且
理解經書。考試中會出現諸如「請就四書所見之『誠』進行論
述」等考題。[25]為寫出好的答案，需要把《大學》、《中庸》、

---

24 狄培理（William Theodore de Bary）著，山口久和譯，《朱子学と自由の伝
　統》（東京：平凡社，1987）。

25 李珥的〈四子言誠疑〉便是作為科舉答案提出的文章。參見〈四子言誠
　疑〉，《栗谷全書・拾遺》卷6，收入《韓國文集叢刊》第45冊（首爾：民

《論語》、《孟子》所言及之「誠」，基於朱熹的注釋進行綜合論述。因此，士大夫家的男子從小開始，便依循朱熹《章句集注》，及將此書加上宋明學者之注釋的《章句集注大全》，精密地分析、統整和學習四書。

第二，必須要網羅龐大的朱熹著作。《章句集注》等朱熹的經書注釋，文章簡潔，在閱讀上，時有難以捕捉文意的狀況。在此種的狀況下，只能從朱熹其他著作或書信確認其想法。因此，很多優秀的學者率先從朱熹著作中選取重要文章編為選集，在難解的部分加上解說，以利後人。例如李退溪（1501-1570）從《朱子大全》選出特別重要的書簡，編成《朱子書節要》[26]；鄭經世（1563-1633）將《朱子大全》的各種文章（例如封事、奏箚、議狀、書、雜著、序等）中特別重要的文章，拔粹後著成《朱文酌海》；趙翼也將朱熹的書簡加以拔粹成《朱書要類》，又從朱熹著作中各拔粹數十篇，編成《朱文要抄》；宋時烈從《朱子大全》選出重要文章加上注，編纂《節酌通編》，同時也為《朱子大全》難解處附上解說，著成《朱子大全箚疑》；金昌協（1651-1708）閱讀《朱子大全箚疑》後，則將對於宋時烈的質疑編成《朱子大全箚疑問目》；李恆

族文化推進會，1988），頁583。

26　李退溪出於自己的需求，於1556年編纂《朱子書節要》。此書將各書簡的背景及出場人物附上解說，從1561年開始在朝鮮朝以活字和木板印刷共八次，被朝鮮士大夫廣泛閱讀，加深了對朱熹學問的理解。甚至在日本，德川中期的朱子學者五井蘭洲（1697-1762）著有評論《朱子書節要》的《朱子書節要紀聞》一書。

老則主於《朱子大全箚疑》，添加諸家之說，完成《朱子大全箚疑輯補》。據金文植，朝鮮時代編纂的朱熹書簡選本及研究書多達三十五種。[27]

第三，對於朱熹的經書注釋和其他著作間的矛盾，必須提出有說服力的說明。如同前述，儒者於網羅學習朱熹的種種著作時，越是將朱熹的著作進行對照比較，就越煩惱於他的學說表現出的不一致。其中，有些是朱熹見解隨時間推移而轉變，有些是因為他所指涉的重點不同，而導致在各個著作中出現文意矛盾的現象。越是徹底研究朱熹之著作，對其矛盾的懷疑也就越深。此種問題意識產生的結果之一，例如宋時烈進行了對朱熹言論異同的調查。他是最詳知朱熹著作的人之一，甚至被稱為朱子學原教旨主義者。他率先著手，後由繼承其學脈的韓元震完成《朱子言論同異攷》。此著作抽取朱熹在不同的時間點所出現之矛盾說法，並將其以時期早晚、平常說法或一時見解等做區分。

第四，在與官學朱子學不衝突的同時，致力提出清新的經學解釋。理由是，如果做出與公定的朱子學解釋不合的見解，將難以獲得社會的認同。反之，如果沒有任何創新，只是複述朱熹說法，也會被認為不值一讀。因此，儒者們為了在兩者間取得均衡，在與朱熹見解合致的前提下，努力產生新的見解。

被稱為「斯文亂賊」的尹鑴和朴世堂，正處於上述的學術

---

27 金文植，〈朝鮮後期毛奇齡經學的受容樣相〉，《史學志》（首爾：檀國史學會，2006），頁131。

環境之中。

尹鑴對於《中庸章句》中朱熹對「脩道之謂教」[28]的解說懷抱疑問，他問權諰：

> 中庸近方記疑，竢迄功欲以就正。……脩道之脩字，朱子以品節言之。此與戒慎之義同異。禮樂刑政之以外面事言之乎，抑通存省克復為一義乎。尋常未能明，不知老兄之意如何。幸回教。[29]

尹鑴對《中庸章句》中「脩道之謂教」的解說，即「聖人因人物之所當行者而品節之，以為法於天下，則謂之教。」[30]的內容提出質疑。朱熹舉「禮樂刑政」即儀禮、音樂、刑罰、政治等運作國家的必要因素，作為「脩道之謂教」的例子。相對地，尹鑴將「脩道」理解為君子修道治人的基礎。換句話說，

---

28 「脩」本意是烘乾後切成細長狀的肉，在此處當作「修」，以「修習」之意解釋。朱熹《晦庵先生朱文公集》及尹鑴《白湖全書》中時常混用「脩」和「修」，本文照原文引用。

29 尹鑴，〈答權思誠〉，《白湖全書》卷15（大邱：慶北大學出版部，1974），頁640。

30 朱熹《中庸章句》言「脩，品節之也」、「聖人因人物之所當行者而品節之，以為法於天下，則謂之教。若禮樂刑政之屬是也」，將「脩道之謂教」作為聖人之教解釋。此外，《朱子語類》言「性不容修，修是揠苗，道亦是自然之理，聖人於中為之品節以教人耳」看法相同。（參見朱熹著，黎靖德編，《朱子語類》卷62〈中庸一〉，收入《朱子全書》第16冊，上海：上海古籍出版社、合肥：安徽教育出版社，2001，頁2023。）

他認為不是用「品節」和「禮樂刑政」，而應該從內心的戒慎解釋。因此，他搜尋朱熹著作，尋獲一句與自身解釋一致的話，再次寄信給權諰：

> 所示教字，鄙意亦然。曾見朱子名堂室記，以戒慎恐懼為修道之教，[31]與庸注不同。不知孰是定論（意指「朱熹眾說法中的最後定論」。以下「定論」一詞皆與此同——引用者注）也。老兄之意如何。幸回教。[32]

從首句可以推測，權諰和尹鑴對「脩道之謂教」的解釋都與朱熹見解有異。尹鑴從朱熹的「名堂室記」發現與自己見解相似的內容，所以在信中暗示這才是朱熹的「定論」。即，尹鑴欲傳達自己的見解與朱熹的定論一致。此處可見其精讀《朱子大全》之程度，連簡單的一句話都沒有遺漏，乃能取之作為己說根據。其後，他又在1668年著成《中庸朱子章句補錄》中，建立己說如下：

> 本天之命而有稟生之理，循人之性而有可行之路，因物之道而君子有治己及人之事。此三者天之所以為天，人之

---

31 「及讀中庸見其所論修道之教而必以戒慎恐懼為始然後，得夫所以持敬之本。又讀大學見其所論明德之序而必以格物致知為先然後，得夫所以明義之端。既而觀夫二者之功一動一靜交相為用」，參見〈名堂室記〉（朱熹《晦庵先生朱文公集》卷78，收入《朱子全書》第24冊，頁3732）。

32 尹鑴，〈答權思誠〉，頁641。

　　所以為人，物之所以有則，而君子所以立心事天之大本
也。33

　　最終，他將「脩道之謂教」以「君子自我修練，影響將及
於他人」解釋而確立己說。此外，他又在此文末尾引用程子之
說作為根據：

　　程子曰……修道之謂教，此則專在人事。以失其本性，
故修而求復之則入於學。34

　　如上所述，十七世紀曾被批評是「斯文亂賊」，但在二十
世紀又被頌揚為「提倡異說，反對朱子學」的尹鑴，他所提出
的「異說」，其實是詳細調查朱子學後發展出的見解。尹鑴之
說是否顛覆了朱熹對《中庸》的理解？本文無法論定，因為他
所說「本天之命而有稟生之理，循人之性而有可行之路」，用
理連結天命與人性，仍是以朱子學解釋作為前提。因此，「尹
鑴出於對朱子學的懷疑而提出異說」之前述假說並不成立。然
而，如同朝鮮朝儒者所言，他確實改動了朱子之注。

––––––––––––––

33 〈中庸朱子章句補錄〉，《白湖全書》卷36，頁1462。
34 同上。關於程子之言的出處，首先，朱熹編，《孟子精義》卷11「明道
　　曰……修道之謂教，此則專在人事。以失其本性，故修而求復之則入於
　　學。」記為明道之說。但是在《二程遺書》卷2上無相關記載。又，《中庸
　　輯畧》卷上，記此句為伊川之說。其他還有〔宋〕衛湜《禮記集說》卷
　　123，也記此句為伊川之說。

　　另一方面，朴世堂解說《中庸》首章「道也者，不可須臾離也，可離非道也」時，從朱熹《中庸章句》的注釋中提取「存天理」的概念用以修改前者。首先，他引用的《中庸章句》如下：

> 　　道者，日用事物當行之理，皆性之德而具於心。無物不有，無時不然。所以不可須臾離也。若其可離，則豈率性之謂哉。是以君子之心常存敬畏，雖不見聞，亦不敢忽，所以存天理之本然，而不使離於須臾之頃也。[35]

　　上文中，使朴世堂產生疑問的是畫線部分的「存天理之本然」。他批評：「天理本備明於吾心，蓋未嘗有須臾之或不存焉者也。顧有能率與不能率耳。率之則為道，不率為離道。若曰循天理則可也，曰存天理則不可。」[36]

　　很難判斷朴世堂的這個注釋，是否顛覆了朱子學解釋。因為，朱熹解釋「存天理」的最大特徵，即是在《中庸》「天命之謂性，率性之謂道」中，任意加上「理」，朴世堂卻未對這一點提出任何異議。不只如此，他不但沒有質疑「人人心中本就俱備天理」一事，不如說本來就以此為前提。他說「曰存天理則不可」並不是對朱子學理論自身的批判。

　　朴世堂認為，（如同朱熹所言）人的內在本就具備天理，

35　朱熹，《中庸章句》。

36　朴世堂，《中庸思辨錄》，頁36。

但是「存天理」這樣的表達方法，同時含括了從天理分開的可能性，這是問題所在。因此，他主張用「循」字代替「存」字。朴世堂注釋的要點在於凸顯：天理早已存在我們自身，我們就此遵循天理即可。

此外，朴世堂還認為朱熹「性即理」有誤，他批評：

> 性者，心明所受之天理與生俱者也。天有顯理，物宜之而為則。以此理則，授與於人，為其心之明，人既受天理，明於其心，是可以考察事物之當否矣。……（朱子）註，謂性為理，今不同，何也。理明於心為性，在天曰理，在人曰性，名不可亂故也。曰理曰性曰道曰教，論其致究其歸，卒未嘗不同，但不可亂其名。[37]

引文首先在朱子學的基礎上敘述性與天理之關係。但是在其後半部分，朴世堂主張自己的注釋和朱熹「性即理」有異。原因是，在「人」使用「性」之名，而在「天」不可不用「理」之名。使用「即」字、說「性即理」的話，就成了性＝理。而我們不能不正確表達它們各自之名。也就是，朴世堂以朱子學的「人得乎天之理，謂之性」[38]理論為基礎，主張朱熹的注釋應該更明確地表達其理論。儘管如此，「因為朴世堂說朱

---

37 同上，頁32。

38 朱熹，《晦庵先生朱文公集》卷64，〈答徐景光〉：「心之所得乎天之理，則謂之性。」及《朱子語類》卷5〈性理二〉：「人之生稟乎天之理，以為性。」

熹的注釋『亂名』、『失本末次第』，所以他批判朱子學本
身」，現代研究者卻出現此種誤解。

朴世堂自問為何做出與朱子不同的解釋，接著回答問題，
闡述具體的理由。但是，若將朴注與朱熹注釋合在一起看，兩
者實際上並沒有朴世堂自己所感覺般的「異於朱子」。今日的
我們當可確知這一點。換句話說，他是在朱子學知識的基礎
上，克服朱熹的注釋，試著做出更精確的經文解釋。總而言
之，朴世堂確實如他在十七世紀所被指責般，改動了朱子的注
釋，但是現代的我們無法斷言，他帶有批判朱子學的意識而因
此進行朱子學批判。

學術討論之重點

在以朱子學為治國方針之依據的朝鮮朝，改動朱注者，不
論其本意為何，都會以「侮辱貶抑朱子」為名，遭朋黨或政治
的敵對者所攻擊。那麼，先排除政治對立所產生的問題，考察
在牽扯政治之前，朋友間的學術討論，如何進行？讓我們藉朴
世堂和尹拯（1629-1714）就《大學》的格物解釋之討論為
例，擇要加以考察。

朴世堂之兄朴世垕與尹拯之妹結婚，朴世堂之子朴泰輔又
師事尹拯，朴世堂和尹拯關係甚為密切，他們是在政治上和學
術上交換意見的同志。[39] 眾所周知，格物解釋乃朱子學中最重要

---

39 關於尹拯和朴世堂的交流狀況，參見李鐘晟、崔貞默、黃義東，〈明齋儒

的項目。承此，陽明學從正面否定朱熹「窮至事物之理」的格物解釋，並提出「正物」之解，揭起反對朱子學的大旗。如此觀之，對朱熹格物解釋表現出批判性想法者，容易被推測為對朱子學帶有批判意識之人。

　　朴世堂認為，朱熹的格物解釋對初學者而言難以達成，應該以更適合「初學入德之門」（《大學章句》開頭所引程子之言）之「《大學》旨趣」的方式重新解釋。許多先行研究直接從文面上理解朴世堂的格物解釋。即，認為朱熹注釋難解，應改為適合初學者的內容。尹拯則被視為是站在朴世堂之對立角度的批判者。[40]尹拯和朴世堂的討論，沒有政治對立的問題，因此恰好能成為確認當時學術討論之重點為何的史料。取兩人之討論以作為研究對象，是先行研究的重大貢獻。

　　然而，先行研究定義兩人之討論時，先預想它是「為對抗朱子學解釋而登場的新經書解釋」，並以配合該預想的方式呈現兩人的格物討論。此種預想恐難以掌握兩人之間格物討論之真正意義。因為，作為朴世堂注釋之基準的「初學入德之門」，同為朱熹《大學》解釋之基準，且尹拯和朴世堂兩人都

　　學思想的本質性格研究〉，《東西哲學研究》第29號（首爾：韓國東西哲學會，2003）；金世貞，〈明齋尹拯及西溪朴世堂的學問和交友關係〉，《東西哲學研究》第42號（首爾：東西哲學研究會，2006）。

40 例如金世貞，〈明齋尹拯及西溪朴世堂的格物論辨〉，《東洋哲學研究》第56號（首爾：東洋哲學研究會，2008）；李鐘晟，〈西溪朴世堂的實學式格物認識——以與明齋尹拯的格物論辨為中心〉，《孔子學》第19號（首爾：韓國孔子學會，2010）等。

同意此基準。再者，對於尹拯所列舉的朱熹言論，朴世堂亦未必持有不同見解。

　　為掌握尹拯和朴世堂的討論重點，必須先注意，朱熹《大學章句》把「格物致知」和「物格知至」作如下區分。首先，《大學章句》中，對於「格物致知」寫道：「推極吾之知識，欲其所知無不盡也。窮至事物之理，欲其極處無不到也。」其次，對於「物格知至」寫道：「物格者，物理之極處無不到也。知至者，吾心之所知無不盡也。」

　　也就是說，根據朱注，為到達終極階段而努力是「格物致知」，已經到達終極階段便會「物格知至」。因此朱熹認為，格物不是追求立刻到達極致，反倒應該重視積累。從《朱子語類》「一物格而萬理通，雖顏子亦未至此。但當今日格一件，明日又格一件，積習既多，然後脫然有箇貫通處」[41]之言可以得到確認。其次，朱熹論述讀《大學》的方法時，沒有說初學者要以此作為學習基礎，而是說初學者應以此立定綱領，在綱領中收納此後修學的內容。[42]如此，學習者在進行格物的階段，也不會遺忘終極目標。

　　回歸尹拯和朴世堂的討論。朴世堂對於朱熹注釋的哪些部

---

41 《朱子語類》卷18〈大學五〉，頁598。此段文句在《朱子語類》卷18數處作為程頤的話被引用。但是，同書同卷（頁628）又記載尹焞說：「今日格一件，明日格一件，為非程子之言。」因此，無法確認此番言論原本由誰而發，然而可以確定的是，朱熹同意此說。

42 《朱子語類》卷14：「大學是為學綱目，先讀大學，立定綱領，他書皆雜說在裡許。」

分有所批判？

  注言<u>物格者</u>，物理之極處，無不到也，知至者，吾心之
所知，無不盡也。……夫理無不到知無不盡，而誠能盡性
盡物贊化育參天地，則此聖人之極功而學之能事畢矣。又
何事乎正心修身，又何論乎齊家治國。……<u>何獨於格物而
曰物理極處必須無不盡也，不然則不足謂之格。於知至而
曰吾心之所知必須無不盡也，不然則不足謂之至也。</u>[43]

  朴世堂的注釋開頭引用朱熹「物格知至」之注。後半部分
又提到「何獨於格物」，可知他也觸及朱熹對「格物」的注
釋。也就是說，朴世堂未注意到朱熹注釋之如下差別：「格物」
是一個一個階段；「物格」是其到達終極的階段。因此，他寄
給尹拯的信中提及「朱熹解釋格物，言其極盡所有事物之理，
知曉所有知識後才進入下一個階段。但是此與經文內容相背」
的問題。對此，尹拯引用《朱子語類》說明：

  朱子曰自格物至平天下，聖人亦是略分簡先後與人看，
不是做一件淨盡無餘，方做一件。如此何時做得成。[44]此一
段，可解高明之所疑耶否。傳文，是逐條發傳，章句是逐
章解義，故一事各到底說耳，豈謂一事必到底而後方做一

43　朴世堂，《大學思辨錄》，頁4。
44　《朱子語類》卷15，頁495。

事耶，今以學者日用言之，日閒有面前多小事，格致誠正
修齊，只可隨分著力。安有今日格物，而明日誠意之理，
只是知得不徹時，做得亦不徹，知得徹時，做得亦徹云
爾，此看書太局之病。[45]

尹拯認為朴世堂對朱熹格物注釋的理解——極盡所有事物
之理，盡得所有知，才進入下一個階段——是誤解。尹拯指
出，《朱子語類》的文句可以補足《大學章句》的簡潔注釋，
希望以此解開朴世堂的「誤解」，這是朝鮮儒者一般使用的研
究方法。然而，朴世堂卻不接受以《朱子語類》補足《大學章
句》內容的方法，反駁道：《大學章句》之說與《朱子語類》
的「不是做一件淨盡無餘」的發言，有所矛盾。[46]

於是，尹拯回到《大學章句》內容，就朱熹「格物致知」
的注和「物格知至」的注須分開理解，說明：

補亡章[47]所謂因其已知理，即凡天下之物，益窮用力

---

45 尹拯《明齋遺稿》卷10〈與朴季肯（辛未四月六日）〉之附錄〈論大學格
   致。論語并有人章〉（首爾：民族文化推進會，《韓國文集叢刊》第135
   冊，1994年），頁238-239。

46 「今顧為物格知至之說如此，豈不與向所謂不成做一件淨盡無餘者，未免於
   矛盾耶。」朴世堂，〈答尹子仁書〉，《西溪全書》上卷7，頁133。

47 程頤從《大學》的「致知在格物，物格而知至」讀取「格物致知」的修養
   方法，將格物與窮理結合解釋。朱熹則承繼程頤解釋，認為《大學》本有
   解說格物致知的部分但是亡失，所以作格物補傳。具體來說，原本是《禮

等語，皆格致之工夫也。老兄所謂格一物而斯物格，致一知而知斯至，隨物用功，即功見效者，在其中矣。所謂表裡精粗無不到，全體大用無不明者，即格致之功效也。即老兄所謂窮盡天下事物之理，而一以貫之者也。蓋一物格一知至，隨物用功，而即功見效者。方是著功之事。而不可謂物格知至之全體。[48]

尹拯又進一步用朱熹書信的內容說明：

如答一學者書所謂隨處提撕，隨處收拾，隨時體究，隨事討論。但使一日之間，整頓得三五次，理會得三五事，則自然純熟，自然光明云者。其言提撕收拾整頓，則存心修身之謂也，體究討論理會，即格物致知之謂也。乃使之逐日並下功夫，則此非老兄所謂隨物用功即功見效者耶。如此等語，不一而足，而已包在補亡章用力二字中耳。[49]

從上面的信件往來，無法看到先行研究所捕捉的形象——朱子學追隨者及朱子學批判者的對立，或「知行分離」立場及

記》一部分的《大學》，此處有「此謂知本。此謂知之至也」十字，但是朱熹將此十字獨立為一章，成為傳的第五章，並附上補足格物致知內容的文章。

48　尹拯，〈與朴季肯（甲戌四月二十二日）〉，頁241。
49　同上。

「知行合一」立場的對立。[50]朴世堂提出的異議，怎麼說都只是「朱熹在格物致知的解釋中，突然說到最高階段，背離了『初學入德之門』的前提」這件事而已。對此，尹拯從《朱子語類》和朱熹書信補充朱熹注釋，展現朱熹格物論的全體像，希望改正朴世堂的誤解。然而，作為回應，朴世堂雖承認《朱子語類》內容正確，卻堅持《語類》和《章句》內容明顯不同，兩者有所矛盾這一點。在此，尹拯回到《章句》內容，區分「格物致知」之注和「物格知至」之注，加以說明，指出朴世堂混淆了這兩個解釋。之後，他又引用朱熹書信，說該書信中包含類似朴世堂的主張，即朱熹原本就有同樣的想法。

格物須面向初學者作解釋的另一個理由，朴世堂指出，同為《大學》條目的誠意、正心，本是非常平易的內容，並不追求高深：

今據大學誠意正心之說，皆指事切物，不翅耳提口詔，愚婦小兒亦若可知可能，則何嘗有如許宏大言語，使聽之者，瞠然有不可企及之憂耶。[51]

朴世堂指出，《大學》誠意章盡是容易理解、容易實踐的內容。應該不會只有格物是初學者難以到達的終極階段，朱熹

---

50 先行研究曾出現將朱熹的〈答一學者書〉誤認成朴世堂文章的問題。這種對於十七世紀儒者及朱子學資料，不夠小心細密地調查的狀況，難道就不是導致使用對立架構解讀尹拯和朴世堂議論的原因嗎？

51 尹拯，〈與朴季肯（辛未四月六日）〉所附〈西溪答書〉，頁240。

對於格物的解說與其他平易的條目間並不平衡。對此，尹拯反
駁：

> 蓋釋格致則當說到格致之極處，釋誠意則當說到誠意之
> 極處。如誠意之心廣體胖，亦豈新學小兒之可及耶。只是
> 說誠意之極功耳。豈是欲為宏大之言耶。今若以為心廣體
> 胖然後可下正心功夫，則不亦誤耶。[52]

尹拯認為，朱熹提到「格物」的極致，只是展現最高程
度，並未將格物自身看作是終極階段。又，誠意章也提到差不
多高程度的「心廣體胖」等境界，因此朱熹的格物說與誠意章
是平衡的。以此觀之，在朴世堂的批判中，其實未將朱熹對於
「格物」的想法和「格物」理論自身視為問題。且朴世堂對於
「格物」的解釋，也非所謂的十七世紀「朱子學者」不能接受
的想法。

兩人的上述討論，往往被認為表現出朴世堂重視實踐的思
想。此種觀點的看法是：朴世堂認為「愚婦小兒皆可能實踐
『格物致知』」。作為對照，尹拯則認為「格物致知」應到達超
脫現實的高遠境界。從上述觀點的角度來看，朴世堂似乎將實
踐「格物」的範圍擴大到普通人，於是他「具有近代性」的一
面被抽取出來。從朴世堂著作抽取出「近代精神」之萌芽，此
種殖民地時代的課題，在現代研究者解讀朴世堂與尹拯討論之

---

52 尹拯，〈與朴季肯（甲戌四月二十二日）〉，頁241。

時，仍然被持續繼承。

　　然而，基於以上分析可知，將「格物」定位在基礎修養，或是定位成以高遠境界為目標，這樣的對立並非兩人討論之重點。兩人不只和朱熹一樣，對《大學》有著「初學入德之門」的認識，並都將作為朱子學根幹的格物致知論當作討論前提。對於尹拯列舉的朱熹書信或《朱子語類》文句，即他所統整的朱子學的「格物」解釋，朴世堂基本上是同意的，因他未對朱子學解釋抱持根本上的疑問。因此，若說從朴世堂的注釋中讀到「批判朱子學」，或說進一步看出「近代性」，怎麼說都是太過性急的推論。

　　此外，從尹拯和朴世堂的格物討論，可以發現兩人的研究方法有如下差異。尹拯認為，在朱熹真意不明確的狀況下，可以引用他的其他著作為補充，這是當時朝鮮學術界廣泛採用的手法。但是，朴世堂在朱子學的學習上似乎不及尹拯，也看不出他如尹拯般對《大學章句》之外的朱熹著作也有詳盡的理解。他主張因為《章句》的注釋無法明確表達其他著述的（朱子學式）觀點，所以《章句》和其他著述內容相互矛盾。

第二節　新注釋登場之際

　　尹鑴和朴世堂兩人時常被拿來作為敢於提出異於朱注見解、招來物議，最後遭受處罰的案例。自此以來，從尹鑴和朴世堂的著作、當時對兩人之反應所讀取的思想脈絡，乃由以下三項因素所構成。

　　第一，因為他們對朱子學提出異見，所以被攻擊為「斯文亂賊」而遭受處罰。

　　第二，他們基於批判朱子學的意圖，而完成新的經書解釋。

　　第三，他們的經書注釋和多數朱子學者的注釋相比，是著眼點大為不同之作。

　　從這些因素出發，研究者們解讀出「抱持對朱子學的批判意識，撰著新的經書解釋，在嚴格的思想統制下，敢於對朱子學揭竿而起。從此事可以看出近代性意識開始萌芽」的思想史轉換。

　　然而，這三項因素不一定與史實吻合。因此，我們需要重新對此三項因素加以考察，並檢驗由之推導出的思想史轉換。

　　首先，關於第一個因素，如前所述，1960年代李丙燾的「他們呼喚學問的自由，試圖脫離舊殼，他們進步且啟蒙的態度和思想非常重要且優秀。進一步說，在極為嚴苛的黨論中，提倡反對朱子學的異說，實為大膽，或者，不能不稱許他們這是出於學問良心的一種義憤」，是為代表性見解。但是，就如同後來研究所論證的，兩人遭受處罰至少都由複數原因所導致，其中，他們的爭議性著作不一定是最主要的原因。此項論證已成為目前學界的通說。

　　尹鑴於1644年完成《中庸說》時二十八歲，完成《大學古本別錄》則在1671年，時年五十五歲。1644至1671年間自不用說，如果這段時間之後，他所屬的「南人」黨派持續執掌政權，他也會保持在政界的地位並持續活躍，並出席宮中的經

筵（文官對國王講解經書的讀書會）。然而，直到1680年，即
尹鑴六十四歲時，他開始遭受貶謫，不久後就被賜死。尹鑴遭
賜死後九年的1689年，南人黨又重掌政權，乃追封他為領議
政。如此觀之，在以朱子學為國是的朝鮮朝，為何追贈「斯文
亂賊」尹鑴為領議政？蓋其遭賜死的直接原因，不是因為「斯
文亂賊」，而是因為他在國喪之禮的議論中，與宋時烈的對立
日益激烈所致。或許追封之事能夠作為證據，證明時人之理解
同為如此。

　　另一方面，朴世堂的狀況是，他在1680年代依序寫成
《四書思辨錄》，其中特別引發問題的《大學思辨錄》，完成於
五十二歲之時，即1680年。[53] 然而，該著作釀成問題的時間點
是在1702年（當時朴世堂七十四歲）。朴世堂[54] 在此年為李景
奭（1595-1671）撰寫神道碑銘。李景奭於十七世紀初期、中
期，歷經仁祖、孝宗、顯宗三代，為活躍政壇五十多年的名
相。丙子胡亂後，他負責撰寫應清朝要求所設立的三田渡碑的
碑文。由於碑文內容十分屈辱，受到宋時烈等人非難。李景奭
死後，朴世堂為他所寫的神道碑銘中，隱然有許多對於宋時烈

---

53 《思辨錄》的著作年代：《大學》（1680年，52歲）、《中庸》（1687年，五
　十九歲）、《論語》（1688年，60歲）、《孟子》（1689年，61歲）。之後又
　加上《尚書》（1691年，63歲）、《毛詩》（1693年，65歲開始執筆，未完
　成）。

54 《朝鮮王朝實錄（肅宗實錄）》肅宗二十九年（1703）4月23日：「世堂之有
　此書，幾三十年，搢紳之間，多有聞而之者，而初未聞歷詆之言，亦未有
　請討之舉。今因相臣碑文，遽生恨怒，喧喧鼓扇。」

的批判，因而激怒宋時烈門下眾人。1703年，尊崇宋時烈的儒生上疏批評神道碑銘和《思辨錄》。指責朴世堂藉由侮辱朱熹來批評宋時烈。朴世堂的〈年譜〉記載，這些儒生認為，只有神道碑銘很難使他獲得處罰，所以添加《思辨錄》一書以為攻擊。因為如此，朴世堂不但被剝奪官職，尚以罪人之名遭到放逐。其後，流放之命因其門人上疏為其辯護而獲釋，然而三個月後朴世堂旋即去世。

朴世堂去世後，又於1704年和1710年再度遭受繼承宋時烈的老論派非難。當時士人夫家以三年上食為禮俗。三年上食指的是，臨父母之喪，卒哭（指結束喪禮中不定時的哭泣。改為只在朝夕定時哭喪）之後的三年間，須朝夕為亡者奉上餐食的禮儀。朴世堂留下的〈戒子孫文〉說，三年上食非古禮，命子孫不必遵行。然而此事，卻被視為問題。[55] 又，肅宗八年（1682）建立十代祖尚衷碑石時，朴世堂欲使用清朝年號「康熙」之事，也成為他死後再次遭受攻擊的理由。原因是，此見解與宋時烈等人相反，後者在明朝滅亡後仍主張繼續使用明朝年號「崇禎」。老論派位居權力中心時，和宋時烈對立的朴世堂的所有發言，一次又一次被提出來批評。在這樣的過程中，他作為「斯文亂賊」的形象遂逐漸固定下來。[56]

---

55 圍繞三年上食的論點，參照李曦載，〈朴世堂的儒教儀禮觀──以三年上食論爭為中心〉，《宗教研究》第46號（首爾：韓國宗教學會，2007）。

56 金世奉，〈西溪朴世堂的《大學》認識和社會迴響〉，《東洋古典研究》第34輯（首爾：東洋古典學會，2009）指出，《思辨錄》成為問題的根本理由，是因為朴世堂批判宋時烈，使其門人有所動作。

其次是前述三項因素中的第二項，即，尹鑴和朴世堂「基於批判朱子學的意圖而完成新的經書解釋」此一問題，若以他們的著作對照朱子學核心理論、方法論做分析，應能確認其是非。例如，他們是否抗拒朱子學的理氣論？他們是否批判「格物致知」、「居敬窮理」等方法？再次，第三個因素，即「他們的經書注釋和多數朱子學者的注釋相比，著眼點大為不同」之問題，透過詳細考察當時的議論內容，應當可以確認。不過，在此之前，為了檢視這兩個因素，我們需要先考慮當時的問題點之所在。

問題的焦點

尹鑴和朴世堂的新注釋都在作品完成後請師友給予意見。從後者的回信，可以看出當時的儒者如何看待異於朱熹注釋的著作。

尹鑴完成新注解之《讀書記》後，曾拿給同黨派的前輩許穆（1595-1682）看。許穆讀後，回覆如下：

> 蒙示讀書記數篇，多發越動人。非吾希仲，安得有此說話。愛誦三復，胸次爽然。恨所欠者，其見太高，其言太易。高爽有餘而謙約不足，剛勇有餘而謹厚不足。[57]

---

57 許穆，《記言》卷3〈答希仲〉收入《韓國文集叢刊》第98冊（首爾：民族文化推進會，1990），頁43。

許穆稱讚尹鑴注釋內容優秀，使人感動，但是敘述方式太過輕率，缺乏謙虛和嚴謹的態度。《讀書記》在今日被視為反朱子學的著作，其中包含不同於朱熹注釋的內容。許穆既然反覆讀過《讀書記》三次，應該會發現這些異於朱子學的部分，但是他的回覆卻沒有諸如「不能改動朱熹注釋」一類的意見。顯然，許穆對於在經書研究中提出新見解一事並無不妥之感。這麼說來，如果尹鑴以更為謹慎的態度下筆，便只會獲得許穆的稱讚，而不被指謫。

同樣地，朴世堂也將帶有異於朱熹見解的著作，拿給同屬西人黨的好友尹拯看。尹拯給予的忠告如下：

> 近觀浦翁（趙翼）文字，其用功之篤，可謂至矣。而至於不免異同之處，輒曰不敢自是己見，唯以備一說云云，其致謹又如是。……誠見老兄用力之勤，而其枉費工夫處為可惜，且過於主張，而謂古人為錯會者，無論言之得失，氣象已不好，尤為可惜。[58]

尹拯感到不妥者乃朴世堂之態度——強力主張己說並說先人見解有誤，朴世堂的學說本身是否有誤，對他而言反倒不重要。尹拯認為，應該以趙翼的態度為模範，處理與先人見解相異的狀況。鑽研經書的過程中，的確會有異於過往之權威性見

---

58 尹拯，〈與朴季肯（辛未四月六日）〉之附錄〈論大學格致・論語并有人章〉，頁238。

解，進而提出自家說法的狀況，此事本是不得已。但是，在此種狀況下，趙翼會保持謙遜的態度，不強調自己的看法正確，謙稱提出己見，乃聊備參考而已。換句話說，趙翼即使提出能夠獲得好評的研究成果，也不會表現出以己見為是、先人業績為非的態度。

　　然而，儘管尹拯大力稱讚趙翼之治學態度，《朝鮮王朝實錄（孝宗實錄）》在認可其「潛心性理之學」的同時，卻記載趙翼「所著《書經淺說》、《庸學困得》等書中，頗改朱子《章句》，人以此疵之」。[59] 即，趙翼也曾因為發表異於朱熹見解的注釋而遭受批評。然而，在當時擁護其見解的人卻是宋時烈。

　　對於批判趙翼的聲音，宋時烈及其同宗兼政治同志宋浚吉（1606-1672）說：「尹鑴凌侮朱子而自是己說，某爺有疑於心而求質於知者，迥然白黑之不同」，[60] 他們透過比較尹鑴和趙翼的態度、意圖，作為擁護趙翼的依據。若《孝宗實錄》所說屬實，趙翼便是一邊致力朱子學研究，一邊撰寫和朱熹不同的經書解釋。宋時烈、宋浚吉擁護同一黨派的學問前輩趙翼，他們不是用「趙翼沒有違背朱子見解」的說法做辯駁，反而承認他「有所懷疑」這件事。即，趙翼提出異於朱熹見解的觀點之事，未被視為問題，與前面尹拯的言論相同，在此趙翼新注釋

---

59 《朝鮮王朝實錄（孝宗實錄）》孝宗六年三月十日。

60 宋時烈，〈答趙光甫〉癸亥附錄，《宋子大全》卷77，收入《韓國文集叢刊》第110冊（首爾：民族文化推進會，1988），頁528。

的謙遜寫法也獲得稱讚。

　　從前述言論可以看出：「比起是否提出不同於朱子的見解，提出己說之際的意圖和態度，更為重要」的想法。朝鮮士大夫不問尹鑴、朴世堂主張之得失，僅以其心可議為由進行批判。諷刺的是，進入二十一世紀後，同樣也有不問注釋之實際內容如何，逕行評價的狀況。尹鑴、朴世堂的注釋因為勇敢地主張朱熹之說有誤，反而被讚揚帶有近代性。

　　宋時烈後來被批評不公平地擁護趙翼。聽到批判自己的風聲後，宋時烈曾寫信給趙翼之孫趙持恆，表示：

　　　　比因人聞一種論議。則以為尤丈（宋時烈）於鑴以改注
　　　中庸等事，斥絕之既嚴，至其黨與，亦甚痛斥。以是輾
　　　轉，致有今日之事。浦渚趙相（趙翼），亦於大學改注，
　　　至曰沉潛三十年，不知朱說之是，愚說之非也。其為說若
　　　是，則難免非責，而拒闢之事終不加焉。今於墓道文字，
　　　讚揚無餘，則鑴之黨與見斥者，其可服罪乎。或已撰出則
　　　還推減去，似無彼此取笑之資云云。……此文若出，必有
　　　一場紛紜，以增斯文之厄，不是小事也。再昨招宋炳夏商
　　　量，[61] 又更審其祖考（宋浚吉）所撰行狀，則記先老爺（趙
　　　翼）雅言，以為孔子之後集群儒而大成者，朱子也。其功
　　　多於孟子云云。若於大學，果有如言者之說，則其雅言豈
　　　有如此之理耶。以故使炳夏搜送刊行文集，則歸報以不

61　宋炳夏（1646-1697）是宋浚吉之孫，宋時烈門人。

得，極可歎也。[62]

　　由上文可以看出關於趙翼的傳聞，其一是他寫了和朱熹不同的注釋。其二是他曾說過「不知朱說之是，愚說之非也」。然而，宋時烈在意的，不是趙翼的注釋是否與朱熹之說相背，而是他是否說過輕視朱熹的言論。

　　從以上數例來看，趙翼、尹鑴、朴世堂的注釋，學術價值皆獲同黨派的同伴認可。但是，依據是否無視朱子學說之權威性，態度上是否自以為是，同伴給予的評價不同。即，他們責備欲破壞朱子學權威的不遜態度，但是並未排斥提出異於朱熹解釋的行為本身。

　　此種想法未曾隨時間改變。朝鮮後期的文臣徐瀅修（1749-1824）[63]也曾表示，可以對朱熹之說提出異見，但是對直接指責朱熹注釋有錯的行為必須予以批判：

> 　　雖以朱子之步步趨趨於程子，如易詩語孟，未嘗盡遵程說。大學中庸，宗程尤篤，而訂正尤多。……朱子誠不能無誤矣。……昔陳大章熟通鑑，[64]檢得踈謬處，做一辨駁文字，以示其友。其友曰，不消如此。只注其下，云應作如何，足矣。宇宙間幾部大書，譬如父祖遺訓。萬一偶誤，

---

62 宋時烈，〈答趙汝常〉附錄，《宋子大全》卷116，頁148。
63 屬於「西人黨」分化之後的「少論派」。
64 清朝的陳大章（1659-1727）。

只好說我當日記得如此。若侃侃辨證，便非立言之體。通
鑑尚然，況經傳箋注乎。[65]

　　徐瀅修以朱熹對程子的態度作為自己議論之依據，他區分
以程子學說為優先，和全盤接受程子學說之別。朱熹比什麼都
尊重程子之說，但是解釋經書時不僅止於跟隨程說。例如，朱
熹思想體系中最重要的《大學》、《中庸》解釋，他一邊宗於
程子之說，一邊在許多地方修正。徐瀅修基於朱熹做法，認為
既然朱熹之說也有需要訂正的地方，那麼訂正它便是正當的。
但是，以強調朱熹之誤來主張己說之是則不可。換言之，不是
「不能提出異於朱熹的見解」，而是「不能抱持強調朱子之誤以
提出己說的意圖和態度」。

圍繞「改朱子之注」的攻防

　　對於一本新的著作，作者之師友所關心的，不是其觀點是
否與朱子相同，而是他的寫作態度。但是，正如趙翼被批評他
大改《章句》般，以改朱子之注的名目遭受政治攻擊的事情時
常發生。那麼，他們如何反駁此種攻擊？又，這些作者真的改
了朱熹的注？

　　趙翼寫了《大學》的注釋書《大學困得》。於誠意章中，

---

65 徐瀅修，〈題毛西河集卷〉，《明皋全集》卷10，收入《韓國文集叢刊》第
　261冊（首爾：民族文化推進會，2001），頁196。

因他認為朱熹的注釋未正確解釋經文，故提出新解釋。朱子學中以知與行歸納《大學》的內容時，「誠意」之條目作為進入行的第一步而備受重視。因為，「欲為這事，是意」，[66]如果在意識萌芽之時為善去惡，就能實踐同樣的結果。對於《大學》之「誠意」，朱熹的想法大致表現於兩處注釋。首先是朱熹《大學章句》經一章的注釋，[67]寫道：「意者，心之所發也。實其心之所發，欲其一於善而無自欺也。」[68]接著，對於《大學》誠意章「所謂誠其意者，毋自欺也。如惡惡臭，如好好色，此之謂自謙」，傳六章解說：

> 誠其意者，自脩之首也。……自欺云者，知為善以去惡，而心之所發有未實也。……言欲自脩者，知為善以去其惡，則當實用其力，而禁止其自欺，使其惡惡則如惡惡臭，好善則如好好色，皆務決去，而求必得之，以自快足於己，不可徒苟且以徇外而為人也。[69]

朱熹將「誠意」解釋為修養自己的第一階段。對於《大

---

66 《朱子語類》卷16〈大學三〉，頁542。
67 《大學》原本是五經之一的《禮記》之一篇，但是朱熹將《大學》分成經一章和傳十章，認為「經」是曾子記錄孔子思想的內容，「傳」是由曾子門人記錄的曾子想法。
68 朱熹，《大學章句》，頁3-4。據說朱熹過世前三日將「一於善」三字改成「無自慊」，唯本文依照通行諸本記為「一於善」。
69 同上。

學》用來說明「誠意」的「毋自欺」等句，朱熹的理解是：如
厭惡惡臭、愛好美色一樣致力為善去惡。而「自謙」的解釋則
是，應該為了使自己快足而努力，不要以外部標準為標準、為
了做給別人看而努力。

　　對於朱熹的注釋，趙翼的問題意識是，在「誠意」的自我
修養中，「毋自欺」和「自謙」，具體而言，是何種行為？如
同前述，朱熹將「毋自欺」和「自謙」都解釋成誠意的修養方
法。要言之，努力不對自己的念頭有所欺瞞是「毋自欺」，為
了使自己感到滿意而努力是「自謙」。朱熹注釋最後作結於，
應該努力不為──以他人評價為標準而出於自我意識──「為
人之學」。

　　對此，趙翼認為，《大學》本文所言誠意的修養方法只有
「毋自欺」，「如惡惡臭，如好好色」（即「自謙」）其實是指修
養所能獲得的效果。[70]趙翼認為此章應解釋為：如果善加修養誠
意，便能達到自足的狀態。「其惡惡則如惡惡臭，好善則如好
好色」，既非如朱熹所言之修養方法，「毋自欺」也非朱熹所
解釋的「不要為了做給別人看」。所以，《大學》傳文的內容
是按照「毋自欺」（努力）到「自謙」（效果）的順序排列。
由於朱熹先解釋自謙，所以讀出毋自欺的意思，唯此解釋與傳
文順序不合，趙翼說明：

---

[70]「此章言誠意工夫，只此數句盡矣。而其用功之實，只是毋自欺三字而已，
　　自慊其效驗也」，趙翼，《大學困得》，收入《浦渚先生遺書》卷1。

（朱子）章句謂當實用其力而禁止其自欺，以如好如惡
為實用其力之事，以徇外為人為自欺之事。使以如惡如好
為在先事，以毋自欺為在後事，以傳文先後易置之。此竊
恐其未必合於傳文本旨也。[71]

之後，趙翼又作兩篇文章（〈後說中〉〔1638 年 7 月〕、
〈後說下〉〔1653 年 2 月〕），詳細說明自己無法免於提出異於
朱熹見解的經過。他從朱熹書信中找出可以為己說作證的文
句，認為《章句》的注只是朱熹的一時見解，定論應如這些信
件所言。他主張自己的見解雖與《章句》多少不同，但是沒有
更改朱熹的定論。趙翼羅列以朱熹〈答張敬夫書〉為首的十五
通書信，加上《心經附註》和〈書楊龜山話後〉共十七篇文章
中，關於「自欺」的文句，就何者為朱熹的定論，論述如下：

由是觀之，則朱子平生所說自欺之語，皆是謂欺其心
也，未見其以為人為自欺也。唯獨於大學章句，以徇外為
人釋之，及小注一兩條謂為為人耳，其言不同如此。且謂
為欺心，其平生所說皆然，謂為為人獨見此三兩處耳。然
則竊恐此所釋，乃朱子偶然一時所見，非其平生定論也。
後之讀者，徒見章句所釋如此，而不考朱子他時所言，便
謂朱子之旨只如此，大學本旨只如此，則竊恐其不得為深
究朱子之旨者也。區區妄說，雖於章句之言有不同，其於

---

71 同上，頁15。

朱子平生所言之意，則實吻合。然則謂其異於章句則可，
謂其異於朱子之旨，則實不然也。[72]

趙翼主張，自己的見解儘管異於《章句》，實際上卻未背
離朱熹本旨。即，他不否認改動朱注這一點，但是強調自己正
因為尊重朱子學所以改注，採取「透過改注使朱子學本來的想
法更加清晰」的姿態。他確信，在朱子學的思想體系中添增自
己的新解釋，當能使體系更加完備，並提出上述說明。檢視趙
翼文集便可以確定，上述言論不是他在腹中批判朱子學，卻害
怕他人目光所以做出的辯解。

然而，因為改朱注導致著作被焚書處分的情況也曾經發
生。那麼，受到焚書等嚴厲處分的作者，如何證明自己著作之
清白？下面以崔錫鼎的《禮記類編》（以下稱為《類編》）為
例，作為討論。

《類編》完成於1693年，在1700年和1707年刊行。刊行
後，國王廣賜諸臣，因此讀過的人較多。如書名所示，此書將
《禮記》經文從原本的順序，重新分類進行編輯。其各項類
別，皆按朱熹《儀禮經傳通解》建立。例如，設「家禮」篇
目，收納〈曲禮〉、〈少儀〉、〈內則〉等篇；「邦國禮」篇目收
納〈王制〉、〈月令〉、〈玉藻〉等篇；將《大學》、《中庸》放
回《禮記》，以「學禮」篇目收納；並視《孝經》為原本屬於
《禮記》的一部分，將其編入《類編》中。1700年11月初刊本

---

72 同上，頁37。

的形式是，先在各卷開頭記上簡略說明，收錄分類編輯的經文，然後在各卷末尾加上附註。[73] 1707年再刊時，將《禮記》經文如同《四書大全》般，按段落分記，在各段落下方附上南宋陳澔（1260-1341）《禮記集說》的解說，再加上崔錫鼎自己的「附註」。《禮記集說》在《大學》、《中庸》部分未附注釋，僅記上「朱子章句」四字。所以崔錫鼎在《大學》、《中庸》部分載錄朱熹《章句》注釋，並和其他章一樣加上自己的「附註」。[74]

在序文中崔錫鼎提及《類編》的編纂理由及主要方針。要約如下：自秦焚書以來，六經失散，禮樂相關的書物損失尤重。朱熹就《易經》撰寫《周易本義》；《詩經》撰寫《詩集傳》；《書經》則命弟子蔡沈執筆《書集傳》；於禮則以《儀禮》為中心，加上其他經書、史書、諸子百家之文，著成《儀禮經傳通解》傳世。《儀禮經傳通解》從大量書籍引用各式各樣的文章，重複處不少，且不屬於特定一經。其內容龐大，學習者難得要領。《禮記》雖本是漢儒收集關於禮樂的片段記載所編成之書，但由於收錄古代聖人言禮之文，從永樂年間（1403-1424）以來位列五經，不容忽視。只是，以朱熹為首的先儒，認為《禮記》由漢儒蒐集編輯，對其多有懷疑。儘管朱熹有所懷疑卻未進行《禮記》之校勘。對於《禮記》文本的許多問

---

73 參照韓國國立中央圖書館所藏本《禮記類編》（索書號：일산고 1234-24）。
74 參照韓國國立中央圖書館所藏本《禮記類編大全》（索書號：한고조 06-11）。

題，後代箋注者雖然時有懷疑，卻未曾有人釐清這些問題，長久以來學習者為此苦惱。崔錫鼎深感完成此工作之必要，故立志刪定，經過來回多次修改，終於完成此書。[75]

至於編輯方針，崔錫鼎從朱熹《儀禮經傳通解》建立數個篇目，將《禮記》篇章分類，放在每個篇目底下。此書取名《類編》之理由為，朱熹曾惋惜唐代魏徵所作《類禮》未能傳世，崔錫鼎同樣懷著希望《類禮》有所流傳的心情，將本書命名為《類編》。[76]

上述序文可知，崔錫鼎編纂《類編》目的如下：

第一，重新整理散亂的經書

第二，繼承朱熹編纂《儀禮經傳通解》的意志

---

75 崔錫鼎，〈禮記類編序〉，《明谷集》卷7，收入《韓國文集叢刊》第153冊（首爾：民族文化推進會，1995），頁563：「易書詩春秋禮樂，謂之六經，皆道之所寓也。自秦焚書，經籍亡佚，而禮樂尤殘缺，漢魏以來，專門訓詁，率多迂謬，後學無以識聖人之意。朱大子身任斯道，羽翼聖言，易有本義，詩書有傳，禮有經傳通解，於是古經之旨，煥然復明。然通解一書，規橅甚大，雜取諸經子史而成書，今若取以列於經書，則體既不倫，文多重出，且其卷表繁委，初學未易領要。戴記四十九篇，出於漢儒之蒐輯，雖未若四經之純粹，要之古聖人言禮之書，獨此在耳。又自中朝永樂以來，立之學官，以列於五經，顧惡得以出於漢儒而或輕之哉。特其未經後賢之勘正，編簡多錯而大義因之不章，箋註多疑而微詞以之未闡，學者病之久矣。錫鼎弗揆僭妄，有志刪定，累易藁而始就。」又，韓國國立中央圖書館所藏本（索書號：한古朝06-11）中，序文的著成年月是癸酉（1693）夏四月。

76 同上，「凡五十篇，名之曰禮記類編。昔唐魏徵撰類禮二十卷，朱子有所稱述，而惜其不傳。名以類編，亦此意也」。

　　崔錫鼎充分理解朱熹編纂《儀禮經傳通解》旨趣,並擔負起這項必須完成卻未被完成的工作。即,對他而言,《禮記類編》的編纂是自任為繼承朱熹之道者的表現。

　　崔錫鼎於1700年(肅宗二十六年)向肅宗建議進講《春秋》和《禮記》,《禮記》講學使用自撰《禮記類編》,獲得許可。[77]同年11月,肅宗命校書館刊行《禮記類編》。[78]然而,此書刊行數年後,被視為「求異乎朱子」的著作,開始遭受攻擊。

　　宋時烈門人鄭澔(1648-1736)寫信給同門的權尚夏(1641-1721),勸他批判崔錫鼎的《禮記類編》以正世道。[79]權尚夏沒有回應此事,但是之後權尚夏的弟子尹鳳九以代理尹㴐等年輕讀書人公論的形式,寫了代理上疏文。[80]尹㴐等人上疏的內幕,其實來自宋時烈門下的運作。疏中要求毀去《禮記類編》的板刻,並撤回朝廷進講之命。[81]

　　崔錫鼎屢次上書,證明自己的清白。他舉出先儒李彥迪

77　參照《朝鮮王朝實錄(肅宗實錄)》肅宗二十六年(1700)10月4日。

78　崔錫鼎,〈新印禮記類編序〉,《明谷集》卷8,頁569。從本序可知,此書由肅宗命校書館鑄字刊行。當時崔錫鼎的官位是判敦寧府事(職司王族親族事務的敦寧府,宗一品官)。

79　鄭澔,〈與遂庵書〉,《丈巖集》卷10,收入《韓國文集叢刊》第157冊(首爾:民族文化推進會,1995),頁226。及同書〈答遂庵書〉,頁227。

80　尹鳳九,〈代四學儒生尹㴐等辦崔錫鼎禮記類編疏(己丑)〉,《屏溪集》卷6,收入《韓國文集叢刊》第204冊(首爾:民族文化推進會,1998),頁128。

81　《肅宗實錄》肅宗三十五年(1709)3月12日:「四學儒生尹㴐等四十餘人,上疏請亟將新刊類編,毀去其板子,仍收法筵參講之命。」

（1491-1553）和趙翼等人的著作，說他們也曾提出異於朱熹的見解。[82]他指出李彥迪以及（宋時烈等人擁護的）趙翼皆未完全跟從朱熹的解釋，自己的著作和兩人一樣，非「求異乎朱子」。

正式點燃導火線的是，1709年1月同副承旨李觀命（1661-1733）的上疏，內容如下：

> 今伏聞有以《禮記類編》，刊進於中宸，將欲參講於法筵。臣取考其說，則求異乎朱子者，固不可毛舉。而至若〈庸〉、〈學〉，朱子自謂，一生精力，盡在此書。微辭奧旨，闡明無憾。則此豈後人所可容議者，而《大學》第四章，攬而合之於第三章，而統之曰，右釋止於至善，而去其釋本末一章。《中庸》第二十八九章之正文，割截句語，鈲裂數行，移東而入西，繳下而就上，至於費隱一章，義理最深，章句所解，至矣盡矣。而今其附註二條，顯有所信本旨底意。且程子之表出〈庸〉、〈學〉，意非偶然。而今此《類編》為名，不過分類便覽之書，則其為體段，亦非經書之比，乃復還編〈庸〉、〈學〉於其中，使先賢表章之本意，暗昧而不明。……既命刊行，又將參講，則四方聞之，必以輕信異言，妄疑於殿下，誠非細故也。古人有言：「經文一字之誤，流血千里。」[83,84]

82　同註78，卷20〈因學儒尹瀗疏，陳情辭職疏〉，頁262。

83　朱熹，〈讀余隱之尊孟辨〉李公常語下，《晦庵先生朱文公集》卷73，頁3534。「唐子西嘗曰，弘景知本草而未知經。注本草誤，其禍疾而小，注六經誤，其禍遲而大。前世儒臣引經誤國，其禍至於伏屍百萬，流血千里。

　　疏中，李觀命說崔錫鼎「求異乎朱子者，固不可毛舉」。然而，客觀來看，此說有說服力嗎？

　　首先檢視他所主張的第一個問題——合併《大學》第三章和第四章為一章。崔錫鼎按照朱熹《大學章句》順序記錄經文，同時也記上朱熹的注。也就是說，他並未將朱熹分成第三章和第四章的兩章合併，也未主張以上是第三章。所以，「將《大學》第四章併入第三章」的指控並不成立。

　　那麼，為何李觀命作此批判？那是因為，朱熹在第三章末寫有「右傳之三章，釋止於至善」，在第四章末寫有「右傳之四章，釋本末」。而崔錫鼎將朱熹的「釋止於至善」一句移到第四章末。崔錫鼎於此處未作說明，僅抄錄朱熹原文，因此無法確認其理由。但是可以推測，崔錫鼎可能視第三章的說明為第四章之延續。若是如此，便能解釋為何朱熹記第三章「釋止於至善」、第四章「釋本末」，崔錫鼎卻把第三、四章共同當作解釋「止於至善」的文句。也因為如此，李觀命批評他將第四章併入第三章。

　　然而，若考察後面的第五章，崔錫鼎雖然把朱熹的格物補傳（第五章）用比《大學》本文低一格的形式抄錄，並附上附註，也就是，結構上將其視為經文對待，並加上「以上朱子補

　　武成曰，血流漂杵，武王以此自多之辭，當時倒戈攻後，殺傷固多，非止一處，豈至血流漂杵乎。孟子深慮戰國之君以此藉口，故曰盡信書則不如無書。而謂血流漂杵，未足為多。豈示訓之至哉。經訓之禍，正此類也。」

84 《朝鮮王朝實錄（肅宗實錄）》肅宗三十五年（1709）1月18日。當時，李觀命的官位是同副承旨（職司出納王命的行政機關承政院，正三品官）。

亡，所謂竊取程子之意以補之者也」的附註。將朱熹所作的補
亡文章清楚升格為第五章的格物傳。崔錫鼎同意「《大學》是
展現學習者修學順序之書」的朱熹觀點，[85]據此，他以充實八條
目的形式增添解釋。又，他移動《禮記》諸篇的經文以進行編
輯，但是對於《大學》、《中庸》兩章，都直接抄錄《章句》
內容，沒有移動。

　　接下來檢視李觀命主張的第二個問題，即崔錫鼎割裂、移
動《中庸》第二十八章到二十九章的內容。據《中庸章句》，
第二十八章為：「子曰，愚而好自用，賤而好自專，生乎今之
世，反古之道。如此者，烖及其身者也。非天子不議禮，不制
度，不考文。今天下車同軌，書同文，行同倫。雖有其位，苟
無其德，不敢作禮樂焉。雖有其德，苟無其位，亦不敢作禮樂
焉。子曰，吾說夏禮，杞不足徵也。吾學殷禮，有宋存焉。吾
學周禮，今用之。吾從周。」[86]此章包含兩處「子曰」，而第二
十九章沒有「子曰」，直接從「王天下有三重焉。其寡過矣乎」
開始。一般而言，「子曰」放在章首較為自然。因此，一章內
有兩個「子曰」的第二十八章及沒有「子曰」的第二十九章，
無疑需要注釋者的說明。

　　對此，朱熹《中庸章句》認為第二十八章的結構，第一個
「子曰」是孔子之言的引用，接著是子思的評論，而第二個的

---

85 崔錫鼎引用大學編目開頭的朱熹〈大學章句序〉：「大學之書，古之大學所
　以教人之法」和《章句》：「古人為學次第者，獨賴此篇之存，而論孟次
　之。」
86《中庸》。

「子曰」是再次引用孔子之言。崔錫鼎則視第二個「子曰」為次章（第二十九章）的開頭，又說原本第二十九章開頭的「王天下有三重焉」應該要移到「非天子不議禮，不制度，不考文」之前，而「其寡過矣乎」則留在原處，作為接續前章「吾學周禮，今用之。吾從周」的句子。他引用《章句》收錄的呂大臨注「三重謂議禮、制度、考文」，表示移動上述七字不是自己的恣意妄為。因此可知，崔錫鼎想要表達的，不是「因為朱子之注有誤，所以我改動它」，其著作是從《章句》的注獲得根據，進一步琢磨它之後的結果。

從呂大臨注如何得出與朱熹《章句》不同的結果？以下試推論：《中庸》第二十八章正文有兩個「子曰」，同時，後面第二十九章開頭沒有「子曰」。承此，自然需要說明。朱熹《章句》未變更章之分隔，卻在第二十九章的注釋引用呂注，呂注表示二十九章的「三重」指二十八章的「議禮、制度、考文」。崔錫鼎以此為根據，呼應呂注之旨，將二十九章的「三重」，移到第二十八章的「議禮、制度、考文」之前。儘管異於朱熹的分章方式，卻不一定背離朱熹的意思。因為朱熹雖然沒有移動經文，卻贊同呂注。因此，崔錫鼎的行為可以解釋為，他讀出朱熹之意並將其實行。若朱熹在世或許也會付諸實行。

李觀命主張的第三個問題又是如何？《中庸》「費隱」章的兩條崔錫鼎「附註」，試圖主張自己認為的「費隱」章宗旨，並非朱熹之宗旨嗎？「費隱」章從「君子之道費而隱」開始，即「君子之道誰都知道、誰都可以做，然而也有連聖人都

做不到的部分」等內容。此章被批判的崔錫鼎「附註」，是
「見《經說》[87]及《輯略》[88]，似與《章句》所解有異」，[89]還有一個
是對《章句》引用的侯師聖（河東侯氏，程頤弟子）注的批
判。前者指的是，《河南程氏經說》和《中庸輯略》中，程氏
從「常道」（《河南程氏經說》）和「日用」（《中庸輯略》）的
角度解釋「費」字，但是《中庸章句》以「範圍之廣」解釋，
所以程子和朱子的解釋並不一致。此外，崔錫鼎「附註」被批
判的第二處，指稱朱熹《中庸章句》引用的河東侯氏的說法不
當。在此崔錫鼎使用的方法是，從《朱子語類》直接引用與侯
說相反的內容，最後再加上「此一條見朱子語類」一句結尾。
也就是，他不是以己說對朱熹之《章句》提倡異見，而是使用
朱熹的話語（《朱子語類》），對朱熹的解釋提出異議。因此，
崔錫鼎的注釋雖然改了朱熹之注，由於他所提出的根據又是從
朱熹而來，所以無法確定他是否「求異乎朱子」。

　　李觀命主張的第四個問題是，讓《大學》、《中庸》回到
《禮記》的做法，違背先賢將此兩篇提出作為獨立書籍的本
意。的確，《禮記類編》將朱子學中儼然成為四書之兩軸的

87《河南程氏經說（中庸解）》，收入《二程集》（北京：中華書局，1981）。

88《中庸輯略》是南宋石𡼖（1128-1182）編集，朱熹刪訂的書。從程子開
　始，收集諸家關於《中庸》的說法。最初的書名是《集解》，刪訂後改名
　《輯略》。參照石𡼖編，朱熹刪訂，羅佐之校點，《中庸輯略》，收入《儒
　藏》精華編第104冊（北京：北京大學出版社，2007），頁5-6。該當處之
　程子之注，見頁30。

89《禮記類編》卷11（韓國國立中央圖書館所藏本《禮記類編大全》癸酉
　〔1693〕夏四月刊本），頁55。

《大學》、《中庸》放回《禮記》並以「學禮」的篇目收納，又說《孝經》實際上是戴記的一篇，而將其編入《禮記類編》。但是，朱熹的《儀禮經傳通解》也在「學禮」的項目收入《大學》、《中庸》，《禮記類編》只是跟隨它的編排。實際上，崔錫鼎在後來的上疏文中也如此反駁。再者，關於編入《孝經》之事，考慮到朱熹屢說「孝經是後人綴緝」、「據此書，只是前面一段是當時曾子聞於孔子者，後面皆是後人綴緝而成」[90]等言，我們仍無法確定崔錫鼎因此而「求異乎朱子」。

以上討論可以看出，雖然崔錫鼎的「附註」與《章句》的朱熹注有時見解不同，卻無法說他「求異乎朱子」。即，從客觀立場來看，實在很難同意李觀命的批評。實際上，對於李觀命的上疏，肅宗直接批示「至於新刊《禮記類編》，予已繙閱矣。此豈可與（朴世堂之）《思辨錄》，比而論之乎。其所為言，用意至深。噫！《類編》序文中有曰，其規模義例，悉做朱子《通解》，而一言一句，不敢妄有所刪削」，[91]駁回李觀命之疏。肅宗可能沒有完整確認過李觀命的主張，便駁回反對的聲音。然而，肅宗重視作者所表明的「仿效朱子」之意圖，對於各個注釋是否實際異於朱熹，並未視為問題。

崔錫鼎上疏逐一反駁李觀命的批評。他舉例，先儒李彥迪曾著書改訂朱熹《大學章句》，李珥（1536-1584）卻給予很高的評價，這是因為兩人都篤信朱子。接著又仔細說明，《禮記

90《朱子語類》卷82，頁2827。
91《肅宗實錄》肅宗三十五年（1709）1月18日。

類編》的樣式是跟隨朱熹《儀禮經傳通解》而來，其他的編輯
方針也全依據朱熹之言。[92] 儘管如此，圍繞《禮記類編》的議論
仍日益擴大。不僅官僚爭相上疏，[93] 連成均館和四學[94]的儒生都
集體上疏，使得騷動無法平息。[95] 最後，如同李觀命上疏文之要
求，回收並燒毀已經發出的《禮記類編》，毀去此書之版木
後，才終於完結此事。[96]

　　《禮記類編》遭焚書處分的真正理由，先行研究已經論
證。即，老論派出於政治目的欲詆毀深受肅宗信任的崔錫鼎，
所以利用《禮記類編》作為批判工具。[97]那麼，《禮記類編》到
底是否改動朱子之注？對於這個問題，回答是「改了」。但
是，作者崔錫鼎並不認為「改了」這件事本身有問題。因為他
確信自己的學術皆以朱熹之言為基礎。他周遭的人也抱持同樣
的認識。就見解異於朱熹這一點給予批判的人，只有出於政治
目的批判他的一派而已。

92　同上，同年1月21日。

93　同上，同年2月1日。

94　四學：設立於首爾之中央、東、南、西的四所官學。朝鮮王朝第三代國王
　　的太宗十一年（1411）設立，持續至第二十六代的高宗三十一年（1894）。
　　朝鮮朝初期原本也設有北學，後來關閉。此外官學還有首爾的成均館，地
　　方鄉校等。

95　《肅宗實錄》肅宗三十五年（1709）2月14日。

96　同上，肅宗三十六年（1710）3月13日。

97　參照梁基正，《禮記類編的編刊、毀版及火書研究》（首爾：成均館大學修
　　士論文，2011），頁82-84。

異見提出者之自我認同

那麼，改動朱熹注釋的作者，以及未持政治目的而作批判的儒者，他們所關心的問題中是否包含對朱子學的問題意識？如果他們對朱子學持有批判意識，並因此想改動朱熹的經書解釋，其自我認同便可認定為「朱子學批判者」。以下將檢視，他們提出異於朱熹的見解時，其自我認識為何？

趙翼曾受到「大改朱子《章句》」之非難。然而由於宋時烈的庇護，儘管被對立黨派攻擊，卻得免於禍。然而，趙翼的目的果真是超越朱子學，創立新思想？提出異於朱熹之注釋是其目標的一環？

趙翼任職直提學的1624年（仁祖二年），向仁祖獻上《大學困得》、《論語淺說》。[98] 1646年（仁祖二十四年）獻上改訂版的《大學困得》以便為世子（後之孝宗）講學，並建議仁祖不妨一讀。[99] 孝宗即位之年，趙翼再度奉上《大學困得》、《論語淺說》，並舉出自己和他人都認為不同於朱熹的《大學》誠意章之注，說明自己關於這一章的解說，是平生思索所得之結果。[100] 在朱子學作為官學的背景下，如果《大學困得》是以批

---

98 趙翼，〈進大學困得論語淺說疏〉，《浦渚集》卷2，收入《韓國文集叢刊》第85冊（首爾：民族文化推進會，1988），頁45。此上疏文於甲子年（1624）進呈。

99 同上，〈進大學困得疏〉，《浦渚集》卷5，頁92。丙戌年（1646年，仁祖二十四年）作。

100 同上，〈進庸學困得疏〉，《浦渚集》卷6，頁107。「為善之功，必以誠實

判朱子為目的而執筆，那麼趙翼可以如此自負並於書中改動朱熹注釋的誠意章，表示那是自己平生思索的結果？何況還如此積極地勸國王覽閱？就此而言，趙翼本人應該只視這部「大改朱子《章句》」的著作為經書研究結果，而不帶有批判朱子學的意圖。

　　那麼，被批評改動朱熹之注，著作遭燒毀的崔錫鼎又是如何？他是否曾對朱子學抱持懷疑？崔錫鼎曾寫信給因信奉陽明學而遭批判的好友鄭齊斗（1649-1736）。其書信內容，如下：

　　士仰（鄭齊斗的字）足下，頃年因士友閒，得聞足下主陽明之學，於心竊惑焉。昨歲拜玄石丈（朴世采）坡山，玄丈憂足下之迷溺於異學而不知返。……夫天下之理一也，苟理之所在，則固未可以人而輕重。然古人論學之旨，莫要於《大學》，而朱子訓義，至明且備。陽明子乃斥以支離決裂，出新義於程朱之表，而其言語文字，具載遺集及傳習錄中，其論說之偏正，學術之醇疵，誠有可得而言者，則足下之信而好之如此者，無乃信其不當信而好其不當好也耶。僕年十三，讀《大學》及《或問》，厥後蓋嘗屢讀而精研矣。中閒見張谿谷（張維，1587-1638）文字，讚歎陽明之學，不一而足。於是遂求陽明文集語錄

為要，此誠意工夫是也。臣之說此章，尤是平生極意思索而得之者也。」此疏未記錄著成年月，但從內容可以推測是孝宗即位年的秋或冬天。孝宗於1649年5月即位，但記有「春奉《論》、《孟》於世子，世子即位，欲奉〈庸〉、〈學〉，唯手邊無草本，持故鄉之寫本再寫以進上，足費時」。

而讀之。乍看誠有起詣新奇可以驚人處。既而反覆而讀
之，博極而求之，則徒見其辭語妙暢文章辨博，而學問蹊
逕率皆顛倒眩亂。非但背馳於朱子，將與孔曾相傳之旨，
一南一北。有不容於無辨者，遂妄者辨學一說，思欲與同
志者講確而未能也。[101]

　　此信寫於1692年，時間接近完成《禮記類編》之時，可
藉此一窺崔錫鼎當時的想法。由此可窺，崔錫鼎儘管改動朱熹
之注，但於撰寫《禮記類編》時他始終是一位堅定信奉朱子學
道理的朱子學者。換言之，正因為崔錫鼎是一位比任何人都尊
重朱熹經書解釋本意的朱子學者，所以他才改動朱熹之注。

　　這位經書解釋異於朱熹，被批評為改動朱注的儒者，不僅
未持有反朱子學的意圖，甚至還表現出對朱子學道理的堅定信
賴。因此，實在難以認為「他期望克服朱子學，所以改朱熹之
注」的說法屬實。

　　此外，當崔錫鼎《禮記類編》因為改動朱注而引起全國性
的議論時，在出於政治目的而攻擊他的群體之外的人們，對於
《禮記類編》是否背離朱子學的問題表現出興趣。

　　此「事件」發生之際，與崔錫鼎同屬少論派的尹拯說：
「崔相（崔錫鼎）雖以晦（李彥迪）、栗（李珥）兩先生自解，
而既不免異於朱子，則砭者之鋒，安能免也。只當安受而已，

---

101 同崔錫鼎，〈與鄭士仰書（壬申）〉，《明谷集》卷13，頁120。壬申年為
　　1692年。

不必較也。」[102]

如同前述，崔錫鼎舉李彥迪改朱熹《大學章句》卻受到李珥高度評價為例，訴說自己著作之正當性。但是，尹拯認為崔錫鼎沒必要反駁，就此承認攻擊者的言論即可。因為，崔錫鼎著作包含異於朱熹的見解是事實，對方以事實為理由攻擊，無法迴避。從尹拯之言可知，他不認為持有異於朱熹的見解或表現該見解有何不當。

再者，不是所有宋時烈門下的人都參與討伐崔錫鼎的活動。鄭澔致信兩封勸同門的權尚夏一同攻擊崔錫鼎《禮記類編》，後者卻沒有動作，就算其他宋時烈門人因此對他多有責備，直到最後他也不曾涉足此事。[103]

《禮記類編》儘管遭焚書處分，刊行本早已分送到南邊的全羅道、慶尚道等地域，在儒者社會中流傳，被廣泛的閱讀。[104]其中有一部分藏匿於儒者家中，免於焚書之禍，成為後來的《禮記》研究者屢屢引用的資料。焚書事件的數十年之後，成海應（1760-1839）以「崔氏錫鼎禮記類編深衣篇附註

---

102 同註45，〈答羅顯道（九月十二日）〉，卷15，頁358。

103 權尚夏門人成晚徵（1659-1711）之《秋潭先生文集》卷5，〈答韓仁夫（己丑）〉，收入《韓國文集叢刊》續第52冊（首爾：韓國古典翻譯院，2008），頁533。「禮記類編出後，師門獨無明斥之舉，不但眾人疑之，相知如攀桂，亦以書責之。」

104 崔昌大，〈先考議政府領議政府君行狀〉，《崑崙集》卷19，收入《韓國文集叢刊》第183冊（首爾：民族文化推進會，1997），頁358。「庚辰，具疏投進，上命校書館印布正文，其後玉堂權尚游、尹趾仁請下兩南，並注疏印進，學士大夫皆印藏而賞。」

曰」的形式引用了崔錫鼎的「附註」。[105] 成海應研究《禮記》深
衣篇之際,對漢代鄭玄注、唐代孔穎達疏到清代朱彝尊的《經
義考》皆有所引用,不但網羅中國之說,同時將崔錫鼎的「附
註」作為《禮記》的先行研究加以參考。

另一方面,對於政治黨派屬於少論派的崔錫鼎所著《禮記
類編》遭受嚴厲處分,屬於南人黨的李萬敷(1664-1732)也
曾表示:

> 其書苟有不是處,則為崔相之友者論辯之可也,本不關
> 朝廷之是非。老論派以此為擊去崔相欛柄,豈非黨論所使
> 乎。[106]

乍看之下,李萬敷似乎是從南人黨的政治立場,批判老論
派的朱子學原教旨主義。十五歲時,由於父親李沃(1641-
1698)遭流放,李萬敷不得不放棄官場之路。而招致流放的直
接原因無它,就是因為李沃曾主張對老論派領袖宋時烈處以極
刑。[107] 或許因為父親的狀況,導致李萬敷格外嫌惡老論派及其
朱子學原教旨主義。只是,單單從這一點無法充分說明上面的
引文。

---

105 成海應,〈深衣考〉,《研經齋全集》外集卷15,收入《韓國文集叢刊》第
　　276冊(首爾:民族文化推進會,2001),頁37。

106 李萬敷,〈露陰山房續錄〉,《息山集》卷12,收入《韓國文集叢刊》第
　　178冊(首爾:民族文化推進會,1998),頁283。

107 參照《肅宗實錄》肅宗四年四月,五年三月記事。

李萬敷和曹夏疇、李淑、李潛等好友時常進行學術討論。作為其討論紀錄的「中原講義」[108]有如下記載：曹夏疇批評朱熹的《大學》注釋「雜亂繁瑣」，主張「宋季學者，趨末無實，豈非朱子啟之乎」。李萬敷回道：「此乃後人自流之弊，豈朱子所啟也。」他在結尾處斷言：「澄叔（李淑的字）嘗言，曹兄有思而不學之病，以此數說觀之，其病不但止於不學而已也。」又，李萬敷在其他文章提到曹夏疇時，說：「君敍公以弟為中毒於程朱。程朱之道，大中至正，本無毒可中人。然如果為所中，豈不幸甚。」[109]

從兩人的討論至少能看出，他們一人批評朱熹經學解釋帶來的弊害，另一人堅定地相信朱子學之正確性。如果以向來的朝鮮儒學史上的對立架構來區分，曹夏疇是進行朱子學批判的一方，因為他嫌惡被老論派挾持的朱子學派，而李萬敷則會是朱子學派那一方。但是，如此一來，前述對圍剿崔錫鼎的老論派進行批判的李萬敷，和積極維護朱子學且被認為是程朱學中毒的李萬敷，很難視為同一個人。

透過以上討論，顯示這些在十七世紀被稱為「改朱子之注」的經書解釋，至少在作者進行書寫之際，看不到對於朱子學的懷疑或批判意識。再者，從上述例子來看，李萬敷能夠對「持有異於朱子之說的」崔錫鼎寬容視之，卻對不認同朱子學貢獻的好友曹夏疇作了嚴厲的批判。如此說來，將朝鮮儒學史

---

108 同註106，〈中原講義〉，卷12，頁270。

109 同上，〈與李仲淵〉，卷5，頁134。

單純分成擁護朱子學一方與批判朱子學一方來說明，有其困難。

那麼，冒著改朱注之「罪」的風險，撰寫異於朱熹之經書注釋的人們，到底抱持何種想法？何況，他們不僅將著作交給親友過目，甚至獻給國王，其目的何在？

這些行為恐怕是來自他們認為「作為道統繼承者，必須完成此任務」的使命感。當時在東亞的普遍觀念是，作為中華之根據來自於聖人的存在，而傳承記錄聖人之言的經書，正是中華道統後繼者之責無旁貸的責任，因為道統的繼承者，不會坐視經書散亂不明。對於繼承朱子學式道統的朝鮮儒者而言，中華繼承的實質，就是擔負起朱熹未竟的志業，進行他尚未完成的工作，確定經書意涵和整理經書。但是，並非任何人都可以繼承朱熹、肩負繼承學脈之使命。然而，若表現不佳，會遭受「侮辱朱子」、「改朱子之注」，甚至是「斯文亂賊」之指責，成為政治對手攻擊自己的材料。如果無法獲得士大夫社會的其他成員認可為「朱子的後繼者」，「擁有進行朱子學後續工作的資格」，或是自己無法強力主張此事，以承繼朱熹自任者，就有可能如上所述般，遭到問罪。其次，他們還必須證明，自己的新見解能使朱子學體系更加完備。朝鮮儒者正因懷有此種抱負，才會冒著政治上的危險，也要完成朱熹未完的工作。同時，也為了確認自己是道統嫡系，努力欲完成責任。

第四章

朝鮮儒學史的展開關鍵

　　十七世紀性理學之理氣心性論開始分化、變得多元，被認為產生自「基於『性理學並非朱子所完成之不變學問，而是因時而變、具彈性、可靈活應用之學問』的認識」。[1]然而，此認識從何產生？

第一節　對朱子學的鑽研

　　當朝鮮面臨「北狄」清朝支配「中華」領土的事態時，宋時烈及其門人所形成的集團，比誰都強烈主張，朝鮮作為中華的繼承者必須成為體現中華之道的主體。[2]同時他們也比誰都更傾注力氣進行朱子學的縝密研究。

追蹤朱熹學說之變化

　　朝鮮儒者閱讀經書之際，最注重對朱子學解釋的精密考察。就算提出新見解，也會考慮到需與朱熹學說調和、避免與其衝突。因為，與官學朱子學差異過大的經書解釋，對生存於該社會中的儒者而言，無法成為有用的學術。

　　朱熹《四書章句集注》是朱子學的軸心，同時也是朝鮮儒者學習經書的基礎。然而，若以《集注》對照朱熹書信，可以

1　薛錫圭，〈十七世紀退溪學派的朋黨認識和公論形成〉，《退溪學》第11號（安東：安東大學退溪學研究所，2000），頁31。

2　金太年，〈南塘韓元震的思想背景和形成過程〉，《韓民族文化研究》第20號（首爾：韓民族文化學會，2007），頁355-356。

發現有許多不同處。因為，朱熹生涯的後半，不僅在成立《集注》體系之前，對於四書的解釋起了很大的變化，就連體系成立之後，也曾反覆進行大幅改訂。

　　1177年（淳熙四年），朱熹取《論孟精義》之精髓完成《論語集注》和《孟子集注》，再加上全面改訂後的《大學章句》和《中庸章句》，輯為《四書章句集注》。從此確立其四書學思想體系。1182年（淳熙九年），此書在婺州（位於現在的浙江省）刊行後，在經學史上正式出現與五經相提並論的「四書」名稱。惟《四書章句集注》的執筆並未就此停筆。其後，朱熹對此書仍然反覆進行檢討和大幅修改，他在過世前一年的1199年（慶元五年）於建陽刊行的版本，被認為是最後的定本。[3]由於歷經多次修改，以四書解釋為中心的朱熹學說，在其生涯的著述、書信和教學內容之中，出現許多互相矛盾的地方。

　　朝鮮儒者為了確定何者為朱熹的最後定論，乃積極研究這些矛盾點。因此，確定朱熹的「晚年定論」，成為學術界最主要的課題。進一步說，如果他們的真正目的只是想知道朱熹的定論，那麼只要對朱熹的最後注釋進行集中調查即可，因為最後的著作，代表朱熹最後的想法。但是，朝鮮儒者並未使用這個單純的方法，反倒努力追蹤朱熹學說的成立過程，試圖進行體系性的說明。例如，宋時烈欲從朱熹的《論孟或問》和《論

3　參照徐德明，〈《四書章句集注》校點說明〉，《朱子全書》第6冊（上海：上海古籍出版社，合肥：安徽教育出版社，2002），頁1-2。

孟精義》中確認後者對先儒說法進行取捨的具體原因，並編纂
書籍，方便學習者將《或問》和《精義》的內容對照閱讀。[4]

　　朱熹在1172年完成《論孟精義》，此書以涉及《論語》和
《孟子》的二程言論為主，匯集諸家之說，同時可表現朱熹
《集注》體系的成立過程。如前所述，朱熹取《精義》之重點
著成《集注》，所以他稱《集注》是《精義》之精髓，建議閱
讀《精義》作為基礎。[5]儘管如此，對於只尋求朱熹「晚年定
論」者而言，《精義》未必是必讀之作。然而，朝鮮儒者為確
認朱熹思想體系的成立過程，乃徹底調查他的各式著作。朝鮮
體系性地涉獵朱子學原典之傾向，與同樣以朱子學為官學的中
國元代學術界有顯著的不同。

　　井上進注意到，元代將朱子學定為官學的同時，開始出現
出版的困窘，此現象進入明代後甚至更加惡化。他指出：「朱
子學，以及代表此正統思想的朱子及二程的論著，幾乎未以本
來的形態出版，這個狀況只從朝廷對於中國文化的態度來說明
是不夠的。……程朱的論著，例如《程氏遺書》或是朱子的
《語類》、《文集》……無論哪個都是朱子學的原典。這些對朱
子學帶有極重要意義的文獻，在程朱學派還只是有力學派的南
宋，無數次被重刊，或被編輯後再刊行。……但是，進入元代
後，刊行的《遺書》能夠確認的只有一種，刊行的《語類》只

4　宋時烈，〈論孟或問精義通攷序〉，《宋子大全》卷139（首爾：民族文化推
　　進會，《韓國文集叢刊》第112冊，1988），頁587。

5　參照黃珅、張祝平，〈《論孟精義》校點說明〉，《朱子全書》第7冊（上
　　海：上海古籍出版社，合肥：安徽教育出版社，2002），頁1-2。

有簡略版的《類要》，雖然刊行《文集》的幾種選本及《續集》，但是未刊行全集。即，就算是程朱的論著，也幾乎都沒有以本來的形態出版。」[6]

　　也就是說，在朱子學官學化的元、明時代，多數儒者比起以本來的形態涉獵程朱論著，更近於透過簡略本或選集學習其要點。換句話說，不是在朱子學作為官學取得屹立不搖之地位的時代，就會自動出現儒者徹底分析朱子學原典的學術研究潮流。

　　十七世紀的朝鮮儒者透過查閱朱熹原典，互相參照後，認識到朱熹的學說隨著時間變化，不同的著作間存在著矛盾。越熟悉朱子學，越知道朱熹著作間的矛盾。因此，自己和他人均一致承認為徹頭徹尾「朱子信奉者」的宋時烈，時常對弟子說「朱先生於此，亦不免前後異同」，[7]他和弟子們正視朱熹學說的矛盾處，視為亟待處理的重要問題。

　　圍繞著《中庸》「喜怒哀樂之未發，謂之中。發而皆中節，謂之和」中的「未發」概念，宋時烈與同儕的討論和他回答弟子的紀錄，正好可以為例。初期，朱熹將心的作用視為「已發」──即顯露在外的狀況，並在「未發」階段將心的作用排除。但是，當他重新認識到「未發」之心，其「中和」說

6　井上進，《中國出版文化史──書物世界と知の風景》（名古屋：名古屋大學出版會，2002），頁178-181。

7　宋時烈，〈答朴景初（庚申正月十二日）〉，前揭《宋子大全》卷113，頁71。「朱先生於此，亦不免前後異同。」另，朴尚玄，字景初，是宋時烈的後輩，曾被後者稱為「暮年知己」。其子朴光一為宋時烈門人。

產生下述之大幅變化。朝鮮儒者不可能不詳盡考察此變化。

　　承上，朱熹在四十三歲時（1172）曾撰寫〈中和舊說序〉，說明自己對「中和」想法的變化。他指出，過去聽其師李侗（1093-1163）說體認「未發」時之意氣的重要性，未能理解。經考察後朱熹認為，心的作用無法停止，所以心不可能有「未發」狀態，只有「已發」狀態。因此「未發」指的是內在的本體（性），非指未發生前的階段。至此是他所謂的「中和舊說」。

　　然而，四十歲時，朱熹再次讀程頤之說，開始懷疑自己過去的想法。他重新理解到，「已發」是思慮已經萌生的狀態，而「未發」是思慮還未萌生的狀態，所以心應該包含「未發」之時和「已發」之時。過去朱熹只顧慮在「已發」之時進行修養，但是注意到心理活動包含「已發」和「未發」兩階段後，他開始在「未發」的階段琢磨主敬涵養的修養方法。[8]

　　朝鮮儒者討論「中和」時，以朱熹各種著作作為己說根據。但是，如果某儒者基於朱熹在「中庸舊說」時代所寫的著作曾討論「未發」的內容，就會被對方反駁，表示那是朱熹的舊說而不是定論。下述內容，即為一例。在宋時烈文集中有許多關於「未發」的討論。茲以宋時烈和朴尚玄（1629-1693）間的討論，集中考察兩人觀點。宋時烈曾表示雖然在多數問題上都與朴尚玄見解一致，但對於「未發」的想法不同，然後說

8　朱熹中和說的內容，參照陳來，《朱熹哲學研究》（北京：中國社會科學出版社，1988）。

明朱熹對於「未發」之看法的轉變過程。

　　首先，宋時烈引用朱熹書信〈答徐彥章〉中「未發只是未應物時」[9]一句，指出朱熹所說，心還未接外部事物的階段是「未發」。其次，他又從朱熹另一封〈答林澤之〉書信中，引用「未感物時，若無主宰，則亦不能安其靜。只此便自昏了天性，不待交物之引然後差也。……不能慎獨，則雖事物未至，固已紛綸膠擾，無復未發之時」，[10]指出：儘管在未接事物的「未發」之時，也無法自然而然地保持靜態的「未發」，因此獨處時必須謹慎己身，持續修養。接著，宋時烈又從《朱子語類》中引用「若無工夫，則動時固動，靜時雖欲求靜，亦不可得而靜，靜亦動也」，[11]指出，就算在思慮還未萌生的「靜時」也無法真正達成靜，會陷入和心有所動同樣的狀態，因此就算在「未發」之時也需要修養。宋時烈通過這一連引用，主張朱熹的定論是，就算在「未發」之時也必須持續進行存心養性的修養。[12]

　　宋時烈之所以有上述說明，乃是對朴尚玄主張的「氣質之性，雖有清濁之不同，其有動靜一也。眾人之性，無靜時耶」[13]

9　朱熹，前揭《晦庵先生朱文公文集》卷54〈答徐彥章（論經說所疑）〉第四冊，頁2583。「未發只是未應物時。」

10　同右，卷43〈答林擇之〉，頁1979。

11　黎靖德編，前揭《朱子語類》卷12〈學六〉，頁381。

12　宋時烈，前揭《宋子大全》卷113〈答朴景初（庚申正月十二日）〉，頁71-72。

13　朴尚玄，《寓軒先生文集》卷2〈上尤菴先生（己未十一月）〉（首爾：民族文化推進會，《韓國文集叢刊》第134冊，1994），頁476。

的回應。即是說，朴尚玄認為，不只是聖人，眾人在思慮未萌生之時也可能處於靜的狀態。若參照《朱子語類》的「喜怒哀樂未發之中，未是論聖人，只是泛論眾人亦有此，與聖人都一般」，[14] 此見解也屬於朱熹的想法。如此觀之，宋時烈是持朱熹強調「未發」時修養的言論，來駁斥朴尚玄所依據的朱熹的其他觀點。

宋時烈此封書信寫於1680年，七十四歲之時。因為他早在兩年前即已完成《朱子大全劄疑》，並於前一年將《朱子語類》的重複處削除，按照類別整理成《朱子語類小分》，[15] 1680年他已對朱熹學說的變化有一定程度的把握。只是，朱熹的「中和」說多見於他的書信和《朱子語類》，要辨別其中哪些是早年之說，哪些是晚年之說，並不簡單，需要更詳細的調查。因此，宋時烈將編纂此種書籍當作此後的任務。

收錄在宋時烈文集《宋子大全》的〈朱子言論同異攷〉正是其成果。宋時烈在1689年（己巳年）被賜死，該年一月他整理了當時的成果，後來這篇文章被收入其文集，其題辭如下：

> 大全與語類異同者固多，而二書之中，各自有異同焉。蓋大全有初晚之分，而至於語類則記者非一手，其如此無怪也。余讀二書，隨見拈出，以為互相參考之地。而老病侵尋，有始無終，可歎也已。苟有同志之士，續而卒業，

---

14 黎靖德編，前揭《朱子語類》卷62〈中庸一〉，頁2038。
15 宋時烈，前揭《宋子大全》附錄卷7〈年譜〉，頁334。

則於學者窮格之事，或不無所補云。[16]

宋時烈認為，《朱子大全》收錄的著作、書信內容之不
同，乃來自朱子隨著時間推移而產生的觀點變化，但是，記錄
其語的《朱子語類》中出現的相牴觸的內容，則出於記錄者的
誤記：

> 語類論大學正心章，問意與情如何，口欲為這事是意，
> 能為這事是情。此與先生前後議論，全然不同。蓋喜怒哀
> 樂闐然發出者是情，是最初由性而發者。意是於喜怒哀樂
> 發出後因以計較商量者。先生前後論此不翅丁寧，而於此
> 相反如此，必是記者之誤也。[17]

就意與情的區分來看，《朱子語類》中收錄與被視為朱熹
定論之內容相異的文句。對此，宋時烈認為，此種內容不是朱
熹之言，一定是記錄者出錯。又，關於「未發」，他從朱熹書
信引用「大全答徐彥章書云，廝役亦有未發。其答林擇之書
云，固有無喜怒時，然謂之未發則不可。言無主一也」。[18]之前
他在和朴尚玄的討論中，主張「未發」狀態不是誰都可以立刻
獲得的，必須重複進行還未萌生思慮時的修養功夫才可能產

---

16 同上，卷130〈朱子言論同異攷〉，頁414。

17 同上，頁418。

18 同上，頁415。

生。理由是，朱熹雖然說誰都可能做到，但是他也曾說過，喜怒哀樂還未萌生時無法直接稱為「未發」。

回應宋時烈的期待，在他之後繼續完成朱子新舊說法異同之考察的，是著成《朱子言論同異攷》一書的再傳弟子韓元震。韓元震繼續推進宋時烈對於朱熹言論的研究，他詳細調查並對照《朱子大全》的書信和雜著、《朱子語類》、《四書集注》等。例如，關於上述宋時烈和朴尚玄討論的「中和」說，韓元震確定了朱熹各封書信的執筆時期，述說朱熹舊說中出現的「錯誤」，並喚起讀者注意。該書對於「中和」的主要觀點如下：

第一，朱熹論及「中和」之際，將心看作「已發」，將性看作「未發」，認為心的作用完全在「已發」之時，此種文句皆屬初期之說。另一方面，在未接事物之前，思慮還未萌生是為「未發」，和事物相交萌生思慮是「已發」，「未發」是性而「已發」是情，心貫通「未發」和「已發」而統性情，此種文句屬後期之說。[19]

第二，在〈答何叔京〉中，有「天性人心未發已發渾然一致」[20]之語，從強調渾然無分別來看，屬於「中和舊說」。[21]

19　韓元震，《朱子言論同異攷》卷3《中庸》（《域外漢籍珍本文庫》第2輯，子部二。成均館大學所藏，朝鮮英祖十七年（1741）序刊本），頁46。（重慶：西南師範大學出版社、北京：人民出版社，2011。）

20　朱熹，前揭《晦庵先生朱文公文集》卷40〈答何叔京〉，頁1803。

21　韓元震，前揭《朱子言論同異攷》卷3《中庸》，頁46。

　　第三，在〈答張敬夫〉中，言「大化之中，自有安宅」[22]
處，所指意義不明，唯其言及前說之誤，可知是改去舊說後的
書信。只是，舊說中也有多處提到異於過去的見解，所以此信
不一定是新說。理由是，同樣出現「大化安宅」的書信，〈答
石子重書〉中提及秋天從長沙歸來。查《朱子年譜》，朱熹在
丁亥（1167）八月前往長沙，十二月歸來。又，據〈中和舊說
書〉，改去舊說的時間在己丑（1169）。因此，可知以上兩封
書信確實為舊說。[23]

　　第四，在〈答林澤之〉中，可以看到將「未發」當作性、
「已發」當作心的主張更改後之議論。[24]此封信可以視為改去舊
說後，最初的說法。理由是，信中言及和蔡季通討論之事，而
據〈中和舊說書〉，己丑年春，朱熹追問蔡季通論點時，對過
去自己的說法產生了懷疑。[25]

　　第五，若分析〈答胡廣仲〉、〈答方賓王〉、〈與湖南諸公
論中和第一書〉，[26]會發現原本的主旨不一。因此，可以認為是
朱熹剛改正「中和」說之時的議論。再者，若以「已發未發
說」[27]分析〈與湖南諸公論中和第一書〉，能發現其論理變得更

22　朱熹，前揭《晦庵先生朱文公文集》卷32〈答張敬夫〉，頁1392。

23　韓元震，前揭《朱子言論同異攷》卷3《中庸》，頁46。

24　朱熹，前揭《晦庵先生朱文公文集》卷43〈答林擇之〉，頁1967。

25　韓元震，前揭《朱子言論同異攷》卷3《中庸》，頁46-47。

26　朱熹，前揭《晦庵先生朱文公文集》卷42〈答胡廣仲〉，卷56〈答方賓
　　王〉，卷64〈與湖南諸公論中和第一書〉。

27　同上，卷67〈已發未發說〉。

加精確，因此可確定它是後期之作。然而，在〈答胡廣仲〉、
〈答方賓王〉、〈與湖南諸公論中和第一書〉等書信中，朱熹對
程子之說的解釋皆有誤（原文：「所釋未免皆失」），後來朱熹
自己也承認這些錯誤。[28]因此，讀者不能囫圇吞棗地理解這些書
簡。[29]

　　第六，以《周易》之卦討論「未發」時，有「未發」對應
復卦的說法，也有對應坤卦的說法。前者出現在〈答張敬
夫〉[30]、〈記論性答藁後〉，後者出現在《中庸或問》、〈答呂子
約〉[31]。〈記論性答藁後〉作於壬辰年（1172），而〈答張敬夫〉
則是更早之前的書信。《中庸或問》作於《中庸章句》後，
〈答呂子約〉又作於《或問》之後。《或問》和〈答呂子約〉以
「未發」對應坤卦，再度顯示對應復卦之說應有誤。[32]

　　上述《朱子言論同異攷》的內容，以朱熹之「定論」比對
其各式言論，闡明其中屬於前說之「誤」的部分。為此先行論
證各篇書信和著作為何時所作。進行此種論證時，韓元震不只
參照《朱子年譜》，還時常使用分析著作、區分未成熟之說和
成熟之說的方法。我們很難將其歸類為跟從朱子學或批判朱子
學，或許稱之為朱子學研究更為合適。

　　那麼，在此種「研究」過程中到底萌生何種想法？

28　同上，卷75〈記論性答藁後〉。

29　韓元震，《朱子言論同異攷》卷3《中庸》，頁47-48。

30　朱熹，前揭《晦庵先生朱文公文集》卷32〈答張敬夫〉，頁1419。

31　同上，卷48〈答呂子約〉。

32　韓元震，《朱子言論同異攷》卷3《中庸》，頁49-51。

朱子非聖人

　　根據弟子所記的言行錄，宋時烈「（先生）每言曰，言言而皆是者，朱子也。事事而皆當者，朱子也。若非幾乎聰明睿知萬理俱明者，必不能若是，朱子非聖人乎。故已經乎朱子言行者，則夬履行之，而未嘗疑也。」[33]的確，宋時烈遺留的著作中時常表現對朱熹的絕對尊崇。另一方面，他確認朱熹的學說在生涯中曾有數度變化，並展開詳細的調查工作。由於他時常告誡弟子必須注意此問題，所以從他的門下出現對此問題做徹底調查的成果，也是理所當然。

　　既然朱熹的學說歷經無數次再檢討後多有變化，那麼，相對於朱熹晚年的學說，早年的著作中便存在「有錯」的學說，因此需要明確區分「有錯」的部分和「正確」的定說。儘管宋時烈常說「朱熹是聖人，其言說存在矛盾只因早期晚期有別，《語類》之矛盾皆來自記錄者之誤」等。但是，若將他傳授的思考方式貫徹到底，最終可能獲得如下結論：由於朱子不是聖人，所以他的學說轉變多次。產生此種認識者無他，就是繼承宋時烈，徹底追究朱熹言論異同的韓元震：

　　　　前聖而作經，莫盛於孔子，後賢而傳義，又莫備於朱子。故學者必讀孔子之書而後可以盡天下之義理，又必讀

---

33 宋時烈，前揭《宋子大全》附錄卷17〈語錄崔慎錄上〉，頁539。崔慎（1642-1708）是宋時烈門人，字子敬，號鶴庵。

朱子之書而後可以讀孔子之書也。然孔子生而知者也，故
其言無初晚之可擇，朱子學而知者也，故其言不能無初晚
之異同，而學者各以其意之所向，為之取舍，往往有以初
為晚，以晚為初，而失其本指者多矣。……尤翁晚歲，深
以此為憂，既釋大全之書，又欲攷論其同異而辨正之。既
始其功，纔到十餘條而止。嗚呼，其可恨也已。元震自早
歲，即已受讀朱子書，反復通攷。蓋用一生之力，其於異
同之辨，庶幾得其八九於十。於是悉疏而出，或攷其日月
之先後，或參以證左之判合，或斷以義理之當否，以別其
初晚，表其定論，而其言異而指同者，亦皆疏釋而會通
之，編為一書。34

　　韓元震主張，立基於朱熹所傳的義理才能正確理解孔子之
言，但也明確表示他認為朱熹和聖人是不同性質的存在。這一
點和宋時烈不同，宋時烈儘管認識到朱熹學說間的矛盾，仍未
對朱熹是聖人一事產生懷疑。因此，《朱子言論同異攷》對於
朱熹不同言論之矛盾處，區別該見解是出於朱熹觀點尚未確定
之前的說法，或是觀點已經確定的說法，同時也不諱言指出朱
熹的錯誤。35 此書尚指出朱熹誤解程子文句之處，36 又列舉朱熹

---

34 韓元震，前揭《南塘集》卷31〈朱書同異攷序〉，頁163。

35 例如，韓元震前揭《朱子言論同異攷》卷3《中庸》，頁49：「先生此時以
　復之一陽已動當未發，故下端字。端字與孟子四端字同，而意近。謂之端
　則似已有端緒端倪之可見者，端字下得恐未安。不若下根字機字之為得。」
　頁50，「安卿錯認為說，而先生不之辨，恐偶未察耳。」

和弟子談話時回答不適切處，並訂正其錯誤。韓元震在序文中明確主張何者為朱熹定論。然而，其理由不是因為朱熹本人說「這是我的定論」，而是韓元震主張某說為朱熹定論。其過程，如下例所述。

朱熹弟子石子重在書信中提問：（朱熹所作）〈克齋記〉[37]中，關於《論語》顏淵篇之「天下歸仁」，先本和後本解釋甚不同，何者正確？朱熹回答，後說正確。[38]但是，韓元震沒有因為朱熹這番發言，就直接判定後說為定論。他分析，由於《論語集注》採用了前說，〈克齋記〉定本後來也刪去了這個段落，所以朱熹所說的「後說正確」，實際上在後來又被推翻。[39]接著他又指出，朱熹關於「天下歸仁」的說法，〈答范伯崇〉、〈答連嵩卿〉、〈答楊子順〉、〈答曾擇之〉[40]等書信的內容才是定論。

此外，《朱子言論同異攷》中除了確立定說，還確認了《語類》和《集注》有出入的內容，分析朱熹書信和《語類》、書信和《集注》內容之不同後，指出其矛盾。對於矛盾的部

36　韓元震，前揭《朱子言論同異攷》卷3《中庸》，頁48：「程子之指，大槩如是，而先生於此，所釋未免皆失。」

37　朱熹，前揭《晦庵先生朱文公文集》卷77〈克齋記〉。

38　同上，卷42〈答石子重〉，頁1938-1939。

39　韓元震，《朱子言論同異攷》卷3〈論語〉，頁43：「石子重問，……先後意異，當如何說。答曰當以後說為正。集注復從前說，克齋記定本亦刪此段。」

40　朱熹，前揭《晦庵先生朱文公文集》卷39〈答范伯崇〉、卷41〈答連嵩卿〉、卷59〈答楊子順〉、卷60〈答曾擇之〉。

分，韓元震並未強烈指責朱熹的錯誤，反倒詳細說明朱熹言說的「本來意圖」，希望讀者不要受到言語的表面意思影響而誤解真意。[41] 此種分析方法，乃是一邊對照韓元震自己已經分析和體系化後的朱子學，一邊區別朱熹多樣發言之正確與否。

朝鮮後期，姜浚欽（1768-1833）提及，因為朱熹是學而知之者，所以其言先後有異有同，異同之跡表現出朱熹的造詣，從前較淺，後來逐漸加深。[42] 此即，朝鮮的儒者通過對朱子學的徹底研究，產生了「朱子並非生來就是聖人」、「朱子的初期學說較為淺近」的想法，並逐漸釋明。因此，清楚認識到「朱子非聖人」，其實並非來自對朱子學的懷疑。而是從鑽研朱子學的過程，從朱子學內部自然發展而來。

從儒學史消失的「宋時烈門下朱子學研究方法論」

致力於確定朱熹定論的學術工作，推動了縝密的朱子學原典研究，宋時烈為朝鮮儒學史奠定具有生命力的學術研究基礎。但是，自二十世紀初正式開始的朝鮮學術研究，迄今仍不關注朝鮮儒學史中宋時烈門下的學術動向，甚至只視他們為朱

---

41 韓元震，前揭《朱子言論同異攷》卷1〈五行〉，頁12。「讀者不以辭害意，可也。」

42 正祖，《弘齋全書》卷131〈故寔三〉朱子大全二甲寅（首爾：民族文化推進會，《韓國文集叢刊》第266冊，2001），頁98：「臣浚欽竊惟孔子生而知之者也，故其言無初晚之可擇。朱子學而知之者也，故其言不能無前後之異同。即其前後異同之跡，而可見前後造詣之淺深。」

子學原教旨主義者而已。其理由為何？

　　蓋二十世紀初，亡國之下，朝鮮儒學史展開過程中的問題被深刻反省，狀況如前所述。對於宋時烈及其門下的認識，與二十世紀初的特殊狀況有著密切的關聯。當時的人認為朝鮮儒學長期帶有朱子學偏向、欠缺獨創性，是「虛」和「假」的學術史，因此他們展開了在其中挖掘帶有朱子學批判性、獨創性的歷史人物之工作。朱子學派被定位為「與獨創性見解對立」的存在。在這樣的對立架構中，一開始就忽視了從朱子學研究領域看出「獨創性」的可能。因此，自殖民地時代以來的研究，總是把宋時烈等人的學術動向簡化成只知跟從朱子學，而不屑一顧。

　　宋時烈「不容忍中間派」的極端思考，助長了儒者社會的分裂，這是事實。他將尹鑴和朴世堂視為斯文亂賊，毫不留情地攻擊、排斥庇護尹鑴者。尹宣舉（1610-1669）曾提出異議說：「義理天下之公，渠以所見評議朱子註說，有何不可，而攻之若是。」對此，宋時烈反駁，稱：「或就朱子書指摘商量曰，此處可疑云爾，則猶或可也。渠何敢掃滅朱子中庸，而以己說代之乎。」[43] 並說：「大抵春秋之法，亂臣賊子先治其黨與。有王者作，則公當先鑴伏法矣。」使尹宣舉禁聲。

　　宋時烈死後，門人不但在學術上繼承其志，在政治的層面上，也執拗地攻擊與宋時烈對立的朴世堂，使他遭到流放。進而，施壓焚毀崔錫鼎《禮記類編》的版木，一直未停止對崔錫

43　宋時烈，前揭《宋子大全》卷122〈與或人〉，頁286。

鼎做政治攻擊。他們的政治態度與其師頗為相似，但也有不同的地方。宋時烈雖攻擊尹鑴是「侮辱朱子以顯示己說之正確」，卻維護趙翼，說他「心有所疑，只是求教於知者」。準此，頭尾一貫以朱熹《儀禮經傳通解》為準則，寫成《禮記類編》的崔錫鼎，應該不會成為宋時烈的排斥對象。

實際上，在十七世紀的朝鮮儒學界，有些人以朱熹的發言為端緒進行演繹，有些人則直接引用朱熹的文句以表現自己的想法。他們學習朱熹讀過的書籍，並在分析、整理朱熹著作的同時，也共有他的問題意識，以其為基礎以遂行自己的課題。不只是同意朱熹見解者，即使是抱持不同見解者，也都依據著朱熹的學說，使用朱熹的語言，展開己說。如此可見，十七世紀儒學史之展開，不應被局限在「對朱子學的深化研究及隨之而來的教條化」及「對朱子學的懷疑和批判意識的開始」這兩個對立軸之間，應該有更為立體豐富的樣貌。

第二節　朝鮮儒學提出創見之模式

在自己的種種言論中，朱熹最終承認的學說為何？探討此問題，即所謂的「確定（朱熹晚年）定論」，是朝鮮儒學界最盛行的研究主題。以此為開頭，誕生了朝鮮儒學史中提出新見解的模式。在此模式中，提出新見解的方式，是主張「這才是朱子的定論」，而非主張自己見解如何正確。

否定獨創性

在朝鮮社會，很多儒者從朱熹互相矛盾的論述中選擇能夠證明己說的一種，並強調那是朱熹的定論。也就是說，網羅朱熹所有的著述，比對研究後，發現他的學說無法整理成單一體系，此事實反倒使朝鮮儒者提出創見的方法論得以產生。

一般而言，某儒者如發現朱熹的經書解釋中有不妥當的部分，想主張「朱熹的解釋錯誤，我的解釋才正確」，他沒有必要對朱熹各種著作做對照考察的複雜作業。但是，朝鮮儒者的狀況是，必須先思考朱熹所言的正確意思為何，並調查他在各個著作中是否做了不同的解釋，確認其中何者是定說。經過上述作業之後，才能展開己說。朱子學解釋是科舉考試的標準答案，儒者本來就熟讀相關書籍。如果某儒者宣稱朱子學解釋有錯，他定會遭受政治上的攻擊，更別說在此之前，該主張自學界看來便毫無意義。無視於作為普遍知識的朱子學，如果僅空口說「朱子有錯」，而無法具體指證朱熹解釋中的問題，此人必會被認為知識不足，進而連學術水準都遭到懷疑。如此一來，此人的論點終究無法成為對學術界有意義的異議。也就是說，如果某儒者欲提出新見解，必定要慎重地先通過細緻的研究後再有所主張。

正如前述，趙翼更改了朱熹《大學章句》誠意章的解釋，並提出己說。但是，他並未說因為朱熹解釋有錯，所以必須提出新的見解。他只說：《章句》的解釋並非朱熹晚年的定論，朱熹書信和《心經附註》的內容才是定論，並主張自己的見解

與此相同。即，他主張：己說雖異於《章句》，卻與朱熹的定論相同。但是，朱熹在去世前不久才改訂過的《章句》注釋，和他更早以前的書信，應該視哪一方為晚年定論？難道視《章句》為定論不是比較正確嗎？要言之，朝鮮儒者口中常說的「朱子（晚年）定論」，比起朱子明確表示的定論，更像是朝鮮儒者透過研究朱子學所推導的、最具說服力的說法。

尹鑴則在對於「理動」的說明中，表現出使用朱熹的語言以提出新見解的方法。他說：

> 理動之說，非某之說，朱夫子嘗屢言之矣。今得數條別錄以上，乞以此更入思量，如何。……問，太極，理也，理如何動靜，有形則有動靜，太極無形，恐不可以動靜言。朱子曰，理有動靜，故氣有動靜。若理無動靜，氣何自有動靜乎。[44] 又問，動靜是太極是陰陽。曰理動靜。曰如此則太極有模樣。曰無。[45]……詳此數說，皆以理有動靜為言。然攷朱子說，又曰太極涵動靜，動靜非太極。蓋太極固無動靜，而亦可以動靜言之。正如昔者所論理非神也，而亦可以神言之云爾。況黃勉齋嘗以理動之說，稱聞之師而著之。殆非妄言也。[46]

---

44 引用自《宋子大全》卷49〈理氣一〉及《性理大全》卷1〈太極圖〉。

45 引用自《朱子語類》。黎靖德編，前揭《朱子語類》卷94〈周子之書〉，頁3127。

46 尹鑴，前揭《白湖全書》卷15〈與權思誠〉，頁632-633。從書信的前半內容可以知道，此時尹鑴尚未和宋時烈等人展開辯論。

　　尹鑴舉數個朱熹的言說，主張己說的「非獨創性」。強調自己的說法是基於朱熹的想法而非創見。只是，他的主張不是「因為朱熹說理有動靜，所以必須跟從」這麼簡單。他將朱熹的數個論述加以綜合考量、主張，朱熹所說的理有動靜，指的是可以用動靜來說明理。

　　如此一般，否認己說的獨創性，強調自己跟隨朱熹見解的方法，並非十七世紀才出現，也不只有部分儒者使用。例如，李退溪論四端七情之際，如下說道：

　　　近因看朱子語類論孟子四端處末一條正論此事。其說云，四端是理之發，七情是氣之發。古人不云乎，不敢自信而信其師。朱子吾所師也，亦天下古今之所宗師也。得是說，然後方信愚見不至於大謬。[47]

　　從這一段話能觀察到朝鮮儒者提出己說的模式。李退溪持「四端是理之發」之見解。另一方面，朱熹的文句多說「氣之發」，幾乎未提到「理之發」。也就是說，李退溪不是因為朱熹的文句，所以產生四端是理之發的想法。而是，某日偶然在《朱子語類》中發現的「四端是理之發」之句，才開始主張自己的見解和朱熹相同。他使用了以朱熹之言作為己說之證的方法。

47　李滉，《退溪集》卷16〈答奇明彥論四端七情第二書〉（首爾：民族文化推進會，《韓國文集叢刊》第29冊，1988），頁415。明彥為奇大升（1527-1572）之字。他和李退溪透過書信進行關於四端七情的論辯。

　　又，李退溪和奇大升之間的學術議論也能看見此種方法。
對於《大學章句》「物格者，物理之極處無不到也」之句，李
退溪認為「無不到」的主語是「我」，解釋此句為「我到
理」。奇大升則是將主語視為「理」，解釋成「理到我」。奇大
升列舉朱熹著作其他數處，對李退溪進行說服，如下：

　　　物格，戊申封事，理到之言。[48] 發微不可見條下。通書
　　註。隨其所寓。理無不到。大學或問註。無一毫不到處。
　　以此等言句，反覆永之，則理諧（欲？）其極及極處無不
　　到者，如鄙意釋之，固無不可也。[49]

　　朱熹在許多著作中，如奇大升的解釋般，提到「物理之極
處『到』」的說法。讀到這些證據的李退溪第一次承認了自己
的錯誤。但是他強調，自己之所以會做「『到』物理之極處」
的解釋，是因為堅信朱熹理無情意、無計度之說。他的說法如
下：

　　　物格與物理之極處無不到之說，謹聞命矣。前此滉所以
　　堅執誤說者，只知守朱子理無情意，無計度，無造作之
　　說，以為我可以窮到物理之極處，理豈能自至於極處。故

───────────────

48　朱熹，前揭《晦庵先生朱文公文集》卷11〈戊申封事〉。
49　奇大升，《高峰集》卷3〈答退溪先生問目〉（首爾：民族文化推進會，《韓
　　國文集叢刊》第40冊，1988），頁130。

硬把物格之格，無不到之到，皆作己格己到看。往在都
中，雖蒙提論理到之說，亦嘗反復紬思，猶未解惑。近金
而精傳示左右所考出朱先生語及理到處三四條，然後乃始
恐怕己見之差誤。[50]

朝鮮朝的學術界不使用「僅就創造性來主張己說之妥當」
的方法。僅僅主張自己的新想法更符合道理，是無法說服討論
對象的。須以論證某說是朱熹的定論作為開頭，才具有說服
力。就連對於儒者的稱讚也是如此，如果稱某人完全基於朱子
之說，那就是真正的稱讚。例如，李玄逸（1627-1704）的年
譜，採用以「先生嘗言，吾於是時，喜讀朱子大全，覺有無限
意味云。中年以後述作論議根柢於此」[51]來「稱讚」他。

作為出發點的朱熹注釋

如同前述，朴世堂和尹鑴因為過度強調己說而「不謙虛」
的這一點，不只受到政敵，甚至也受親友的嚴厲忠告。另一方
面，儘管趙翼和他們一樣改了朱熹之注，其「謙虛」卻被視為
模範。又，現代對於朴世堂注釋的評價是「從當時來看，是找
不到類似例子的新解釋。他做經典解釋時，並未偏好任何既存

---

50 李滉，前揭《退溪集》卷18〈答奇明彥〉別紙，頁466。

51 李玄逸，《葛庵集》附錄卷1〈年譜〉（首爾：民族文化推進會，《韓國文集
　　叢刊》第128冊，1994），頁510。

觀念」。[52]

　　趙翼的「謙虛」和朴世堂的「不謙虛」、「沒有類似例子
的新穎」，這樣的差別從何而來？以下，擬從朴世堂和趙翼對
經典的同一處所做的注釋，來考察他們用詞的具體差異。

　　首先是《孟子·公孫丑上》浩然章「其為氣也，配義與
道。無是，餒也。」之注。

　　朱熹的解釋是：「言人能養成此氣，則其氣合乎道義而為
之助，使其行之勇決，無所疑憚。若無此氣，則其一時所為雖
未必不出於道義，然其體有所不充，則亦不免於疑懼，而不足
以有為矣。」[53]他認為「無是，餒也」的「是」指的是氣。但
是，孟子所言必須「配義與道」的主體是氣，如果「無是」的
「是」也是氣的話，前後語意的連結會變得很不自然。如果說
「氣和義與道相伴」的話，「因此，如果沒有義與道，氣（或者
是全體之體）會缺乏且萎縮」，這樣的解釋毋寧較為自然。

　　對於此處的不自然，朱熹的好友呂祖儉（？-1196）對他
提出異議。以下是朱熹書信中紀錄的呂祖儉主張：

　　　　（引用者注：呂祖儉）曰道義本存乎血氣，但無道義則
　　　　此氣便餒而止為血氣之私，故必配義與道然後，能浩然而
　　　　無餒乎。（語勢不順，添字太多，不知有何憑據見得如

52　尹絲淳，前揭〈西溪全書解題〉。

53　朱熹，《孟子集注》公孫丑上（《四書章句集注》，北京：中華書局，
　　1983），頁231-232。

此。）……如來喻，以是為指道義而言，若無此道義，即氣為之餒，則孟子於此亦當別下數語，以盡此意之曲折。[54]

換句話說，呂祖儉主張「無是，餒也」應該解釋成「如果沒有道義，則氣將會萎縮」。但是，朱熹再次反駁如下：

孟子之意不過曰此氣能配道義，若無此氣，則其體有不充而餒然耳。此其賓主向背條理分合，略無可疑。……若反諸身而驗之，則氣主乎身者也，道義主乎心者也，氣形而下者也，道義形而上者也，雖其分之不同，然非謂氣在身中而道義在皮外也。[55]

朱熹將氣當作主乎身之形而下者，將道義當作主乎心之形而上者。並且不認為養氣是最重要之事，將它解釋成施行道義的補助手段，是繼承自程頤的想法。程頤主張，因為求道的關鍵在於養心，所以養氣之際也必須以心為主宰者，不能只專念於養氣：

胎息之說，謂之愈疾則可，謂之道則與聖人之學不干事，聖人未嘗說著。若言神住則氣住，則是浮屠入定之

---

54 朱熹，前揭《晦庵先生朱文公文集》卷48〈答呂子約〉，頁2224。呂祖儉字子約，號大愚。

55 同上，卷48〈答呂子約〉，頁2223-2224。

法。雖謂養氣猶是第二節事，亦須以心為主，其心欲慈惠安（一作虛）。靜故於道為有助，亦不然。孟子說浩然之氣，又不如此。今若言存心養氣，只是專為此氣，又所為者小。舍大務小，舍本趨末，又濟甚事。今言有助於道者，只為奈何心不下。故要得寂湛而已，又不似釋氏攝心之術。56

回歸朴世堂，他對於朱熹所做「氣補助道義，不能讓它萎縮」的解釋，有如下批判，並且將其修改成「道義補助氣」。他指出，朱熹的解釋若從《孟子》經文的「氣，體之充也」的內容來看，並不妥當：

所謂是者，即指義與道而言，……朱子以無是之是，為指氣而言。……愚於此竊有所大疑者，……註言不足於心而體有不充，殆近於舍氣而言體，殊異乎孟子氣體之充也之云，不知若此其可乎，愚則以為塞乎天地，所塞者氣也，無是而餒，所餒者氣也，集義所生，即氣之生也，不慊而餒，即氣之餒也，皆所以反覆出入，以明夫養之之善與不善而氣有能浩然與不能之故耳，非有餘義支說兼陳於其間如此，而讀是書味其意則當易知而不眩矣。57

---

56 程顥、程頤《二程遺書》卷2下二〈先生語〉二下〈附東見錄後〉（上海：上海古籍出版社，2000），頁101。
57 朴世堂，前揭《西溪全書》下《孟子思辨錄・公孫丑上》。

另一方面，對於此處，趙翼如同朴世堂，以道義補助氣的意思做解釋。但是他不像朴世堂明確地對朱熹注釋表現出強烈懷疑。如下文，他完全未表現自己和朱熹注釋的不同：

> 言此氣與道義相合而存也。此氣不能獨存，必道義有乃有，即與道義合而存也。道義直也，惟道義有乃有，故其養必以直也。惟其與道義並存，故道義無則亦無，即是無是餒也，此餒字甚好。如人待食而生，無食則餒。此氣之待道義而有，亦然也。……今此所說配義與道，無是餒也之意，與集注異。然以上下文義推之，則竊恐如此看亦通。[58]

朴世堂詳細地說明氣和道義的關係後，表示如果能夠理解這樣的關係，孟子之文便容易明白，接著隱約暗示「朱熹連這樣的事情都不明白」，來為己說作結。另一方面，和朴世堂持同樣見解的趙翼，比起強調自己和朱熹的相異點，反倒說：儘管和《集注》的內容不同，但是我這般讀或許也通。即表述，朱熹的注釋是正確的，但是像自己這樣的解釋似乎也沒有問題。

朱熹注釋將經文的「是」當作「氣」，而趙翼和朴世堂則當作「道義」。如果前者正確的話，後者必定有錯。因此朴世堂說朱熹的解釋和《孟子》經文「內容殊異」，並提出己說。但是，趙翼卻說「如同我的見解般來看可能也通」。

---

58 趙翼，前揭《浦渚先生遺書》卷6〈孟子淺說〉，頁215。

　　前者會被看作是批判朱熹的學說，後者則可以看成是「儘管有些不同，但是差別不大，雙方都是可能的解釋」。朴世堂和趙翼在內容上說的是同一件事，然而與趙翼不同的是，朴世堂注釋對朱注的批判性直接流露於表面。或許這就是朴世堂之所以一直被認為是「沒有類似例子的新穎」之理由。然而，比起「經書注釋上的新穎」，這不如說是「不拘於朱熹說之權威的表述方法」。

　　其次，再舉一個例子。

　　《孟子・萬章上》舜往於田章[59]的「父母之不我愛，於我何哉」，對於「於我何哉」的解釋。朱熹《集注》說：

　　　於我何哉，自責不知己有何罪耳。非怨父母也。[60]

　　朱熹對於「於我何哉」的解釋是，不知道自己犯了什麼錯而責備自己，舜因為不知道為何被父親憎恨而嚎泣。責備己身之解，比起朱熹的創見，更近於他對古注的繼承。朴世堂認為，此處不像朱熹所解釋般，表現了舜的想法，僅只是對於經

59《孟子・萬章上》：「萬章問曰，舜往於田，號泣於旻天。何為其號泣也。孟子曰，怨慕也。萬章曰，父母愛之，喜而不忘，父母惡之，勞而不怨。然則舜怨乎。曰，長息問於公明高曰，舜往於田，則吾既得聞命矣。號泣於旻天於父母，則吾不知也。公明高曰，是非爾所知也。夫公明高以孝子之心，為不若是恝。我竭力耕田，共為子職而已矣。父母之不我愛，於我何哉。」

60 朱熹，前揭《孟子集注・萬章章句上》。

文中「恝然」一詞的說明。朴世堂寫道：

> 嘗聞趙相國，又論此云自我竭力耕田至於我何哉，皆恝
> 義。此言亦是。蓋既曰不若是恝，則須見其所以為恝者如
> 何方得。且如註所云，是為其身則能竭力耕田恭為子職而
> 已。責己塞而無復加矣。但不知父母之不見愛，以我有何
> 罪而然云爾，則不可謂非怨父母，恐其失不止於恝而已。
> 夫善則自與，罪則不知，雖非舜之大孝，豈至是哉。孟子
> 釋公明高之意，以為孝子之心，未嘗恝然於父母，自謂我
> 但竭力耕田恭為子職以盡吾責而已，若夫父母之不我愛
> 者，則在我亦無如之何云爾。其心之恝若是，則是不孝之
> 大者。故舜之所以號天號父母而不知自止者，良以此也。[61]

朴世堂認為，如同朱熹解釋般認為「我不知道自己有何過
錯」是大不孝，舜不可能這麼想。他所參照的趙翼見解如下：

> 公明高以為孝子之心必不恝然而謂我但盡吾職而已，父
> 母之不我愛，於我何害乎。此正恝然之語，如是則不怨
> 矣。惟其不恝然而如是，故號泣而怨也。蓋父母惡之，勞
> 而不怨，乃事親之常道也。若父母之於舜至於欲殺之，則
> 實罔極之變也。孝子之心，豈宜恝然而無憂親之過，大而
> 無怨，是愈疏也，然則舜之怨，其天理人情之所不容己者

---

61 朴世堂，《西溪全書》下，前揭《孟子思辨錄・萬章上》。

手。然其所謂怨，乃言其憂悶切迫之情爾，非若常人忿恨
之謂也，集注謂怨己之不得其親是也。集注云於我何哉，
自責不知己有何罪耳。竊以文勢語脈推之，我竭力耕田以
下，似或恝然之語，恐如是解之亦可也。[62]

　　趙翼的見解和朴世堂相同，但是屢屢使用「竊」、「或」、
「恐」等詞。不指出朱熹的錯誤，反倒引用朱熹「怨己之不得
於親」的注釋，與自說並行，使後者看起來好像立基於前者。
此外，元代的金履祥（1232-1303）也在《孟子集注攷證》
中，做了相同的解釋。[63]
　　若單看前述朴世堂和趙翼注釋的表面，可以理解前者為何
被認為表現出批判朱子學之意識。但是，後者的例子不禁讓人
懷疑，許多朝鮮儒者的注釋過去被認為是跟從朱子學，難道不
需要對他們進行更進一步的考察？若要了解朝鮮之經書解釋的
意義，就需要不過度執著其措辭表現，並考察它從作為出發點
的朱熹注釋，如何向前邁進。同時，也需要詳細分析其內容。

62　趙翼，前揭《浦渚先生遺書》卷7《孟子淺說》，頁255。

63　金履祥《孟子集注攷證》卷5，〈萬章上〉（中華書局《叢書集成初編》第
　　498冊，1991），頁45：「恝無情之貌。我竭力耕田共為子職而已矣，父母
　　之不我愛，於我何哉，此四句即是恝也。蓋長息之意，正為舜往於田，竭
　　力以共子職足矣，而號泣於旻天於父母，此意則吾不知，蓋謂何必如此號
　　泣也。孟子推公明高答之之意，則謂孝子之心，却不如此恝然，曰我但竭
　　力耕田，共為子職而已矣，至若父母之不我愛於我何如哉，蓋自謂無罪而
　　不復憂也，此所謂恝也。若孝子之心則不若是。」

第三節　如何定義新解釋

尹鑴之「精意感通」

　　尹鑴對於《大學》「格物」的解釋是「今按格，精意感通之謂」。[64] 此處解為「感通」，被視作從正面批判朱子學解釋，因此備受矚目。

　　先行研究曾提出如下觀點，稱：「感通」一詞如同進行祭祀、與神明相通般，帶有通於神明的意思，所以尹鑴的解釋被認為是，明白反對朱熹將「格」作「至」解釋。[65] 尚且，尹鑴的格物解釋不只有對外部事物的理智思辨，還將心的忠實作用包含在內，是存心養性的修養。他通過《大學》的解釋強調實踐主體之自覺。[66] 接著，尹鑴的解釋被認為與陽明學對朱熹的批判同調，即指出朱熹的格物致知解釋傾向主知，知與行有所乖離。他將窮理和明善視為格物的方法，作為包含窮理和涵養、尊德性和道問學的解釋，與朱子學的主知格物說有著明確的不同。[67] 他將格物作為內部感通來解釋，也被認為完全不同於朱熹

64　尹鑴，前揭《白湖全書》卷37〈讀書記〉大學，大學古本別錄，頁1502。

65　劉英姬，〈白湖尹鑴思想研究〉（首爾：高麗大學博士學位論文，1993），頁49。

66　安秉杰，〈白湖尹鑴的實踐性經學與其社會政治觀〉，《朝鮮後期經學的展開與其特性》（首爾：成均館大學出版部，1998），頁14。

67　琴章泰，〈白湖尹鑴的性理說與經學〉，《朝鮮後期的儒學思想》（首爾：不咸文化社，1998），頁107。

的解釋。[68]再者，尹鑴對於感通的想法，不是像朱熹那般的符合理性的解釋，而是以心感受的（情感性）解釋，從這一點來看，可知它與過去的格物解釋不同，應該發展自陽明學派的解釋，或是包含了陽明學的思惟。[69]

的確，尹鑴在格物解釋中使用「精意感通」之詞，在探究事物之理的意思之外，又加上盡心且精密地努力的意思。多數的先行研究成功地掌握尹鑴解釋的特徵。但是，此注釋真的「明確反對」朱熹的格物解釋？甚至「完全不同於朱熹的解釋」嗎？

尹鑴的格物解釋，是以認可朱熹的理論、概念為前提，以極盡誠意求取格物的態度，所做的更具分析性的解釋。從此注釋之何處可以發現「反對」，或是「完全不同」的「意義」？此種「意義」，與其說是分析尹鑴注釋後所得到的結果，不如說是，將念頭置於以「斯文亂賊」為名遭賜死的尹鑴的個人史，所產生的結果。更甚者，它還是自殖民地時代就開始的，致力於找出「近代精神」之問題意識的運作結果。

作為主要根據，尹鑴強調，經文的用詞不是「至物」而是

---

68 金吉洛，〈白湖尹鑴哲學思想的陸王學照明〉，《儒教思想研究》第10號（首爾：韓國儒教學會，1998），頁199。

69 宋錫準，〈韓國陽明學初期展開樣相──以尹鑴及朴世堂《大學》解釋為中心〉，《東西哲學研究》第13號（首爾：韓國東西哲學會，1996），頁14；〈朱子學批判論者們的經典解釋──以《大學》解釋為中心〉，《東洋哲學研究》第22號（首爾：東洋哲學研究會，2000），頁187-188；李昤昊，〈從《讀書記》、《大學》看白湖尹鑴經學思想〉，頁246。

「格物」。一般來說，若解釋成事物之理抵達自己，將無法完整捕捉「格」字之義（即經文之義）。也就是，應該更加注意「格」字被使用的理由。他解釋，對於事物之理的認識，並非自然可得，而是透過如同祭祀中努力感格神明般的竭盡全力，才能得到。而「格」字正代表這樣的意思。因此，如果將「感通」視為與內在的自然情感相關，就會與尹鑴注釋的本意相反。關於「格」字，尹鑴說：

> 朱子曰格至也。窮至事物之理也。今按格，精意感通之謂，從上文學字而來。學問之始，誠敬之力思辨之功，使物理感通於心。如齋祀之格於神明也。故謂之格。詩之昭格[70]曰奏格[71]，書之格於文祖[72]於上帝，[73]易之王格有家[74]有

---

70 對於《詩經・大雅・雲漢》的「瞻卬昊天，有嘒其星。大夫君子，昭假無蒙」中「昭假」的假，朱熹《詩集傳》言「音格」及「假，至也」。尹鑴從朱熹注，將「昭假」寫作「昭格」。

71 對於《詩經・商頌・烈祖》「鬷假無言，時靡有爭。」的鬷假，朱熹《詩經集傳》言「鬷，中庸作奏。今從之」及「假，音格」。尹鑴從朱熹注，將「鬷假」寫作「奏格」。

72 《書經・虞書・舜典》：「月正元日，舜格於文祖。」

73 《書經・周書・君奭》：「在太戊，時則有若伊陟臣扈，格於上帝，巫咸乂王家。」

74 對於《周易》家人卦九五「王假有家，勿恤，吉」，朱熹《周易本義》（《朱子全書》第1冊，上海：上海古籍出版社；合肥〔安徽〕：安徽教育出版社，2001，頁64）言「假，至也。如假於太廟之假」。尹鑴從朱熹注標記。程頤《易傳》言「假，至也。極乎儒家之道也」，異於《周易本義》。「王格有廟」同為如此。

廟，75 皆誠敬感通之義也。物者，明德新民之事也。承上文物有本末而言。言在不言先者，物格於彼而知達於此也。孟子云盡其心者，知其性也，知性者，物格之謂，盡心者知至之謂，非有二事也。76

　　右格致之方，作聖之事。……格者誠至而通也。物者，明德新民之事也。77

「精意感通」是，努力到極限後，終於理解事物之理的過程。像是在祭祀中，盡誠心誠意後，感動神靈，終於能夠與其相通的過程。此處的「感」並非自然而然的感覺，而是盡力之後終於能夠達成之感應。

「感通」來自於《周易・繫辭傳》的「寂然不動，感而遂通」。因為尹鑴注釋的緣故，此文曾被認為表現出「感情性的」意思。78 但是，若考察歷代《周易》注釋，便知〈繫辭傳〉內容並不帶有「感情性的」意思。

〈繫辭傳〉言：「易無思也，無為也，寂然不動，感而遂通

---

75 《周易・萃卦》：「萃，亨，王假有廟。」
76 尹鑴，前揭《白湖全書》卷37〈讀書記〉大學，大學古本別錄，頁1502。
77 同上，卷37〈讀書記〉大學、大學後說、格物致知之方，頁1525。
78 宋錫準，〈韓國陽明學初期展開樣相──以尹鑴及朴世堂《大學》解釋為中心〉，頁14。金昇泳，〈十七世紀格物致知論分析──以金長生、鄭經世、尹鑴為中心〉，《東西哲學研究》第36號（首爾：韓國東西哲學會，2005），頁332。以上等文皆提到「感通」的典故出自〈繫辭傳〉，卻都只從表面注意「感通」，而未深入分析〈繫辭傳〉的內容。

天下之故。非天下之至神，其孰能與於此。」[79]歷代《周易》注釋的解釋是，就算不作為也能對應全部事物的易道之神妙，[80]沒有一個注釋以「感情性的」意思進行說明。因此，就算「感通」出自〈繫辭傳〉，也無法做為證據，將尹鑴的「感通」解釋成「自然而然地感覺並相通的感情性解釋」。

〈繫辭傳〉「寂然不動，感而遂通」之「感」，指不作為。與此相對，尹鑴之「感通」，指精密地努力之後終於通於理。〈繫辭傳〉之「寂然不動，感而遂通」和尹鑴之「感通」在結果上都是「終於相通」，但是如何達到相通的具體過程不一樣。若從實際意思思考，尹鑴注和〈繫辭傳〉內容儘管言詞相似，兩者之間卻沒有很強的關聯。因此，尹鑴列舉了《詩》、《書》、《易》中「格」的用例，卻完全沒有提及〈繫辭傳〉。

又，尹鑴的注釋從經文的文脈提出「格」和「物」的意思。之所以將「格」與「極盡努力」的語意連結，因為它與「大學之道」的「學」相關，是開始學問之際的努力。尹鑴也指出，經文提到大學之道在「明德新民」，所以格物的「物」指的應該是「明德新民」。

再者，經文從「古之欲明明德於天下者，先治其國」到「欲誠其意者，先致其知」，都使用了「先」字。但是，只有「致知在格物」使用「在」字，這是因為如果能夠格物，便能

---

79 《周易》繫辭上。

80 例如，王弼《周易注》卷4及韓伯《周易注》卷7，提及「至神者寂然而無不應斯」，孔穎達《周易注疏》卷11就韓注寫道：「以無思無為，寂然不動感而遂通，故不須急疾而事速成，不須行動而理自至也。」

立刻明己之知。尹鑴引用《孟子集注》，主張「知性」和「盡心」的關係與《大學》的「物格」和「知至」的關係相同。並說明，這是經文只在此處用「在」字的理由。

尹鑴此注釋屢屢被認為強調陽明學的「知行合一」說。或者被視作，將「格物」和「致知」等同視之的重視實踐的思想、實學思想。有些人因此產生「尹鑴欲顛覆朱熹注釋」的結論。然而，事實上，尹鑴注釋由《集注》的解釋發展而成。儘管如此，從《集注》[81]而來的尹鑴注釋，卻仍被視作批判朱子的朝鮮後期實學思想之萌芽。

由於經文的「致知在格物」使用了「在」字，朱熹將它與其他條目的「先」字區別說明。王守仁則在格物、致知、誠意、正心、修身中，將物、知、意、心、身視為一物，格、致、誠、正、修視為一事，未明確區分「先」和「在」的意思。這是和朱熹解釋大不相同之處。宋時烈的徒孫韓元震，如下批判王守仁的解釋：

> 又曰，身心意知物，只是一物。格致誠正修，只是一事。故曰，欲修其身者，必在於正心。欲正其心者，必就其意念所發而正之。欲誠其意，必在於致知。致知必在於格物。[82]格物致知，果是一事。格物之外，更無致知之事。

---

81 不只《集注》，經學史上許多注釋，包含尹鑴和朴世堂，皆言及「致知在格物」的「在」字，在此僅說明「在」字之所以被使用的理由。

82 此處引用的文章簡化自原文。原文參照吳光等編校，王守仁，《王陽明全集》下冊卷26〈續編一〉、〈大學問〉（上海古籍出版社，1992），頁971。

故大學曰，致知在格物。其他條目，各是一事，各致其
功，而特其工夫，相資而相因，故曰欲如此，先如此，又
曰，如此而後如此，先後二字，可見其工夫之各致，而亦
見其相資而相因也。如陽明說，則當曰修身在正心，正心
在誠意，誠意在致知，如言致知之在格物。今不如是，則
亦知其不如是矣。[83]

　　尹鑴對「致知在格物」的解釋，與韓元震的解釋如出一轍。
　　尹鑴和韓元震對「致知在格物」做了同樣注釋，且皆發展
自朱熹注釋。從韓元震的論證中可以看出對王守仁之說的批
判。而尹鑴的解釋則被視為是陽明學式的或反朱子學的注釋。
換言之，從朱熹注釋引用的文句被分析成反朱子學的觀點，而
同於批判王守仁之說的內容則被說成陽明學式的注釋。
　　注釋者將「致知」和「格物」解釋成一件事而非兩件事，
是為了說明經文「致知在格物」的「在」字。但是，若將「可
以看出反朱子學思想」置於念頭，就會忽略注釋者只是解釋經
文之「在」字的事實。因此，許多研究者將該注釋者的思想，
與他解釋「致知」和「格物」為一事之論點間的聯繫切斷，判
斷他「受到陽明學的影響」，並忽視他大量引用朱熹說法的事
實。
　　尹鑴從經文的文脈及其他經書的「格」字用例說明「至」
與「格」之差，主張應該以「格」字的正確意思解釋經文。闡

83 韓元震，前揭《南塘集》卷27〈王陽明集辨〉，頁89。

明這個字的意思後，努力從細微處探究格物之義。可以說他繼承《集注》的格物解釋後，又加深理論的精密度。從「格」字開啟的這個新解釋，展現了緊隨經文進行解釋的朝鮮經學的精密度，同時，它在《大學》注釋史中也是有意義的解釋。並且，它在朝鮮朝的格物解釋史中還能夠解決圍繞朱熹格物解釋的「極處無不到也」[84]的重重爭論[85]（參照本章第二節，李退溪和奇大升的討論）。

朴世堂之「初學入德之門」

　　朴世堂以《大學》是「初學入德之門」為前提，提出「朱熹的格物說與『初學入德之門』的《大學》趣旨相背」，展開己說。此種在朝鮮朝儒者中十分少見的說話方式，被看作是勇敢挑戰朱子學權威之具有「近代性」的態度，受到極大的注目。

　　其次，朴世堂的格物致知注釋被稱為「否定了朱熹的深奧

---

84 朱熹，前揭《大學章句》：「窮至事物之理，欲其極處無不到也。」

85 對於朱熹的這個注釋，李退溪最初以「（我）無不到物理之極處」解釋，晚年則修正為「理自到」，即「物理到我」。對此，金炯瓚指出：「將一般表示空間移動的『到』字，作為理的述語使用，不免產生對於『理』概念之討論。」（參照金炯瓚，〈朝鮮儒學中「理」概念展現的宗教性格之研究──從退溪的理發到茶山的上帝〉，《哲學研究》第39號〔首爾：高麗大學哲學研究所，2010〕，頁79-82）。尹鑴的「感通」說不限於「物理到我」或「我到物理」，而能說明物理與我相通，被認為是解決前輩學者間討論之混亂的方法。

格物解釋」、「重視經驗」、「將比重放在現實的實踐」。[86]更進一步被認為是，綜合了朱熹格物說和王守仁致良知說，知行合一的見解。[87]

以下是朴世堂「格物致知」注釋的一部分：

即末而探其本，由終而原其始，則所先可見矣，求以至曰致。格，則也，正也，有物必有則。物之有格，所以求其則而期得乎正也。

蓋言欲使吾之知，能至乎是事之所當而處之無不盡，則其要唯在乎尋索是物之則而得其正也，不言欲致知先格物，而曰致知在格物者，格物，所以致知，其事一故也。○注，訓格為至，訓物為事，皆恐未當。格雖有以至為義者，但若於格物而謂格為至，則至物云者，便不成語，若易為至事，理亦不顯，終未見其得。[88]

朴世堂主張，朱熹將「格」解釋為「至」不正確，並提出以「則」、「正」之義取代「至」。朴世堂將格物視為考察物之則，繼承自朱熹的格物解釋。但是他和朱熹的不同在於，如何

---

86 安秉杰，前揭〈西溪朴世堂的獨特經傳解釋和現實認識〉，頁288；金容欽〈朝鮮後期老、少論分黨的思想基盤——以對於朴世堂《思辨錄》的是非論為中心〉，《學林》第17號（首爾：延世大學史學研究會，1996）。

87 宋錫準，前揭〈韓國陽明學初期展開樣相——以尹鑴及朴世堂《大學》解釋為中心〉，頁21-22。

88 朴世堂，前揭《西溪全書》下《大學思辨錄》。

想定格物之盡處。朱熹將「格」讀成「至」，認為要積累對一個一個事物之理的探究，終於「至（到達）」豁然貫通之處，即以最高階段為目標。只是，從朱熹的話來看，與其說格物皆為如此，不如說為了抵達最高階段的一個又一個努力本身是格物。朴世堂認為「格」雖然帶有「至」的意思，但是格物之「格」不適用該義。他活用「則」和「正」的意思作為解釋。也就是，格物不是「至」最高的階段，反倒被他限定在對於一個個物之則的考察上。現代研究者認為他的「蓋言欲使吾之知，能至乎是事之所當而處之無不盡，則其要唯在乎尋索是物之則而得其正也」之「能至乎是事之所當而處之無不盡」一句蘊含「重視實踐」的實學思想。但是，基於以下理由，此說法是否妥當尚有疑義。

　　朴世堂注釋中，「能致乎」指的是格物的目的，而非格物本身的意義。從經學史上來看，包含朱熹在內，格物的目的一直被認為是為了從事正確的行為，沒有人主張它單純以知識探究為目的。如果從實踐的面向觀看此注釋，將無法真正捕捉其意。朴世堂限制了格物的階段，並主張格物的階段不包含到達極致和豁然貫通的部分。即，他從朱熹的格物解釋中把「豁然貫通」的部分分離，限定在初學者考察事物的範圍。

　　又，朴世堂指出，《大學》中特別強調從「物格」到「天下平」的順序和序列，如果無視這個順序，便無法正確理解本旨。接著，對於「物格而後知至，知至而後意誠，意誠而後心正，心正而後身修。身修而後家齊，家齊而後國治，國治而後天下平」，他如下注釋，敘述本末終始的重要性：

　　本立，末斯生，始得，終乃成，則所後，可見矣，得所
致曰至。求物之則而得其正，然後吾之知，能至乎事之所
當而可以無所疑矣。知事之所當而無所疑然後，意乃得以
誠。蓋事者，所以理夫物也。知以辨事之宜，意以行事之
實，未有物不得其則而知當乎辨，知不當其辨而意誠於行
者也。此兩節，反覆詳言本末始之次第，欲使學者知其先
後之辨，而於明德新民之功，循循漸進，無躐等凌節之失
矣。[89]

　　朴世堂主張，「物格而後知至……國治而後天下平」之經
文強調格物、致知、誠意等各條目應該按照順序進行。此非朴
世堂獨創的解釋，過去有許多注釋者認為從物格到天下平是決
定好的順序，應該嚴格遵守該順序。此種解釋是將經文的「而
後」置於念頭中產生的。朱熹的注釋沒有例外地也注重此順
序。如同前面舉例，韓元震從朱子學的立場，批評陽明學疏忽
了此順序。因此，上面引用的朴世堂注釋實際上並沒有批判朱
熹注釋。

　　這麼一來，從朴世堂「求物之則而得其正」的注釋，可以
看出強調「行」的思想以及不同於朱子學主知解釋的「實學思
想」，此種說法並不妥當。朴世堂的意圖在於，強調清楚辨別
物之則的重要性。他認為若欲有所行動，首先不能沒有正確的
認識。上面引文之「未有物不得其則而知當乎辨，知不當其辨

89 同上，頁4。

而意誠於行者也」便清楚地表達他的主張。

　　朴世堂認為，格物致知是初學者的第一階段，如同展開一
萬里旅程的第一步前的工夫，必須簡單明瞭地表現，使初學者
一步一步、一階段一階段地向前邁進。他如下說道：

> 　　注言物格者，物理之極處，無不到也，知至者，吾心之
> 所知，無不盡也，……況此大學，乃為初學入德之門，則
> 其所言，當有以益加親切，而今則不然，開口指說，以為
> 萬里初程投足一步之地者，乃在於聖人之極功，曾不開示
> 以切己易明之理，使曳一踵，謹躐一級，躐一級，又進一
> 級，既使無邈焉難及之歎，又使無躐越凌跨之失者，抑獨
> 何哉。[90]

　　此外，成為朴世堂《大學》解釋前提的「初學入德之
門」，來自朱熹《大學章句》開頭的「子程子曰，大學，孔氏
之遺書，而初學入德之門也」。朱熹所謂的「初學入德之
門」，乃指在此階段初學者會先知道遠大學問之大綱。而朴世
堂認為，朱熹格物說的一部分背離此前提。最初，將《大學》
視為「初學入德之門」的是程頤，朱熹在《大學章句》開頭引
用此句，表現出他對程頤的《大學》觀有所繼承。那麼，「初
學入德之門」具體為何？《二程遺書》中包含以下的內容：

　　初見先生問，初學如何。曰入德之門，無如大學。今之
學者賴有此一篇書存，其他莫如論孟。[91]

　　接著，朱熹使用「初學入德之門」作為《大學章句》引言
的理由，從《朱子語類》中可以找到：

　　大學語孟最是聖賢為人切要處。然語孟卻是隨事答問，
難見要領。唯大學，是曾子述孔子說古人為學之大方，門
人又傳述以明其旨，體統都具。玩味此書，知得古人為學
所鄉，讀語孟便易入。後面工夫雖多，而大體已立矣。[92]

　　朱熹說，熟讀《大學》之後，應該要讀《論語》、《孟
子》。《論語》、《孟子》的每一章各自獨立，即使理解前章也
未必一定能理解下一章。相對地，《大學》將古人為學方法整
理成一個體系，熟讀之後將不難理解。只是，朱熹所說的「初
學入德之門」不是單純指內容簡單易懂。下文能幫助我們做更
進一步的確認：

　　大學是為學綱目。先通大學，立定綱領，其他經皆雜說
在裡許。通得大學了，去看他經，方見得此是格物致知事，
此是正心誠意事，此是修身事，此是齊家治國平天下事。[93]

91　程顥、程頤，前揭《二程遺書》卷22〈伊川雜錄〉，頁332。
92　黎靖德編，前揭《朱子語類》卷13〈學七〉，頁412。
93　同上，卷14〈大學一〉，頁422。

　　《大學》是學問的綱目，所以先通過《大學》了解綱領後，再讀其他經書以充實大綱。也就是說，《大學》是在接下來要前往的遠大之道中，決定全體框架者。它不是初學者一定要讀過一次的入門書，而是奠定全體規模的書籍。[94]朱熹確實說《大學》比《論語》、《孟子》容易理解，理由不是因為主題較容易，而是因為它的敘述方法。因為《大學》的內容集中在同一個主題，從頭讀到尾便有可能掌握其核心。如果能把握構造，就能理解《論語》、《孟子》中記載的日常生活、與諸侯的對話等各自獨立的篇章與何項目有所關聯。

　　關於四書的難易度，朱熹雖然說過《中庸》內容深奧，後學不易理解。但是他並未認為《大學》、《論語》、《孟子》的閱讀順序由其內容之深淺決定。《大學》不但脈絡清晰，內容對學習者來說也十分必要，但是規模甚為龐大。《論語》、《孟子》則是，由於發問者和記錄者眾多，且以不同時間點上發生的多樣性故事為背景，其中包含對學習者來說不一定必要的內容。朱熹說：

　　　是書垂世立教之大典，通為天下後世而言者也。論孟應機接物之微言，或因一時一事而發者也。是以是書之規模雖大，然其首尾該備，而綱領可尋，節目分明，而工夫有序，無非切於學者之日用。論孟之為人雖切，然而問者非一人，記者非一手，或先後淺深之無序，或抑揚進退之不

齊，其間蓋有非初學日用之所及者。此程子所以先是書後論孟，蓋以其難易緩急言之，而非以聖人之言為有優劣也。至於中庸，則又聖門傳授極致之言，尤非後學之所易得而聞者。[95]

朱熹又說：「讀書如論孟是直說日用眼前事，文理無可疑。」[96]一般而言，很容易認為「在初級階段學習日常生活事務，在之後的階段思考遠大的事情」。但是，朱熹將《大學》規範為「初學入德之門」，認為初學者必須先學習《大學》的理由是，希望他們能夠先大概了解遠大之道。理由不是單純的「簡單」或「距離近」。因此，就算說格物致知的目標是究極的境地，也不會牴觸「初學入德之門」的意思。[97]並且，《論語》、《孟子》被放在《大學》後面的原因，也不是因為它們說明了遠離日常必要性的遠大道理。

朴世堂將格物致知描述為「萬里初程投足一步之地者」，即表示他並未反對朱熹「具備向遠大之道前進之基本」的想法。但是，儘管接受朱熹所定的「初學入德之門」的規範，朴世堂仍主張，在解釋格物的工夫時提出究極的境地，與《大

---

95 朱熹，《大學或問》，《朱子全書》第6冊（上海：上海古籍出版社，合肥：安徽教育出版社，2001）。

96 朱熹，前揭《晦庵先生朱文公文集》卷48〈答呂子約〉，頁2213。

97 對於朱熹將四書以《大學》、《論語》、《孟子》、《中庸》的順序排列，市川安司指出，「絕非只是難易的問題，還有內容上的考量」。參照《朱子哲學論考》（東京：汲古書院，1985），頁110。

學》「初學入德之門」之義不合。即，事實上，我們無法將朴世堂的批判視為過去所定義的「為了批判朱子學經書解釋之難解，從重視日常生活實踐的立場上，對格物進行再解釋」。

朴世堂的主張，最終只是批判「朱熹的《大學》注釋與他所提示的『初學入德之門』不相符」。因此，精通朱子學的尹拯與朴世堂進行討論時，批評他沒有真正理解朱熹的注釋。也就是，實際上無法從史料看出朴世堂是因為提倡危險的反朱子學說所以被批判。至少對熟悉朱熹著作的人來說，反對朴世堂的理由是因為他的格物說對朱熹之論述有所誤解，而難以同意。

從詳盡研究朱子學的十七世紀學術界的狀況來看，朴世堂的注釋未必一定有「學術史上的」進步性。然而，如同殖民地時代般，「不問內容」地解讀出「不屈於舊來權威，有著進步精神」，也未必一定不當。實際分析朴世堂的經書解釋，無法找到他欲顛覆朱熹注釋的意圖及結果。但是，提倡「部分朱子注釋不是經文的正確解釋」之態度，就如同他在十七世紀被指責不夠謙虛一般，在當時是十分罕見的態度。

將《大學》規範為「初學入德之門」，以及在格物解釋之理論本身，朴世堂與朱熹其實沒有太大差異。格物止於日常生活中可以實踐的範圍即可，思考在這之上的高遠之事並非聖人的教導等，並非朴世堂的想法。他一直將高遠的道作為前提，置於念頭中，並將格物視為它的一個階段。他認為，格物和一萬里旅程的第一步有著同樣意義。對他而言，「實現經典之道理」的重要出發點就是格物。朴世堂對「格物致知」的解釋，

強調為了能夠實踐，必須先明確知曉該事物。然而，他並非重視實踐和經驗勝過一切。

趙翼對於饒魯學說之接受

有些說法認為趙翼的經學受到陽明學影響。[98]此外，有些評價認為他的注釋出自對朱子學的批判意識，[99]同時也存在對於此種評價的批判。[100]這些議論時常聚焦在趙翼的《中庸》注釋之上。趙翼的《中庸私覽》被發現於2007年，書中大量引用饒魯之說的部分頗受矚目。饒魯，南宋人，號雙峰，以雙峰饒氏知曉於世。生卒年不詳，可知在理宗（1224-1264在位）、度宗（1264-1274在位）年間活動，是黃幹之弟子，即朱熹之徒孫。趙翼《中庸私覽》所大量引用的饒魯說，被認為來自《中庸章句大全》中的小注（《中庸章句大全》是將朱熹《中庸章句》

98　宋錫準，〈浦渚趙翼經學思想的哲學基盤——以性理說及陽明學式的特性為中心〉，《東洋哲學研究》第6號（首爾：東洋哲學研究會，1985）；〈浦渚趙翼先生的哲學思想——性理說及陽明學〉，《東方學》第4號（瑞山：韓瑞大學東洋古典研究所，1998）；〈朱子學批判論者們的經典解釋——以《大學》解釋為中心〉，《東洋哲學研究》第22號（首爾：東洋哲學研究會，2000）等。

99　張炳漢，〈浦渚趙翼《中庸私覽》之研究（一）——以中庸及費隱的解釋為中心〉，《漢文教育研究》第19號（首爾：漢文教育學會，2002）及〈蒲菹趙翼の《中庸私覽》の研究（二）——關於十七世紀初性理學式經學思惟的克服傾向〉。

100　韓正吉，〈檢討使浦渚趙翼與陽明學有關連的主張之妥當性〉，《韓國實學研究》第14號（首爾：韓國實學學會，2007）。

再加上小注編纂而成的注釋書）。就此點而言，《中庸私覽》被推論出帶有反朱子學的性質。

趙翼接受饒魯說之事，受到特別矚目的理由如下：

第一，基於饒魯本人的思想傾向。饒魯雖是朱熹徒孫，卻被認為是在經書解釋上提出異說的人物，而趙翼是在知道他「與朱熹見解不同」的狀況下，引用他的說法。趙翼曾說「饒魯之說與朱熹《章句》有不同之處」，並接著承認自己接受饒魯之說。

第二，因為趙翼所處的十七世紀，是韓國史上被賦予特殊意義的時代。這個時代，被認為在盲從朱子學之餘，也開始對朱子學思想產生懷疑。因此，沒有跟從朱子學的解釋，時常被認為具有批判朱子學之意識。基於同樣原因，趙翼接受饒魯說之舉，被解讀成他以批判朱子學為目標。

在朝鮮朝的經學史中，在趙翼以前，饒魯說就受到金長生等人批判。對此，現代研究者的解讀是：金長生等人的批判，出自於朱子學者對饒魯說中存在的反朱子性之批判，而趙翼則出於對朱子學的懷疑，大量接受饒魯之說。如此，現代研究者描繪了朱子學者方和朱子學懷疑論者方的對立架構。然而在此需要深入探究的是，在十七世紀時，饒魯之說的何種面向遭到批判？何種面向獲得接受？

如前述，饒魯師事黃幹，是朱熹的徒孫。胡炳文[101]（1250-

---

101 胡炳文是元代婺源考川人，字仲虎，號雲峰。祖父師夔、父斗元以及炳文，一家三代皆是易學名家，且皆求學於朱熹之門下。

1333）《四書通》凡例中寫道：「雙峰饒氏之說，於朱子大有發明，其閒有不相似者，輒辨一二以俟後之君子擇焉。」[102]《四書通》的注引用許多饒魯的說法，其中有單純引用的地方，也有引用後加以批判的地方。

　　《元史》胡炳文傳記載：「於朱熹所著四書用力尤深。餘干饒魯之學，本出於朱熹而其為說多與熹牴牾，炳文深正其非，作四書通。凡辭異而理同者，而一之。辭同而指異者，析而辯之。往往發其未盡之蘊。」[103]

　　從《四書通》凡例來看，胡炳文認同饒魯對朱子之說的貢獻，但是不知為何，《元史》中只強調饒魯牴觸朱熹處，給人以下印象：胡炳文只將饒魯說視為與朱熹相悖的說法且予以反駁。《元史》基於什麼資料而有上述記載？作為其出處的書籍無法確定，但是相似的記載出現在與胡炳文相關的多處文章中。推測應是原先有一篇如此記載的文章，該文章在後來又被重複引用。那一篇作為引用源頭的文章（或者是很接近引用源頭的文章），可能是汪幼鳳[104]的〈胡雲峰傳〉。[105]這篇傳記或許

---

102 胡炳文，《四書通》凡例，《文津閣四庫全書》第196冊（北京：商務印書館，2006），頁519。

103 宋濂等撰《元史》卷189〈列傳一〉（《四十四史》第18冊，北京：中華書局，1997），頁208。胡一桂（字庭芳）同為徽州郡人，因此其傳同在此處。

104 汪幼鳳生卒年不詳。趙汸（1319-1369，字子常。安徽休寧人）所著汪同傳（趙汸，《東山存稿》卷7〈資善大夫淮南等處行中書省左丞汪公傳〉；同〔明〕程敏政編，《明文衡》卷58〈汪同傳〉，同程敏政編，《新安文獻志》卷67〈汪左丞傳〉）記載，趙汸和汪幼鳳同時被推舉（「趙

是記載的源頭，後來不斷被引用。106

　　另一方面，《江南通志》等書卻有「饒魯是朱子的正統繼承者」、「〔某人〕因入饒魯之門，方得朱子之學」的評價，將饒魯視為師事朱熹高徒黃幹的朱子學者。107因此可知，「與朱熹學說多有牴觸」並非當時對饒魯的普遍看法。

　　沆學識高遠可為師表事宜咨，而後行汪幼鳳正直可為輔」），因此可以推測汪幼鳳和趙沆是同時代的人物。

105 程敏政輯撰，何慶善、于石點校《新安文獻志》卷71（《徽學研究資料輯刊》，合肥：黃山書社，2004），頁1741。汪幼鳳著，〈胡雲峰（炳文）傳〉：「胡雲峰炳文……於朱子所注四書用力尤深。餘干饒魯之學，本出於朱子而其為說多與朱子牴牾，炳文深正其非作四書通。凡辭異而理同者，合而一之。辭同而意殊者，析而辨之。往往發其未盡之蘊。」畫線部分與《元史》有異。此書被認為先於《元史》寫成。

106 例如，《江南通志》卷164〈人物志〉（《文津閣四庫全書》第511冊，北京：商務印書館，2006），頁727：「嘗為信州道一書院山長時，餘干饒魯之學，本出朱熹而說多牴牾，炳文深正其非作四書通，以發其未盡之蘊。」《續通志》卷552〈儒林傳〉：「餘干饒魯之學，本出於朱熹而其為說多與熹牴牾，炳文深正其非作四書通，往往發其未盡之蘊。」波浪線部分與其上下文連接顯得不自然，可以推測不是最初那篇作為源頭的文章。

107 《江西通志》卷88〈人物志〉（《文津閣四庫全集》第516冊，北京：商務印書館，2006），頁240：「吳中，字中行，樂平人。早慕伊洛之學，聞雙峰饒魯得考亭朱子正緒從之，遊體認精詳。」前揭《江南通志》卷164〈人物志〉，頁726。「程若庸字達原，休寧人。從饒魯游得朱子之學。」《四庫全書總目》卷21（元）陳澔《雲莊禮記集說》提要（台北：藝文印書館，1989），頁446：「南宋寶慶以後，朱子之學大行，而澔父大猷師饒魯，魯師黃幹，幹為朱子之婿，遂藉考亭之餘蔭，得獨列學官。」《雲莊禮記集說》即通稱之《禮記集說》。

　　饒魯的徒孫程鉅夫[108]（1249-1318）在饒魯文集的序文中
說：

> 理學至伊洛而大明，逮考亭而益精。學者家庋其書，歸
> 而求之有餘矣。而拘者束章句，虛者掠聲稱，專門戶以為
> 高，游辭說以為達，若存亡愚智交病。雙峰饒先生最晚出
> 徒，得從其高第弟子游。乃獨泳澤窮源抉根披枝，共派而
> 分流，異出而同歸。廓然煥然於此也。僕不肖少獲事徽庵
> 程先生知雙峰之學為詳。蓋二先生之志同，其通詣亦
> 同。[109]

　　根據上文，朱子學具有權威的時代，蔓延著只利用其權
威，墨守朱子之言的風氣。而饒魯雖然師事朱熹高徒黃幹，卻
未墨守其說，致力於探究、詳盡分析朱子學解釋的根源。不只
是單純地跟從，他還提出了異於朱熹的見解。總之，無論怎麼
看，饒魯都被歸類在朱子學的範圍內。

　　程鉅夫是饒魯之徒程若庸[110]的弟子。程若庸門下的另一個

---

108 元代程鉅夫初名文海，避武宗（名為海山）之諱，將字改為名。建昌人。
　　經學以程頤、朱熹傳注為主，文章上主張去除唐宋宿弊。文章典雅，有北
　　宋館閣餘風。《元史》卷172有傳。

109 程鉅夫，《雪樓集》卷14〈雙峰先生文集序〉（台北：臺灣商務印書館，
　　景印文淵閣《四庫全書》本，1983），頁182-183。

110 程若庸生卒年不詳。字達原，休寧人。師事饒魯得朱子之學。咸淳年間進
　　士。吳澄、程鉅夫等皆在其門下。朱熹門人程端蒙（字正思，德興人。淳
　　熙七年鄉貢補太學生）所著〈性理字訓〉原本有三十條，程若庸又增加六

弟子吳澄，其理學思想被認為蘊藏了陽明學的萌芽，從結果上
來說是從程朱理學過渡到陽明學的人物。[111] 但是，如果研究者
因此就推測饒魯學說已脫離朱子學，而程鉅夫也讚揚饒魯的此
種傾向，如此會是太過性急的結論。程鉅夫是，擔任中央官僚
時向仁宗建議經學以程朱之注為主，並使其貫徹的人物。[112] 他
以傳授朱子學自任。這樣的他，不可能會在饒魯文集的序文
中，讚美他偏離朱子學。

　　迄今仍未發現饒魯的傳世著作，只能從集成書中探索他的
思想傾向。在這樣的狀況下，要定位饒魯的思想並不容易。如
何分類饒魯思想？即使今日仍然見解不一。全祖望曾說：「雙
峰蓋亦不盡同於朱子者。」[113] 侯外盧也持同樣意見。[114] 兩人的意
見近於程鉅夫，而黃宗羲（1610-1695）的評價[115] 則近於汪幼
鳳和《元史》。

門一八三條，著成〈性理字訓講義〉。後來，朱升補上善字一字，成一八
　　四條。參照（明）楊士奇，《東里續集》卷17「小四書二集」項目，（明）
　　程敏政，《新安文獻志》卷24「朱升」〈書性理字訓後〉，（清）朱彝尊，
　　《經義考》卷280「朱氏（升）小四書」項目。

111 侯外盧、邱漢生、張豈之主編，《宋明理學史》上第2版（北京：人民出
　　版社，1984），頁748。

112 《資治通鑑後編》卷164，元仁宗皇慶二年十月：「甲辰，行科舉。帝使程
　　文海及李孟許師敬議其事。文海建言，經學當主程頤朱熹傳注，文章宜革
　　唐宋宿獘，於是命文海草詔行之。」

113 黃宗羲原著，全祖望補修，陳金生、梁運華點校，《宋元學案》第4冊，
　　重印（中華書局，2007），頁2812。

114 侯外盧、邱漢生、張豈之主編，前揭《宋明理學史》，頁731。

115 同上，頁731。

　　無論如何，直接將「趙翼從《四書大全》的諸多說法中大量採用饒魯之說」一事等同於他具有反朱子學傾向，明顯有所不當。因為，首先，饒魯非專門反對朱熹者。其次，《大全》的小注基本上不是用來反對朱熹的注釋，而是使人能夠理解朱熹之注所以被收錄的見解。因此，要問的是，趙翼從饒魯說中採用了什麼？當時的儒者批判或接受饒魯之說的實際內容又是什麼？

　　首先，讓我們確認金長生《經書辨疑》中對饒魯說的批判。在《經書辨疑》中所言及有關饒魯《中庸》注釋之處，經整理有如下表一：

表一　金長生《經書辨疑》

	章	主要內容
一	讀法[116]	饒魯言：「理會得大學透徹，則學不差。理會得中庸透徹，則道不差。」對此，李栗谷稱其「有過度分析之誤」，李退溪則基於朱熹書信內容，說：「學與道無法混同為一，饒氏之說正確。」
二	一章[117]	饒魯言：「子思云道也者，提起道字，見得下面莫見乎隱莫顯乎微，見與顯，皆是此道。」對

116　金長生，《沙溪先生文集》、《經書辨疑》（首爾：景仁文化社《韓國歷代文集叢書》第225冊，1999），頁137。表一整理的「主要內容」中，部分引用自《經書辨疑》，部分為原文之概括說明。表二・趙翼《中庸私覽》同為如此。

117　前揭金長生，《經書辨疑》，頁144。

		此，栗谷說：「隱與微中皆有邪有正，如何說皆是此道。」退溪說：「朱子及諸家之說皆以善惡之機微理解，饒說不妥。」但是，由於某人問「朱子也說『莫見乎隱，莫顯乎微』言道之至精至密」，[118]所以應對饒說善加考慮。
三	一章[119]	饒魯言：「大學只言慎獨，不言戒懼，初學之士且令於動處做工夫。」對此，栗谷說：「正心章言戒懼。」退溪說：「栗谷見解未妥。《大學》未言戒懼，何以強作此說。」
四	一章[120]	饒魯言：「首章論聖人傳道立教之原，君子涵養性情之要，以為一篇之綱領。」對此，栗谷說：「饒氏涵養之要之言，欠省察。」退溪說：「參照諸儒之說，饒氏之說沒有非處。」
五	二章[121]	饒魯言：「首章中和，是性情之德，而中庸之根本。中和以性情言，人心本然純粹之德也。中庸以事理言，天下當然之則，不可過，亦不可不及者也。二者，雖同此中理，而所指各異。故致中和者，則欲其戒懼慎獨以涵養乎性情，踐中庸者，則欲其擇善固執以求合乎事理。二者，內外交相養之道也。」對此，栗谷說：「中和與中庸，無分內外。」退溪說：「中和與中庸以理言，非為

---

118 黎靖德編，前揭《朱子語類》卷62〈中庸一〉，頁2034：「莫見乎隱，莫顯乎微，言道之至精至密者。」

119 金長生，前揭《經書辨疑》，頁144-145。

120 同上，頁149-150。

121 同上，頁150-151。

		二事。以就近者言，彼此有異。《章句》游氏[122]曰：『以性情言之，則曰中和，以德行言之，則曰中庸是也。』饒氏說為游氏之說敷衍而來。若不如此，則無法明《中庸》之旨。」 ○愚（金長生）案，《章句》言「中庸之中，實兼中和之義」，如何得分內與外。
六	四章[123]	饒魯言：「行不是說人去行道，是說道自流行於天下。明不是說人自知此道，是說道自著明於天下。」對此，栗谷說：「饒說有缺失，道之行不行、明不明，皆由人。」退溪說：「確如栗谷所言。唯此處之『不行』指道之不行，而非人不行道。此之『不明』指道之未明，非指人不明道。饒說精密妥當而不可非。」 ○愚（金長生）案，饒說果然可疑。
七	十章[124]	在「和而不流」[125]的小注中，饒魯言：「四者亦有次第，一件難似一件。中立不倚，難於和而不流。國有道不變塞，又難於上二者。國無道至死不變，即所謂遯世不見知而不悔，惟聖者能之。此是最難處。」對此，栗谷和退溪皆說饒氏將四者加上次第，有牽強附會之失。

---

122 游氏指游酢。他和謝良佐、呂大臨、楊時同被稱為程門四先生。

123 金長生，前揭《經書辨疑》，頁150-151。

124 同上，頁154。

125 《中庸》：「和而不流，強哉矯。中立而不倚，強哉矯。國有道，不變塞焉，強哉矯。國無道，至死不變，強哉矯。」

八	十一章[126]	在「依乎中庸」[127]的小注中，饒魯言：「既曰君子依乎中庸，又曰惟聖者能之，何也。蓋言君子之依乎中庸，未見其為難，遯世不見知而不悔，方是難處，故曰惟聖者能之。」但是，《章句》將兩者皆視為聖人之事，饒氏區分君子與聖人之說有誤。
九	十二章[128]	饒魯言：「此章先語小而後語大也。大哉聖人之道章，先語大而後語小。」此說可疑。
十	十二章[129]	饒魯言：「道不可須臾離，是無時不然。君子之道費而隱，是無物不有。又曰，敬以直內義以方外云云[130]」。對此，栗谷和退溪認為：「朱子『道不可須臾離也』之解釋已兼說『無物不有』。[131]饒氏如此分配過細，『直內』和『方外』之區別不是無法這麼說，然而子思之語未必帶有此意，沒有必要特地作如此解釋。」
十一	十三章[132]	饒魯言：「道是天理，忠恕是人事。天理不遠於人事，故曰道不遠人。人事盡則可以至天理，故

---

126 金長生，前揭《經書辨疑》，頁154-155。

127 《中庸》：「君子依乎中庸，遯世不見知而不悔，唯聖者能之。」

128 金長生，前揭《經書辨疑》，頁157。

129 金長生，前揭《經書辨疑》，頁160-161。

130 云云處省略的內容是《中庸章句大全》之小注：「敬以直內之功，由動而靜，由靜而動。不可有須臾閒斷，戒謹不睹，恐懼不聞，而慎獨是也。業欲其廣故義以方外之功，自近而遠，若小若人不可毫髮放過，造端夫婦至達乎諸侯大夫及士庶人，是也。」

131 朱熹，前揭《中庸章句》，頁17：「道者，日用事物當行之理，皆性之德而具於心，無物不有，無時不然，所以不可須臾離也。」

132 金長生，前揭《經書辨疑》，頁162。

		曰忠恕違道不遠。其理甚明。」對此，栗谷和退溪舉「朱子說『仁是道，忠恕正是學者下工夫處』[133]」，言饒氏有誤。
十二	二十六章[134]	在「至誠無息」的小注，饒魯言：「人之誠有至有不至。聖人誠之至，故可說至誠。天地只是誠，無至不至。」對此，栗谷說：「若說無至不至，近於佛家『無聖無凡』之說。」退溪說：「釋氏之說歸於空無，饒氏之說異於此，合於道理。唯《論語集注》言『天地，至誠無息』，對天地用至誠之字。」
十三	二十六章[135]	在「博厚載物」[136]的小注，饒魯言：「悠久是指外面底。」但是，退溪說：「朱子『兼內外』[137]之說無缺點。」

　　李退溪和李栗谷曾透過書信討論饒魯之說，如上表整理一般，金長生在《經書辨疑》中引用了兩人的討論。饒魯之說受到批判的是，將經文過細分析、自行加上次第的部分過於瑣碎。栗谷多作批評，退溪卻不一定。後者有時將饒魯之說與朱熹參看，並認可其妥當性。無論如何，從兩人的討論中看不見批判饒魯「違背朱子學（的重要概念）」之處。也就是，從《經書

133《中庸章句大全》小注。

134 金長生，前揭《經書辨疑》，頁172。

135 同上，頁172-173。

136《中庸》：「博厚，所以載物也。高明，所以覆物也。悠久，所以成物也。」

137 朱熹，前揭《中庸章句》，頁34。「悠久，即悠遠，兼內外而言之也。」

辨疑》可以看見的，不是饒魯的思想傾向受到朝鮮朝朱子學者
批判，後者對他的批判在於他將經文過度分析且牽強附會處。

　　接著，考察趙翼《中庸私覽》如何接受饒魯說。趙翼對
《中庸》的解說，橫亙十數年，經過幾個階段。首先，二十四
歲時他完成《中庸說》[138]（1602）、二十九歲完成《中庸私覽》
（1607）、三十七歲完成《中庸困得》[139]（1615）。三部著作的共
同特徵是，都對《中庸》的章節架構進行分析和解說。其中，
《中庸說》專作此種分析，並連結同一主題的章節做說明。《中
庸私覽》也將分析架構當作重點，只是此書大量引用未載於
《中庸章句》、《中庸章句大全》的饒魯說。《中庸困得》末
尾，說明此事經緯如下：

　　　翼舊嘗得唐板中庸古冊。其小註乃新安倪氏所集，而其
　　中見饒氏李氏之說，或有異於章句，而亦或似可通，即困
　　得所引，是也。今通行鄉板，則諸說異於章句者，刪去不
　　載，國中所行皆此本，而倪氏本不復見矣。[140]

　　「乃新安倪氏所集」指的應是倪士毅的《四書輯釋》，「今
通行鄉板」則是《四書章句大全》，所以趙翼應該從《四書輯
釋》讀到《四書章句大全》未記載的饒魯之說。

138　趙翼，前揭《浦渚集》卷21。
139　趙翼，前揭《浦渚先生遺書》卷2。
140　同上《中庸困得》，頁70。

　　朱熹為四書作注，四書被廣泛閱讀後，為了更加理解朱熹的注，中國出現了許多在注的下方以小注形式加上《朱子語類》內容的書籍。此後，將諸家說法以小注形式集成的書籍開始大為盛行。隨著集成書的出版增加，附加在書上的小注越來越多。結果導致注釋書過於複雜，因此也出現了批判的聲音。

　　當時，改善過度複雜化問題而編纂的書籍有陳櫟[141]的《四書發明》和胡炳文的《四書通》。陳櫟的弟子倪士毅將兩書合併刪削後編輯成《四書輯釋》。明代永樂年間（1403-1424）《四書大全》出版後，過去的集成書逐漸凋零，然而若從詳細度來看，《四書輯釋》被認為比《四書大全》優秀。[142]由於《四書發明》引用大量饒魯的說法，因此以該書為基礎編纂的《四書輯釋》也引用許多饒魯說。

　　至於上述集成書附上小注的理由是，朱熹的注釋過於簡潔，只讀朱注通常不好理解。這麼說來，既然以理解朱注為主

141　陳櫟（1252-1334）居堂名為定宇，稱定宇先生。晚年也稱作東阜老人。後述之史伯璿《四書管窺》中所引用的陳櫟之說便是來自《四書發明》。

142　顧炎武，《日知錄》卷18「四書五經大全」項目。參照黃汝成集釋，欒保群、呂宗力校點，《日知錄集釋》（上海：上海古籍出版社，2006），頁1041-1042：「自朱子作大學中庸章句或問論語孟子集注之後，黃氏有論語通釋，而採語錄附於朱子章句之下，則始自真氏名曰集義，止大學一書。祝氏乃倣而足之，為四書附錄。後有蔡氏四書集疏，趙氏四書纂疏，吳氏四書集成，昔之論者，病其泛溢，於是陳氏作四書發明，胡氏作四書通，而定宇之門人倪氏合二書為一，頗有刪正，名曰四書輯釋，有汪克寬序，至正丙戌。自永樂中，命儒臣纂修四書大全，頒之學官，而諸書皆廢，倪氏輯釋今見於劉用章所刻四書通義中，永樂中所纂四書大全，特小有增刪，其詳其簡，或多不如倪氏。」

要目的，那麼否定朱子學的說法便不可能被記錄為小注。儘管帶有異於朱熹注釋的內容，小注中能夠稱為「否定朱子學概念或理論」的內容基本上不可能存在。

關於《中庸私覽》引用的饒魯說，經整理後，有如表二所示：

表二　趙翼《中庸私覽》

	章	主要內容
一	一章	《章句》將此章作一節，與以下十章內容相繫。饒氏以此章為第一大節，吾（趙翼）從饒氏。
二	十一章	饒氏以第二章至第十一章為第二大節。
三	十九章	饒氏以第十二章至第十九章為第三大節。吾以為此節言「道無所不在」。
四	二十章	饒氏以此章至「五達道」前為孔子之言，其後為子思發揮孔子之言。
五	二十章	經文「生而知之」到「勉強而行之」，只言知與仁而未言勇，理由為何？對此，《章句》如下分析經文，提出相應於勇之處： （一）所以知者知也，所以行者仁也，所以至於知之成功而一者勇也；（二）生知安行者知也，學知利行者仁也，困知勉行者勇也；（三）三近[143]對應勇。 唯此非子思本旨，饒氏及焦竑皆非之。

---

143 三近指《中庸》經文的「好學近乎知，力行近乎仁，知恥近乎勇」。

六	二十章	饒氏言「子曰，好學近乎知」之「子曰」非衍文。
七	二十章	《章句》言此章承繼十七到十九章之「舜、文武、周公所示端緒」，詳說其文義。饒氏則認為此章聯繫下章言誠。吾異於兩者，以為此章為第四大節，含括前面兩大節之內容，並作為下章言誠之端緒。
八	二十六章	饒氏以第二十章至第二十六章為第四大節，吾以第二十章為第四大節，第二十一至第二十六章為第五大節。
九	二十七章	對於「君子尊德性而道問學，致廣大而盡精微，極高明而道中庸，溫故而知新，敦厚以崇禮」，《章句》以「道中庸」為止為「尊德性」之事，「溫故」以下為「道問學」之事。饒氏非之。吾以為兩者皆非子思本旨。
十	二十九章	「王天下有三重焉」之「三重」，《章句》解為「議禮、制度、考文」，饒氏解為「徵、尊、善」。《章句》之說正確。
十一	三十章	「辟如天地之無不持載，無不覆幬，辟如四時之錯行，如日月之代明」，饒氏分析為，如地之載博厚之至，如天之覆高明之至，如四時運行、日月代明悠久之至。
十二	三十二章	饒氏以二十七到三十二章為第五大節，然而此章應為第六大節。饒氏「至誠無息章（二十六章）為止言『天道、人道』」之見解正確，唯「大哉章（二十七章）以下專言『小德、大德』」之見解有誤。

　　表二的內容大部分是對《中庸》各章要點的分析與分節。再者，前面關於《經書辯疑》的討論，顯示李退溪和李栗谷對於饒魯過度分析經文、牽強附會的批判。可知，饒魯之說以詳盡分析為其特色。饒魯此種方法，對於欲分析《中庸》結構的讀者而言，非常具有參考性。趙翼從饒魯說引用的就是這一點，他一次也沒有引用涉及朱子學概念的部分。趙翼《中庸私覽》將重點放在分析經文的整體架構，因此引用饒魯之見解，他對饒魯的引用與後者之思想是否脫離朱子學一事毫無關係。

　　衡量趙翼的經學時，必須注意他年輕時傾注力氣於文章學習，還有他的經學觀：經書研究應該把重點放在把握意思。如前述，他依序完成《中庸說》、《中庸私覽》、《中庸困得》。《中庸說》將《中庸》全篇內容依照主題類別整理及分析。而《中庸私覽》乃是基於此種整理分析後所完成的注釋。《中庸困得》則是將經文的分析精緻化，對朱熹著作加以更綿密的考察。

　　以下就表二之內容作補充說明。

　　表二第五項，《章句》對經文的分析，趙翼雖提到「饒雙峰及皇朝焦澹園皆非之」，[144] 但對於饒魯之說卻沒有更進一步的說明。如果參照趙翼閱讀的倪士毅《四書輯釋》，饒魯的原文是：「雙峰饒氏曰，生知安行隱然之勇，學知利行非勇不可到，困

---

144 趙翼，《中庸私覽》（《浦渚趙翼先生的生涯和思想／所藏古文書》，京畿道：京畿文化財團，2007）中，「焦澹園」的「澹」字寫作「瀚」字，推測應是誤寫焦竑（1541-1620）之號。

知勉行全是勇做出來。」[145]他透過「勇」分析了從「生知安行」到「困知勉行」。另一方面，朱熹將知與行各自以知與仁分析。又，使知與仁成為可能且保持此狀態，歸諸勇。趙翼認為此分析不妥。為了解趙翼言論背後的實際意圖，儘管此處注釋未言及，但是我們必須調查使該注釋成立的文獻以做深入了解。

又，還有其他趙翼未提及的朱熹注釋。例如，朱熹將「生知安行」歸諸知，「學知利行」歸諸仁，「困知勉行」歸諸勇的分析。[146]饒魯之說與此注釋有關，但是此處趙翼的片段引用，沒有明確表示饒魯認為朱熹之說到底何處有疑。

以下擬對饒魯原文進行確認。元代史伯璿[147]從朱子學觀點論諸家小注，寫成《四書管窺》，內文如下：

> 饒氏謂，生知知也，學知困知近乎知也。安行仁也，利行勉行近乎仁也。生知安行勇也，困知勉行者以不及學知利行者為恥，學知利行者以不及生知安行者為恥，以造乎知之成功之一者近乎勇。[148]

---

145 倪士毅，《四書輯釋》（《續修四庫全書》〈經部〉160，上海：上海古籍出版社，1995），頁83。《大全》小注也有同樣的引用义。

146 朱熹，前揭《中庸章句》，頁29：「以其分而言，則所知者知也，所以行者仁也，所以至於知之成功而一者勇也，以其等而言。則生知安行者知也，學知利行者仁也，困知勉行者勇也。」

147 史伯璿生卒年不詳。根據《四庫全書》提要，《四書管窺》的外篇完成於元代丁未年（1367）。

148 史伯璿，《中庸管窺》卷3（《叢書集成》續編第33冊，台北：新文豐出版公司，1989）五項。

　　也就是，朱熹以知分析「生知安行」，以仁分析「學知利行」。對此，饒魯更進一步將「生知」和「安行」分開，分類成知與仁，並認為「利行」和「勉行」近於仁。趙翼多半認為朱熹之說不比饒魯精密。

　　表二第六項，對於《章句》將「子曰」視為錯誤混入的文字，饒魯認為並非衍文。因為它與同表的第四項有關。《章句》認為該處是延續前面的孔子言論，所以不需要第二個「子曰」。但是饒魯認為文章的構造是，到該處之前是子思之言，該處之後又開始引用孔子之言以便接著發揮，所以「子曰」仍是必要的。

　　表二第七項，饒魯認為第二十章以下到二十六章皆在論誠，但是趙翼將第二十章從中分開，認為它只是在講述誠的端緒，其後六章才真正論誠。所以，同表第八項，饒魯視二十到二十六章為一個獨立的大節，而趙翼則將第二十章獨立成為一個大節，二十一到二十六章則為另一個大節。由於區分方式不同，兩人一直到第十二大節的區分都有差異。

　　表二第九項，趙翼所分析的《章句》內容，也被朱熹的後學視為問題。首先，朱熹的注釋如下：

　　尊德性，所以存心而極乎道體之大也。道問學，所以致知而盡乎道體之細也。二者修德凝道之大端也。不以一毫私意自蔽，不以一毫私欲自累，涵泳乎其所已知。敦篤乎其所已能，此皆存心之屬也。析理則不使有毫釐之差，處事則不使有過不及之謬，理義則日知其所未知，節文則日

謹其所未謹，此皆致知之屬也。蓋非存心無以致知，而存
心者又不可以不致知。[149]

學習朱熹注釋的後學對於將《中庸》「致廣大……崇禮」
各項目分成「存心」和「致知」分析的朱熹說法，抱有疑問。
趙翼同為如此。表二第九項對應的原文如下：

此言君子修至德，以凝至道之事。章句以致廣大以下四
句，上四者，皆屬尊德性，下四者，皆屬道問學，饒氏陳
氏，皆非之，及新說言人人殊。而以愚觀之，則皆未得本
旨。愚嘗沈究之，蓋此章承上章而言。上章先言德而後言
德之所以凝道，此章先言道而後言道之所以凝者在德也。
故尊德性所以不息乎誠，即上章至誠之事也。廣大即上章
博厚也，高明即上章高明也，溫故而知新敦厚以崇禮即上
章悠久也。[150]

趙翼指出，對於朱熹將「致廣大……崇禮」前半部歸屬
「尊德性」，後半部歸屬「道問學」，饒氏和陳氏提出異議，但
是皆未得《中庸》本旨。趙翼的新分析沒有明顯表現出他和朱
熹的相異點。需補充說明的是，朱熹對第二十六章的注釋是，
「博厚、高明、悠久」是顯露在外者，是聖人之用。但是，趙

---

149 朱熹，前揭《中庸章句》，頁35-36。
150 趙翼，前揭《中庸私覽》，頁87。

翼將其作為聖人之德分析，不是作為用。因此，上文提出，使「溫故而知新」、「敦厚以崇禮」為悠久的不是「道問學」，而是「尊德性」。

此外，饒氏和陳氏又是對於何處提出問題？有何新解釋？史伯璿《四書管窺》曾論及：

> 謹按章句存心致知之分，固無以加。愚竊以為四句上半截，[151] 皆屬存心，已無可疑。下半截皆屬致知，則似聖賢之學偏於知而不及行。此所以不免諸家紛紛之論也。意者，於下截四者，以盡精微知新屬知，道中庸崇禮屬行。如此則上句尊德性依舊只是存心，道問學卻是下四句之綱。尊德性是存心，統四句上半截，道問學兼知行，統四句下半截，亦與章句無大背馳。[152]

史伯璿和趙翼一樣，對「致廣大……崇禮」的後半提出問題。他指出，前半的「致廣大、盡精微、極高明、道中庸」歸屬「存心」是妥當的，但是後半全部歸屬「致知」，則將導致以過於偏向知的方式解釋經文。因此他認為，若使「道中庸」、「崇禮」屬於行，「尊德性」屬於「存心」，便能如《章句》般使「道問學」成為兼知行的解釋，減少過度偏向知的問題。這個問題提起的方式與趙翼幾乎相同，但解決方法不同，

---

151 即「致廣大、盡精微、極高明、道中庸」。
152 史伯璿，前揭《中庸管窺》卷4，頁74-75。

只將後半看作是「尊德性」。此外，我們也能夠透過史伯璿的如下引用，以確認趙翼所省略的饒魯說內容：

> 饒氏曰，上言至道，非至德不凝，此言德根於性，故欲修德必先尊德性以為本。然性雖同有非孝不充，故既尊是性，又必由孝問之功，以充其小大之德，然後本來不遺而修德之方始備矣。問，問於人。孝，孝於己。致廣大至崇禮八者，道問學之目也，致廣大極高明溫故敦厚，是四者，皆由問孝以充其大德於至大之地，而凝夫至道之大者也。盡精微道中庸知新崇禮，是四者，皆由問孝以充其小德於至小之地，而凝夫至道之小者也。八事雖各不同，然致廣大以行言，盡精微以知言，極高明以知言，道中庸以行言，溫故知新皆以知言，敦厚崇禮皆以行言，其實不越知行兩端而已。[153]

饒魯在認同「尊德性」為根本的前提下，認為「尊德性」必須通過「道問學」才能完成。所以他說「致廣大……崇禮」八項目全部都是「道問學」，只是以行或以知言之的差別而已。

前面引用的史伯璿和趙翼的見解不一定和朱熹注釋有極大差距。如同史伯璿自己主張的一樣，他們的見解未遠離《章句》。但是，饒魯之說無法被包含在《章句》解釋的範圍內。對此，史伯璿有如下批評：

153　倪士毅，前揭《四書輯釋》，頁96-97。

若以知行相對言之，則盡精微與道中庸知新與崇禮又未
嘗不先知而後行也。饒雙峰陳定宇，惟不察此意，故以知
行互有先後為說。[154]

如同上述，朱熹將「致廣大⋯⋯崇禮」八項目分屬「存心
（尊德性）」、「致知（道問學）」的注釋，導致諸家議論紛亂不
一。饒魯和承襲其說的陳櫟，將此八項目皆解釋為「道問學」
且在那之後及於「尊德性」。史伯璿指出，他們的錯誤在於忽
視知、行的先後關係。並且，朱熹劃分在「道問學」的部分被
放入「尊德性」。趙翼認為諸家上述見解有誤，他將八項目全
部解釋成修德，並從該處凝道。

在此有數點需要注意。首先，只就此處注釋來看，上述討
論都未就朱熹的「尊德性」、「道問學」定義提出異議，而是
在認同朱熹的定義上展開己說。其次，「以『尊德性』為根本
的同時，必須透過『道問學』來達成它」，此即意味著，保存
「『道問學』之重要性不容忽視」之朱子學式的想法。

前述金長生《經書辨疑》並未站在朱子學立場指責饒魯背
離朱子學，他指責的是饒魯將經文之構造分析得過於細密。
又，趙翼《中庸私覽》將各段落的主題及構造分析當作經書研
究時的主要方法論，所以強於構造分析的饒魯說被大幅引用。
也就是，《經書辨疑》批判饒魯說，《中庸私覽》接受饒魯
說，不是因為它們否定或肯定對於朱子學的批判。李退溪、李

---

154 史伯璿，前揭《中庸管窺》卷4，頁75。

栗谷、金長生等人的饒魯批判，或是趙翼的饒魯接受，實際上
並未顯示出他們對異於朱熹說法的見解之否定或肯定。他們只
是將饒魯分析的方法當作缺點批判，或者將其視為優點接受而
已。研究者不能忽略這樣的事實，只因為饒魯說中存在異於朱
熹的見解，就將其與「批判饒魯的是朱子學者」、「接受饒魯
的是反朱子學者」等說法一起過度簡化，並放入前述的對立架
構中。

　　進一步考察趙翼的其他著作，可以看出他詳細研究朱熹著
作的過程。他徹底調查了朱熹的書信，並為推薦學習者一讀而
編纂《朱書要類》，又將《朱子大全》以文體別各選擇數十篇
編成《朱文要抄》[155]。他透過對朱熹著作的精密考察，清楚把握
了朱熹的見解。接著，將朱熹的經學說中無法說服自己的地
方，放在朱熹整體著作的視野中綜合考量。經由此種過程，趙
翼的《中庸》注釋變得精密，具備不僅止於跟從前人之說的
「獨創性」。

　　另一方面，僅從現今留存的趙翼著作，無法看出他對陽明
學抱持興趣或是研究過陽明學的痕跡。儘管如此，部分研究者
仍主張「趙翼的注釋受到陽明學影響」。[156]對此，韓正吉將趙翼
的心性論和工夫論，與陽明學、朱子學的心性論和工夫論進行

155《朱文要抄》現未留存，參照《浦渚集》卷26〈朱文要抄序〉、〈朱文要抄
　　後序〉可一窺其內容。

156 宋錫準，前揭〈浦渚趙翼經學思想的哲學基盤──以性理說及陽明學式的
　　特性為中心〉、〈浦渚趙翼先生的哲學思想──性理說及陽明學〉及〈朱
　　子學批判論者們的經典解釋──以《大學》解釋為中心〉等。

比較考察。[157]指出：趙翼與陽明學有關之先行研究的結論，幾乎都出自對趙翼用詞之誤解，或是對於它的過度解釋。以經學著述為中心全面考察趙翼著作的趙南權、[158]為趙翼文集寫解題的李相鉉[159]皆指出，使趙翼思想和陽明學產生關聯是無法達成之事。

　　《中庸私覽》以朝鮮初期以來累積的關於朱熹著作的豐富知識作為基礎，取出朱熹在經書解釋中的問題點以研究經書，並精密分析經文構造。由此可知，趙翼的經書研究確實包含「朱熹注釋從經文的脈絡來看並不一定妥當」的認識。然而，就算不集中強調這一點，不過度解釋它，趙翼的經學史研究，已極具意義。

157　韓正吉，前揭〈檢討使浦渚趙翼與陽明學有所關連的主張的妥當性〉。

158　趙南權，〈浦渚趙翼先生的生涯和經綸（一）〉及〈浦渚趙翼先生的生涯和經綸（二）〉，《東方學》第4號及第5號（首爾：韓瑞大學東洋古典研究所，1998及1999）。

159　李相鉉，《國譯浦渚集》解題（首爾：民族文化推進會，2005）。

第五章

東亞之中的朝鮮儒學史

第一節　觀點轉換

經學的途徑

經書注釋最多還是對於經文的解釋，因此，雖然其中包含注釋者的想法，卻不能將經書注釋的所有內容都視為注釋者之思想展現。

以下試就此點申論之。首先必須要有的觀念是：注釋內包含單純說明經文的部分。例如《論語》的「民可使由之，不可使知之」，就算注釋者順著經文忠實地做注，我們無法依此推論注釋者本人持有愚民觀。同樣地，順著《孟子》的「民為貴，社稷次之，君為輕」的經文做注，該注釋者也未必一定是民本主義者。

其次，需要存有的觀念是──注釋者閱讀、思考經書之意時，面對的多半不是只記載原始經文且未經句讀的經書。即，他們並非從零開始探索經書的意思，而是通過前人注釋的版本來理解經書之意。因此，注釋書中習慣性地承襲前人的部分，與其說是注釋者本人的思想，不如說是經學史上的一般想法。此外，注釋者也有可能在閱讀經書的同時參考多種注釋，對前人解釋採取批判性的觀點。在過去各種解釋有所分歧之處，或折衷，或全部否定並提出自己的新解釋。

以上，是經書注釋成立之際，存在於經學內部的各種因素。無論是多麼新的注釋，我們都不能在未考慮這些因素的狀況下，就將它當作注釋者獨特思想之表現。以經書注釋為材料

調查作者的意圖和思想時，應該將作者之注釋與既存的注釋進行對照參酌，同時顧及經書原文的內容。總之，不能將注釋的所有內容都直接視為作者的思想呈現。

有些研究可能會以注釋者腦海中已有的定見為前提，分析他如何將意見表現在注釋中，或他是否在字裡行間隱藏意見。然而，作者是在「做注釋之前，已經持有某種成形的想法」，抑或是，作者在「做經書注釋的過程中，始逐漸形成自己的見解」？後者的狀況是否比前者更可能發生？

從經學的觀點考察經書的注釋書，首先必須考慮注釋者如何解讀經文。因此，從經學的觀點檢視朱熹的注釋時，我們很難認為「朱熹腦海中早已確立自己的思想體系，然後以此強行解釋經書」。相反的，我們必須將「朱熹經由經文解釋及其他各種研究，然後確立其思想體系」作為前提。因此考察朱熹如何解讀經文之際，我們無法先預設「該解釋與朱熹已然確立的思想體系完全一致」。

同樣地，考察十七世紀的東亞儒者如何解釋《論語》、《孟子》經文中的「仁」，就能知道他們各自確立自己之「仁說」的過程。其中多數人讀過朱熹注釋的經書之後，或肯定或否定朱熹的說明，並在此過程中形成自己的說法。他們並非已經在腦中決定關於仁的想法，才將想法投射到《論語》、《孟子》的「仁」之上。

《論語》提及「仁」與「性」之處多半甚為簡潔，而《孟子》對兩者的說明則較為詳細。朱熹為解釋其差別，設法將性區分成「氣質之性」和「本然之性」等，然後展開成為理論。

果真如此，那麼十七世紀的注釋者面對《論語》、《孟子》及
朱熹注釋時，又是如何理解它們之間的差異？《論語》中，幾
乎從未有說明「仁是何物」的文章。反而有許多提及「行仁」
的部分，例如人必須以仁為目標，[1]或「我欲仁，斯仁至矣」[2]等。
然而，對於何種人物可以被認定為仁者，孔子則有嚴格的標
準，因此認可「某人是仁者」之例十分少見。[3]即，《論語》中
出現的仁，看似只要追求便很快能求得，但是實際上卻不容易
找到具備「仁」之人。對於《論語》中仁的這兩面，朱熹說
明：「仁不外在於人，而是在作為性存在於內部。所以求之立
即可得。然而，由於人有私欲，所以時常看丟自己的性，我們
必須努力去除私欲，使性不會亡失。」[4]

又，《孟子》言：「人皆有不忍人之心。……今人乍見孺
子將入於井，皆有怵惕惻隱之心。……由是觀之，無惻隱之
心，非人也。」[5]又，對於「惻隱之心」和「仁」的關係，孟子

1　例如《論語・八佾》：「人而不仁，如禮何。人而不仁，如樂何」，里仁
　　「里仁為美，擇不處仁，焉得知」等。

2　《論語・述而》：「仁遠乎哉。我欲仁，斯仁至矣。」

3　例如，〈公冶長〉：「孟武伯問，子路仁乎。子曰，不知也。又問，子曰，
　　由也，千乘之國，可使治其賦也。不知其仁也。求也何如。子曰，求也，
　　千室之邑、百乘之家，可使為之宰也。不知其仁也。赤也何如。子曰，赤
　　也，束帶立於朝，可使與賓客言也。不知其仁也。」

4　《論語・述而》：「仁遠乎哉。我欲仁，斯仁至矣。」之注「仁者，心之德，
　　非在外也。放而不求，故有以為遠者。反而求之，則即此而在矣，夫豈遠
　　哉」及《論語・雍也》：「回也，其心三月不違仁」之注「仁者，心之德。
　　心不違仁者，無私欲而有其德也。」

5　《孟子・公孫丑》上。

說道：「惻隱之心，仁之端也。羞惡之心，義之端也。辭讓之心，禮之端也。是非之心，智之端也。人之有是四端也，猶其有四體也。」[6]此外，「仁義禮智，非由外鑠我也，我固有之也」[7]也是對於「仁之端」的說明。回到原本的問題，上述經文經過何種重組，使朱熹的仁論得以成立？東亞的儒者又是如何改動朱熹的解釋？

如同前述，孟子說「人有惻隱之心」、「人有仁」，又進一步說「惻隱之心會在危急時刻自然流露」。儒者解釋《孟子》時，面對這些文句首先要做的是，探究「仁」和「惻隱之心」的關係。

再者，孟子在討論「性」時，又突然言及「情」。因此，注釋者又必須要向讀者說明「性」和「情」的關係。孟子的弟子公都子，詢問講述性善的孟子：「告子曰，性無善無不善也。或曰，性可以為善，可以為不善。……或曰，有性善，有性不善。……今曰性善。然則彼皆非與」[8]而孟子則以「乃若其情，則可以為善矣，乃所謂善也。若夫為不善，非才之罪也」的二十五個字，以「情」說明「性善」。

歷代儒者如何解釋「乃若其情，則可以為善矣，乃所謂善也。若夫為不善，非才之罪也」？從經學史來看，歷代解釋有何變化？這些變化的背後又帶有何種意涵？以下，擬以此二十

6　同前注。

7　《孟子・告子上》。

8　同前注。

五個字為中心，展開經學解釋史考察。

　　首先，東漢趙岐對此曾有解釋，如下：

> 若，順也。性與情相為表裡，性善勝情，情則從之。孝
> 經云，此哀戚之情，[9]情從性也。能順此情，使之善者，真
> 所謂善也。若隨人而強作善者，非善者之善也。若為不善
> 者，非所受天才之罪，物動之故也。[10]

　　趙岐將「若其情」解釋為「使情順從」，將「乃所謂善也」
解釋成「真正的善」。因此，「乃若其情，則可以為善矣，乃
所謂善也。若夫為不善，非才之罪也」二十五字的意思成為：
「情從性，若能善為之，則為真正之善。行不善非因本來之
才，而來自私欲。」趙岐如此理解孟子的性善說：因為性本來
就是善的，所以情從性而可以為善。

　　另一方面，朱熹視「乃若」為發語辭，「情」則是「被性
發動」，將前述二十五字解釋成：「人之情，本但可以為善而
不可以為惡，則性之本善可知矣。」[11]朱熹將「可以為善」解釋
為「只能為善」。這是因為，關於前述經文提到的「性可以為

9　《孝經・喪親》：「孝子之喪親也，哭不偯，禮無容，言不文，服美不安，
　　聞樂不樂，食旨不甘，此哀戚之情也。」

10　趙岐，《孟子注》（《十三經注疏》整理本《孟子注疏》，北京：北京大學出
　　版社，2006），頁354。

11　朱熹，前揭《孟子集注・告子上》，頁328：「乃若，發語辭。情者，性之
　　動也。人之情，本但可以為善而不可以為惡，則性之本善可知矣。」

善，可以為不善」的主張，孟子只回答了公都子詢問中「性可以為善」的部分。朱熹對於此處的理解是「不可以為不善」。簡言之，朱熹基本未改趙岐解釋，但是趙岐將「若」字視為實字，而朱熹視為虛字，並將「情」定義為「性之動」。

後來，朴世堂將此處的「情」解為「實情」，因而改動朱熹的「情者，性之動」，如下：

> 情之為言，實也。猶所云物之情。莊子亦曰如求得其情，[12]此蓋言性之實，即可以為善也，註，謂情者，性之動也，人之情，本但可以為善，不可以為惡，又舉四端為說，然此所謂情者，終恐其不如此也。[13]

朴世堂將「情」視為「實情」，是為了設法以更自然的方式讀「乃若其情，則可以為善矣」。又，他提到朱熹「情者，性之動也」之誤，乍看是對朱熹「性情」理論的否定，實際上卻非如此。朴世堂所說的是——「乃若其情」的「情」因不是「性情」之「情」，而是「實情」之「情」，故此處無法從「性情」解釋。因此，他並未否定朱子學理論對性與情之理解。我們從朴世堂的著作中，便能讀到他未曾否定朱子學之性情論。[14]

12《莊子・齊物論》：「如求得其情與不得，無益損乎其真。」
13 朴世堂，前揭《西溪全書》下《孟子思辨錄・告子上》，頁137。
14 朴世堂，同上《西溪全書》下《孟子思辨錄・滕文公上》，頁115：「性即人所受於天以為其心之明而不違乎理者也。」及〈盡心上〉：「情動而私意蔽則向之所恥而不為者，乃為之而不知恥。」

　　如此，朴世堂的說法雖乍看之下有別於朱熹，他仍身處基於《孟子》推導出「性是善的」的經學史傳統中。而就孟子的「性善」，提出異於過去解釋的其實是伊藤仁齋。

　　伊藤仁齋對於「乃若其情，則可以為善矣，乃所謂善也。若夫為不善，非才之罪也」等二十五字，解釋為：「孟子言人之情好善而惡惡，則必可以為善而不可以為不善。此我所謂性善之意，而非謂天下之人其性皆與堯舜一而無相異也。夫人情如此，則才亦宜如此。今其為不善，乃物欲陷溺而然。非其才之罪也。」[15] 由此可知，他否定「性善」，而以「情善」代之。

　　繼而，仁齋又指出宋儒解釋《孟子》之誤：

　　　公都子舉三說，其問甚精，而孟子答之似乎甚疏（而不詳），殆乎為公都子所究者何哉。曰，此以宋儒之說詳之，而不知孟子之旨故也。夫所謂乃若其情，則可以為善矣。即前章人性之善猶水之就下之意。蓋就人情之所好而言，非敢為一切之說以辯禦人也。人譽我則悅，毀我則怒，此人之情也。纔知善善惡惡，則可以為善，非若雞犬之頑然無知，雖告之以善而不入也。此孟子所謂性善也。若使公都子得其意，則三說之非不辯而自破矣。但後之說孟子者，或立氣質本然之說，或分性情體用之別，所以非但使孟子之所答為不備之語，且何與孔子而不免為不

15　伊藤仁齋《孟子古義》（林本）〈告子上〉（東京大學文學部漢籍コーナー所藏，天理圖書館406251之複寫本）。

明16之謂。17

　　仁齋認為，孟子只說「只要知道善者為善，知道惡者為惡，便可以行善」，並未說「所有人的性皆為善」。接著，對於經文的「乃若其情，則可以為善矣」，仁齋的解說是「因為人有被譽則悅、被毀則怒之人情，所以能夠行善」。並且在此基礎上，批判程朱理論的開展過於複雜。他批評道，孟子之言簡單平易，程朱卻恣意解釋，創造出不存在於經文的「氣質之性、本然之性」、「性、情」、「體、用」之說，使孟子之說顯得不完整。如果程朱所言為是，那麼孔子之說不也顯得語意不明？即是說，仁齋認為孔孟之言與程朱解釋間有極大的差異，如果讀者習慣程朱的解釋，將誤解孔孟之言為不明、不備。

　　仁齋將《論語》的「性相近，習相遠」18解釋成「性本相近，其初善惡未甚相遠」，並說「此明聖人之教人，不責性而專責習也」。19他將朱熹的注釋擱置一旁，以孔子之言為基準總結孟子之言。

　　此外，荻生徂徠認為，孔子所說的「性」與孟子「性善」之「性」，不需要一起理解。《孟子》性善說並未繼承孔子本意，所以無法和《論語》視為同一說法。他如下說道：

16　此處之不備與不明應該出自程子之「論性不論氣，不備。論氣不論性，不明」。

17　伊藤仁齋，前揭《孟子古義・告子上》。

18　《論語・陽貨》：「子曰，性相近也，習相遠也。子曰，唯上知與下愚不移。」

19　伊藤仁齋，前揭《論語古義・陽貨》。

孔子之意，專謂及學而為君子，而後其賢知才能，與鄉人相遠已。未嘗以善惡言之也。……自孟子有性善之言，而儒者論性，聚訟萬古，遂以為孔子論性之言，而不知為勤學之言也。蓋孔子沒而老莊興，專倡自然，而以先王之道為偽。故孟子發性善而抗之。孟子之學，有時乎失孔子之舊。故荀子又發性惡以抗之。皆爭宗門者也。宋儒不知之，以本然氣質斷之。殊不知古之言性，皆謂性質，何本然之有。仁齋先生辨之者是矣。然仁齋又以為孔子孟子其旨不殊焉。[20]

《孟子》內容與《論語》矛盾之處，如果像徂徠般，認為「兩者原本不同」，問題便能迎刃而解。然而，注釋者若相信《論語》和《孟子》再加上《大學》、《中庸》構成同一思想體系，便會將視孔子和孟子發言為一致，並以此為前提進行思考。同理，朱熹將《論語》和《孟子》的差異解釋為，孟子說人有仁之端如同有四肢，指的是原本純粹之性（本然之性），而孔子說「性相近（而非相同）」，指的則是受到氣質影響之性（氣質之性）。

讓我們再就其他圍繞《論語》和《孟子》之「性」，批判朱熹注釋的例子來看。朱熹主張，以性、情的關係來看，仁之「性」，作為「不忍人之心」的「情」顯露在外。即，「我等內

---

20 荻生徂徠《論語徵·陽貨》（今中寬司，奈良本辰也編，《荻生徂徠全集》第2卷）（東京：河出書房新社，1978），頁606。

在皆有作為本體之性」。具體言之，此理論源於對《孟子》公孫丑上篇的解釋。其中，對於「惻隱之心，仁之端也」的經文，朱熹解釋為：「惻隱羞惡辭讓是非，情也。仁義禮智，性也。……端，緒也。因其情之發，而性之本然可得而見。猶有物在中，而緒見於外也。」[21]

另方面，趙岐以「端者，首也」[22]來解釋「端」字，所以他主張的四端和仁的位置，與朱熹稍有不同。在趙岐的解釋中四端為始，但在朱熹的解釋中則以仁為始。關於此問題，朱熹主張「相互不矛盾」，他說：「以體用言之，有體而後有用，故端亦可謂之尾。若以始終言之，則四端是始發處，故亦可以端緒言之。二說各有所指，自不相礙也。」[23]

然而，對於此種四端與仁的位置變換，仁齋在《論語古義》則批判如下：

> 仁者天下之大德也。慈愛之心，自內及外，自邇至遠，充實通徹，莫所不達，即是仁也。故孟子曰，人皆有所不忍。達之於其所忍，仁也。[24]即有子以孝弟為仁之本之意。蓋孝弟，性也。仁義，德也。性者以有於己而言。德者以

---

21 朱熹，《孟子集注・公孫丑上》。

22 趙岐，前揭《孟子注》，頁94：「端者，首也。人皆有仁義禮智之首，可引用之。」

23 黎靖德編，前揭《朱子語類》卷53〈孟子三〉，頁1763。

24《孟子・盡心下》。

達於天下而言。孟子以孝弟為其良知良能，[25]則孝弟豈非人之性乎。易曰，立人之道，曰仁与義。[26]中庸曰，知仁勇三者，天下之達德也。仁義豈非天下之道德乎。而孟子又以仁義為人之固有者，何也。是以仁義名性也。非為性之名。所謂以仁義名性者，若曰人之性善。故以仁義為其性也，毫釐千里之謬，正在於此。不容於不辨。[27]

仁齋從《易》和《中庸》中看出「仁是道德」。他認為，孔孟未曾言「仁是性」，且《易》與《中庸》言之為「道」、「德」，所以無法將仁看作是性。

另一方面，朱熹的理論則以《孟子》為中心展開。《孟子‧告子上》言「仁義禮智，非由外鑠我也，我固有之也」，又言「求則得之，舍則失之」。解釋這些段落時，朱熹形成以下想法：「仁作為惻隱之心的本體，人皆有之，故不能不極盡此本有之才。」

然而仁齋認為，「我固有之也」的意思單純只是，由於人有四端之心，因此仁之德為其所有。他認為性的性質是仁，並因此主張仁是德的一種，而不是性或其他東西。此說來自下面

25《孟子‧盡心上》：「孟子曰，人之所不學而能者，其良能也，所不慮而知者，其良知也。孩提之童無不知愛其親者，及其長也，無个知敬其兄也。親親，仁也，敬長，義也。無他，達之天下也。」

26《周易‧說卦傳》：「昔者聖人之作易也，將以順性命之理。是以立天之道曰陰與陽，立地之道曰柔與剛，立人之道曰仁與義。」

27 伊藤仁齋，前揭《論語古義‧學而》。

的經文解釋：

> 固有者，言人必有四端之心，便是以仁義禮智之德為己
> 之所有也。但人自不思焉耳。操舍得失，謂求其在我者，
> 而有益乎得也。善惡相去之遠，倍蓰不一者，皆由不能用
> 其才而擴充之耳矣。[28]

此處再添加朝鮮的趙翼，比較他與仁齋的解釋。趙翼總括
《孟子》的性善說如下：

> 四端四性即善之實也。而四端人皆有之，四性我固有
> 之，所以謂人性皆善者，以此也。人苟充是，則雖堯舜之
> 聖亦不過此。其有不善，乃失之者也。故曰非才之罪也，
> 不思耳矣，舍而失之也，不能盡其才也。此前諸章，皆論
> 性之為善然，至此章乃舉性情全體而言之。而又言其所以
> 為不善之故，而其言至為明白深切。學者苟深察乎此，則
> 性之為善，皆自曉然矣。按性以俗語解之，則猶言根本
> 也。凡物皆有根本。告子之徒，見人之有善不，疑其根本
> 不善，故生出此不善也。遂謂性無善惡之分，或謂善惡之
> 不同。此亦不為無理也。但其所以為性者，乃氣也，而不
> 知其理之本善也。蓋氣質之稟，固有善惡之萬殊。諸子之
> 論，皆以氣為性，故其言如此。觀生之謂性，食色性也之

28　伊藤仁齋，前揭《孟子古義‧告子上》。

說，可見其以氣為性也。孟子以天理之本然者為性。天豈
理有不善哉。如此章所言，四端四性乃人之理，本於天，
而粹然純善者也。惟其以是為性也。故言性之善也。29

根據趙翼的說法，《孟子》性善說按照以下順序展開：
一、從性、情的構造開始說明「性本為善」。
二、說明儘管「性本為善」，人卻有時為惡之原因。

趙翼用「根本」的概念說明「性為善」、「情為善」的關
係。他認為理和性是根本，氣和情不是根本。告子的主張雖有
道理，卻混同理和氣，將「人有時為惡」之事當作根本層次的
問題。即，告子的錯誤在於，只在氣和情的層次討論，而未發
現理和性的層次（＝根本層次）。

如此，趙翼以根本或非根本，來區別四書之間相異的記
載，毫無矛盾地完成說明。在趙翼的說法中，找不到對於
「《大學》、《中庸》內有牴觸《論語》、《孟子》之內容」之任
何懷疑。同樣地，他也未曾因為懷疑而認為「必須對照《論
語》的本意重讀《孟子》文章」。理由是，接受「四書是頭尾
一貫的一個體系」前提的趙翼，幾乎不可能產生上述懷疑。

另一方面，伊藤仁齋基於孔子之言，就《孟子》的「性為
善」和「情為善」的關係，以「性為善」意指「情為善」作說
明。荻生徂徠則本於孔子之言批判孟子之話。這是因為，在他

---

29 趙翼，前揭《浦渚先生遺書》卷1《孟子淺說》，頁270。畫線之「舍而失
之」處，在《孟子》原文為「舍則失之」。

們的情境中，不存在「必定要（例如用「根本」的概念）統整孔子和孟子之發言，使其不互相矛盾」的理由。

經學思想與現實思想的不一致

在朝鮮朝，如同以經傳決定國家喪禮的例子，經學被實際應用於國事。那麼，是否可以推斷，朝鮮儒者解釋經書時皆與其政治、社會見解有所關聯？亦即，是否可以認為，儒者視產生新的經書解釋，為探尋新思想以解決現實問題的行動，因此某儒者的現實觀及政治立場導致他產生了新的經書解釋？

舉例而言，對於朱熹《中庸章句》首章所言「存天理之本然，而不使離於須臾之頃」，[30] 朴世堂認為，天理本存於心中，沒有一刻不在，只要自然跟隨它即可。所以他主張以「循天理」表現，而非朱熹所說的「存天理」。[31]

朱熹在《中庸》首章的「天命之謂性」的解釋中，將《中庸》經文未存在的「理」，放入「天命」和「性」之間，作為人性的根源。這是漢唐注疏中找不到的朱子學式解釋，如果認為此點有問題，那麼便會對朱子學整體產生問題。然而，朴世堂說「天理」本具備於心中，未明確承認朱熹所說之理的存在。朴世堂主張必須使用有跟隨之意的「循」字，而不說「存天理」，是因為他立基於認為「天理本就具備於我等心中」的

---

30 關於朱熹《中庸章句》，詳參本書第三章。

31 朱熹《中庸章句》及朴世堂《中庸思辨錄》之詳細內容，參照本書第三章。

朱子學理論。

朱熹解釋「天命之謂性」時又說：「命，猶令也。性，即理也。天以陰陽五行化生萬物，氣以成形，而理亦賦焉，猶命令也。於是人物之生，因各得其所賦之理，以為健順五常之德，所謂性也。」[32]對此，朴世堂批評道：

> 命者，授與之之謂也。性者，心明所受之天理與生俱者也。天有顯理，物宜之而為則，以此理則，授與於人，為其心之明，人既受天理，明於其心，是可以考察事物之當否矣。……注，謂命為令，今謂為授與，何也，令之義，不明故也，如授之爵，亦謂命之爵也。[33]

朴世堂認為，朱熹將「命」解釋為「令」無法清楚解釋經文，因此改而解釋為「授與」。那麼，朴世堂提出的解釋，是否修改了將「天命之謂性」包含在內的朱子學體系本身？答案是否定的。因為，朴世堂從未否定朱熹「人自天獲得理，成己身之德，此即為性」的框架。朴世堂的「授與」相當於《中庸》首章的朱熹注釋所言之「賦」。朱熹以「令」解釋「命」，接著用「賦」重說一次。如此觀之，儘管朴世堂認為使用「令」字之解釋不妥，卻最多只進行細微修正。此即，他以朱子學理論為前提，進一步「用朱子學的概念」「修改」了此

---

32 朱熹，《中庸章句》。

33 朴世堂，前揭《西溪全書》下《中庸思辨錄》，頁31-32。

處的朱熹注釋。

再者，朴世堂說朱熹的「性即理」有誤，卻非批判「天之理在人為性」的朱子學理論。他欲強調的是，雖說「在天是理」、「在人是性」，但若使用「即」字，將使兩者顯得相同，如此將會擾亂（朱子學所定義的）「在天是理，在人是性」的對應關係。在此意義上，他說朱熹注釋「亂名」、「失本末次第」。過去，朴世堂持續與宋時烈對立，後者一門將朴世堂當作「斯文亂賊」討伐時，列舉他的經書解釋作為他違背朱子學的證據。然而，現在的我們若詳細考察朴世堂的經書注釋，將會發現，其實難以尋獲他具有「朱子學無法跨越現今危機」之類的想法。

朴世堂認為理、性、道、教的歸結處雖相同，其名卻不能亂。因為，名若亂，便無法明示欲傳達之內容。如果要說他重視「名」、「實」的哪一方，此處顯然較為重視「名」。

進一步要問的是，朴世堂「名不能亂」的「經學思想」，是否與其「現實政治思想」有所關聯？是否至少成為他的政治判斷基準？透過如下文章，可知答案是否定的。

對於孝宗去世後，仁祖（孝宗之父）的繼妃慈懿大妃作為母親應如何服喪所引起的當時的爭論，[34]朴世堂曾批判道：

---

34 議論的立場，可大致分為，南人主張的三年服說及西人主張的期年服說。即，問題在於是否將孝宗視為嫡長子。仁祖之嫡長子本是已過世的昭顯世子（1612-1645），但是南人主張應將繼承王統的孝宗視為嫡長子。西人則認為，由於是非嫡長子之孝宗繼承王位，所以他去世後，嫡母不應著三年服，即，慈懿大妃應著期年服。關於此事之論爭，並非自始至終都帶有黨

其謂當服三年者，不能不以孝宗為次長子，其謂當服期
年者，亦不能不以孝宗為次長了。甲亦曰次長子，乙亦曰
次長子，然而甲之說曰，次長子，當服三年，乙之說曰，
次長子，當服期年。雖期三年之不同，其為次長子之實，
則終不可易矣。同是一說，特以制服之閒，而破以為兩
說，爭之紛紛，相排擊不已，吁其異矣。35

朴世堂認為，孝宗身為次子代替長子繼承王位之事實既然
不變，就沒有必要爭執著三年服或期年服。然而，當時爭論的
雙方中，南人的主張是，孝宗既然繼承王位，那麼比起身為次
子的事實，成為長子之名分更為優先，因此，作為繼母的慈懿
大妃應該穿著三年服。而西人的主張則是，雖然繼承王位，但
是孝宗身為次子的事實不會改變，所以慈懿大妃應該著期年
服。要言之，之所以在喪服制度上會產生糾紛的原因是，要求
「為了繼承王統的孝宗正名分」，如果朴世堂堅持他在「天命之
謂性」的注釋中「不能亂名」的主張，就應該更重視三年服或
期年服的問題。然而，朴世堂卻說爭論的雙方都「不會改變作
為次長子之事實」，一口否定辨別兩者之必要。

朴世堂在喪服爭論中的態度，與他批評朱熹將「天命」的

爭色彩。尹亞和、宋時烈最初只是就理學觀點而進行學術性討論。又，西
人中有支持三年服者，南人中也有支持期年服者。因此，此論爭不能僅概
括為「黨爭之一環」。參照崔根德，〈朝鮮朝禮訟之背景與開端〉，《東洋哲
學研究》第24號（首爾：東洋哲學研究會，2001）。

35 朴世堂，前揭《西溪全書》卷7〈禮訟辨〉，頁135。

「命」解釋成「令」，主張不能混亂「在天是理，在人是性」之「名」的時候，大異其趣。前者表現出的態度，如果說在「名」或「實」中強調哪一方，應該是「實」。[36] 簡言之，在前者中，朴世堂表現出對於實際政治的觀點，另一方面，他在力說確立「名」之重要性的上述注釋，又表現出經學上的觀點。即是說，從經書注釋中表現的經學觀點，與面對種種現實問題時，在發言中表達的觀點，兩者未必一致。

　　當然，從經學著述解讀作者的思想，並視其為時代思潮，並非都是不當的做法。梁啟超說「清代思潮是對宋明理學的一大反動，以復古為志向」，[37] 並指出，通過閻若璩（1636-1704）辨偽經，胡渭（1633-1714）批判河圖洛書等行為，打倒向來的權威，確立清學之規模。即，他們的經學通過考證，表現出脫離服從經傳權威的時代思潮。然而，儘管有這些事例，研究

---

36 禮訟問題非如朴世堂所言之簡單。本書之討論以朴世堂之經學說對應「名」，以他對於現實政治問題之發言對應「實」，是為了說明他在注釋中拘於「名」，及在現實中強調「實」，兩者意識之不同。實際上，本書無意將服制論爭以「名」、「實」來區分。進一步來說，本書也無意主張「朴世堂在喪服論爭中的主張重視『實』，其他的論爭者則重視『名分』」。殖民地時代以來的研究，容易將禮頌問題看作單純的黨爭。然而，注重禮訟帶有「臣權為王權加上牽制之功能」的研究，則對前者多有批判。例如，金相俊指出：「對握有強權之君主孝宗，以其長、庶為爭點之熱烈的喪服論爭，這樣的例子在中國的王朝中是找不到的。即是說，朝鮮的儒者透過禮法規制王權的權力超過中國。」參照〈朝鮮時代的禮訟及道德政治〉，《韓國社會學》第5集2號（首爾：韓國社會學會，2001），頁227。

37 梁啟超著，朱維錚校注，前揭《清代學術概論》，頁3。

者仍然不能輕易地將經書注釋和作者的政治立場直接結合起來理解。

　　在十七世紀的朝鮮朝，經學作為社會體系的一部分，作為──在制度上支撐重「文」輕「武」之右文政治的──科舉科目，十分堅固，並非能立刻產生變化的存在。進一步說，以朱子學為基準的經書解釋，一直作為公定注釋推行於學術界。高知名度人物（例如趙翼、尹鑴和朴世堂）的經學著作，自然會受到矚目。然而，就算這些著名的作者帶有革新思想，恐怕也難以直接表現該思想於經書解釋中。對於注釋者而言，以向來的解釋為基礎，是進行解釋時的主要課題之一，他們無法隨意對待經學傳統，經書注釋中能夠加入個人新思考的空間很小。至少在朝鮮社會中，就算某位作者帶有革新的社會思想，也不會直接將它反映在經書解釋上。因此，從經學著作表現出的態度，與該作者對於身處之社會的看法未必一致。經書注釋與社會情勢同時發展且表現出變化，這是不可能的。較為真實的狀況應該是，經書注釋追趕在社會情勢後頭，並逐漸出現變化。

　　如果是在中國大陸的廣大國土中，拒絕滿族統治、斷絕外部聯繫，在隱居地完成的經書注釋書，如王夫之（1619-1692）《讀四書大全說》般的著作，或許他和朝鮮的著名學者所面臨的情勢會有所不同。無論在生前或死後王夫之皆未聞名於世，他過世一百七十年後，同鄉（湖南出身）的曾國藩（1811-1872）、國荃（1824-1890）兄弟刊行《船山遺書》後，才使他揚名於世。所以可以認為，王夫之的著作中，比起反映同時代知識分子社會的動向，更多的是個人思想的發揮。

　　或者若是在德川日本，儒者是社會的少數派，經學不是社會中普遍通行的學問。基於何種思想解釋經書，不但握有政治權力的武士階層不以為意，一般人也不太注意此事。因此，沒有外在力量制約注釋者，阻止他們在解釋經書的過程中反映出自己的獨特思想。

　　進行經學史研究時，有時需從經書解釋中解讀作者的思想，接著把這些思想的因素結合在一起，作為同一個發展過程說明。此即，在歷史上各自分散的「點」之間找出有意義的連結，將它們維繫在一條「線」上，這是思想史研究屢屢採用的方式。然而，實際上常發生的事情是，預先想定一條「線」，然後蒐集能夠描繪這條線的「點」，在此種順序下進行分析。

　　以尋找能夠成為「朝鮮後期之實學」基盤的思想為例。原本的做法應該是：確認「事實」——十七世紀的經學頻繁出現重視實踐的傾向，此種傾向越往朝鮮後期則益發鮮明——之後，就這些「事實」畫出一條「線」，描繪出「十七世紀以來重視實踐的傾向，與實學思想之誕生有所關聯」的思想史樣態。然而，二十世紀初進行的朝鮮實學研究，卻描繪出不同的思想史樣態。那是因為當時實學研究的出發點在於反省「朝鮮儒學只務於心、性、理、氣之講論」，[38]同時也與希望「棄『虛偽』，務『實學』」[39]的目標有關。朝鮮實學研究之目標，遂朝以下方向傾斜：在朝鮮的儒學史中挖掘與程朱學有所區別、跟

38　申采浩，前揭〈沒有問題的論文〉，頁156。

39　申采浩，前揭〈論儒教擴張〉，頁119-120。

隨「實心」的思想傳統。[40]因此，它必然預先想定「成為實學之基盤的思想在程朱學之外」。然後，將十七世紀朴世堂的「實踐性經書解釋」，評價為朝鮮朝中「思想之進步」的表現，是具有價值的「點」，最後使其朝向十八、十九世紀的「實學」發展，如此，便形成了一條「線」。

對十七世紀朝鮮儒者的合理要求

　　若朝鮮朝未曾滅亡並淪為殖民地，二十世紀的知識分子是否仍會將十七世紀儒者圍繞著心、性、理、氣的議論定位為「虛和偽」的討論？此外，在二十世紀之嚴峻年代中，「獨創」和「實踐」被認為極具價值，然而在十七世紀朝鮮儒者解釋經書之際，是否會考慮這些價值？換言之，我們向十七世紀的儒者要求「獨創」和「實踐」，是否妥當？

　　對於配合之後設定的理論體系「再解釋」過去著作的行為，史金納（Quentin Skinner）曾如下說道：

　　　　最持久的神話被創造於，當某歷史學家預期，每一位（在倫理或政治觀念史中）古典作品的作者，在（該歷史學家認為）構成其主題的每一個問題中，都闡述了自己的學說。從處於此種典範的影響下（無論多麼無意識地），到在作者的學說中「尋找」歷史學家強制決定的所有主

40　參照鄭寅普，前揭〈陽明學演論〉，頁10-15。

題，兩者間只有危險的短短一步。作為結果（很常出現的）是，某種類型——可稱為學說神話（the mythology of doctrines）——的討論。[41]

史金納所說的「學說神話」是指，歷史學家設定某個主題後，順著該主題對古典作者的發言進行再解釋。那是歷史學家所設定的主題及其期待招來的，將古典作者「不連續的或偶然產生的行為」，與該作者的學說本質混淆，所做出的不當解釋。這麼說來，從十七世紀著作中的偶發表現，推導出「近代意識之萌芽」，以及從十七世紀經書解釋中異於朱熹的表現，發現「重視實踐的想法」等，在無法對應史實的狀況下，便近似於「學說神話」。

同書中，史金納繼而提出「學說神話的第二形態」：

對於歷史學家所規定的某個主題，古典的理論家因為沒有表現清楚的學說而被責備，被認為他失敗於此。……此種學說神話形態的主要表現，包括：將一個認為與其主題相符，然而不知出於何種理由而未被討論的學說，歸給某一位古典理論家。有時，這些偉大人物所說的話會被過度解釋，推測囊括他們從未提到的主題。例如，阿奎納（Aquinas）或許未就「愚蠢的『公民不服從』」之主題發

---

41 Skinner Quentin., "Meaning and Understanding in the History of Ideas", *History and Theory*, Vol. 8, No. 1 (1969), p7.

表聲明，但可以肯定他「不會批准」。同樣地，馬西利烏斯（Marsilius）一定會贊同民主，因為「他擁護的主權屬於人民」。[42]

此處史金納論及，對於研究者指定的主題，沒有表現出清楚見解的歷史人物，如何遭到「再解釋」的過程。某些人物因為未對歷史學家認為重要的主題表現出清楚見解，遭受後者批判。或者，某些人物從未表達見解卻遭到過度解釋，被推定他一定認可某種見解。

由於對邁入二十世紀後才設定的思想主題未表現出關心，十七世紀的某儒者因此被分類為「只是默默跟從以往傳統的儒者」，此種現象正是「學說神話的第二形態」。或者，對於二十、二十一世紀評價為「虛」和「假」的思想主題，某位儒者未明確表現否定態度，卻在「字裡行間」被解讀出「他實際上暗暗否定該（「虛」和「假」的）主題」，這又是另一個「學說神話的第二形態」。

以朝鮮儒學史的狀況為例，尹鑴為《大學》、《中庸》注釋之事，被解釋為：「尹鑴為此二書做了獨創性解釋，意味著他全盤反對朱子學，因為從經學面支撐朱子學的正是《大學章句》、《中庸章句》。（另一方面）許穆注六經的理由則是……欲克服朱子學四書體系的限度，建立以六經為中心的體系。」[43]

42　Skinner Quentin., "Meaning and Understanding in the History of Ideas", p12-13.
43　鄭豪薰，〈十七世紀北人系的南人學者的政治思想〉（首爾：延世大學博士

引文中列舉的例子，皆如同被創造的「神話」。如果引文為尹鑴和許穆行為所做的說明是正確的，那麼十七世紀別具特色的經書解釋，都會變成為了批判朱子學、克服該體系而出現之物。即，為四書做注者，抱持從正面批判朱子學之目的，而為六經做注者，則帶有否定朱子學的四書體系，以達暗中批判朱子學的目的。此外，未批判朱子學的多數儒者則成為「墨守朱子學者」或「朱子學強迫症患者」。再者，尹拯和朴世堂圍繞「格物」的討論，儘管與經文內容及朱熹著作皆有深入的聯繫，卻因此而被認為不需要更精密的考察。他們兩人的討論，只單純地被視為是，墨守朱子學解釋的尹拯，與重視實踐思想的朴世堂，之間所產生的衝突。而十七世紀的經學討論，則變成認為「朱子學無法度過現今問題」的一方，與不認為如此的另一方之對立。其中，異於朱熹的注釋則被定位成「因出於批判朱子學的意圖而執筆，最終帶來朝鮮後期的實學思想」。

　　根據黑住真之說，在德川時代的日本，「自幕末林家設定『德川思想體制＝朱子學』之架構開始，近代日本的德川思想解釋便一直使用此框架。提出林羅山『奠定朱子學為德川三百年間之教育主義』的井上哲次郎為其代表。在戰後研究史中，帶著許多戰後的偏見，再次固定此架構的是丸山真男。……他的德川思想體制論是，將對於眼前天皇制國家及東洋式前近代的處理方式，投射到德川時代的產物。……這個戰爭期間的

_____

　　學位論文，2001），頁127-130。

『迴避』構造，不可思議地在戰後由研究者持續生產」。44 也就是，從幕末林家的紀錄，經過井上哲次郎，到描繪該體制之解體的丸山真男，皆存在著「德川思想體制＝朱子學」的架構——儘管今日的研究已否定此架構，論證德川日本不但不是朱子學體制，它甚至根本不是儒學的世界。眾所周知，對於作為其《日本政治思想史研究》前提的該架構，丸山真男在日後修正如下：

> 本書第一、第二兩章的共同前提是，「朱子學思維方式」在江戶時代初期一達到社會普遍化，就在十七世紀後半到十八世紀初逐漸開始崩潰，並因為古學派之抬頭面臨挑戰。但是，此前提不但被困在歷史進化的想法中，也很難說它正確地對應具體的歷史事實……也就是，必須將作為社會意識形態之朱子學的普及，與古學派對朱子學之挑戰，視為幾乎同時進行。45

其次，將「不能說是通過對歷史進化的思考而認識到的，而且也準確地對應於具體的歷史事實」般的內容作為前提，對於發生此事的二十世紀初的「時代性原因」，丸山亦說明如下：

> 本書收錄之論文，寫作時適逢知識社群中再三討論「近

44 黑住真，前揭《近世日本社會と儒教》，頁27-28。引文內省略書名。
45 丸山真男，前揭〈英文版作者序〉，《日本政治思想史研究》，頁401。

代的超克」問題之時。必須超越的「近代」是一個複合概念，廣義上包含文藝復興以後，狹義上包含產業革命和法國革命以後，西歐所具有的學術、藝術等文化乃至技術、產業和政治組織。超越論者共同展望，現在的世界史正處於轉折點上，英美法等「先進國」所帶來的「近代」及其世界規模之優越性，在一聲巨響中分崩離析，取而代之的將是新文化。46

在此——「近代的超克」逐漸合流於建設「世界新秩序」的合唱——時代背景下，「『德川思想體制＝朱子學』之架構」如此「由現代研究者持續生產」。儘管面對十七世紀史料，由於研究者身處現在的時間點，抱持現在的問題意識和時代課題，導致其研究無法與現在的問題意識和時代課題分離。因此，思考儒學史時，必須時刻意識到，十七世紀儒者抱持的問題意識和時代課題與我們不同。

十七世紀的朝鮮朝中，被批評為更改朱熹經書注釋的著作，在當時的確被認為「異於朱子之注」，然而「該作者具有否定朱子學體系之意圖」的推斷，並不符合當事者之意志。例如，基於本書之分析，朴世堂實際上以朱子學理論為前提，認為有問題的是朱注未能正確表現朱熹的理論。他和尹拯的學術討論並非朱子學批判者和朱子學者間的討論。再者，趙翼的新注釋雖然「異於朱子之注」，但是他主張「自己只追隨朱子之

---

46 同上，頁396。

說」，單從他向國王奉上自己的注釋一事來看，無法確認他持有對抗朱子學之意圖。又，崔錫鼎的新注釋雖然修改朱熹的注釋，但是從他說王陽明的《大學》解釋「非但背馳於朱子，將與孔曾相傳之旨，一南一北」，明顯可知他一直保持著朱子學者的自我認同。

上述朝鮮儒者未曾說過「朱子學無法突破今日的難關」，也未表現出「為了找出新的活路，須改朱子學經書注釋」之想法。這些都是二十世紀初殖民地時代知識分子的言語及認識。

第二節　從東亞的視角出發

「古」

儒者將古聖人視為理想是理所當然之事，然而在東亞儒學史中，追求理想的方式有許多種。眾所周知，德川日本的伊藤仁齋去除《大學》、《中庸》文本中後世混入的內容，致力回復其本來面貌。古學派批評朱子學經書解釋的主要論據在於後者「與古聖人之言有異」。另一方面，朝鮮朝儒者了解《大學》、《中庸》非自古以來的經書，卻視之為引導學習者向道的書籍予以尊重，同時認為，朱子學理論中異於古文的部分，乃為幫助學習者所添加，是有助於理解的說明。即是說，儘管德川日本的古學派和朝鮮朝儒者在某種程度上共有對於事實的認識，如同此例一般，他們仍然有著不同的理解方式。

到了中國經學史的後半期開始正式進行的──雖然此前並

非不存在——經書辨疑，即分辨經書文句是自古流傳或後世混入，取得了有意義的成果。在《大學》文獻考證的歷史中，明代陽明學「為見聖人之心」主張「恢復《大學》舊本」。[47]劉宗周（1578-1645）晚年集所有《大學》版本進行校正，著《大學古文參疑》。其弟子陳確（1604-1677）[48]著《大學辨》，論證《大學》與孔孟無關。又，閻若璩成功論證《古文尚書》為偽書，被視為重要的歷史「事件」。關於此事，梁啟超如下說道：

> 《尚書古文疏證》，專辨東晉晚出之《古文尚書》十六篇，及同時出現之孔安國《尚書傳》皆為偽書也。此書之偽，自宋朱熹、元吳澄以來，既有疑之者；顧雖積疑，然有所憚而莫敢斷；自若璩此書出而讞乃定。夫辨十數篇之偽書，則何關輕重？殊不知此偽書者，千餘年來，舉國學子人人習之，七八歲便都上口，心目中恆視為神聖不可侵犯；歷代帝王，經筵日講，臨軒發策，咸所依據尊尚。……自漢武帝表彰六藝，罷黜百家以來，國人之對於六經，只許徵引，只許解釋，不許批評研究。[49]

---

47 余英時，《論戴震與章學誠》第2版（北京：三聯書店，2005），頁18-34。

48 陳確，字乾初，浙江海寧人，是明清交替期具有獨創性的思想家。四十五歲時，師事劉宗周。其著作經過長時間的埋沒，終於在1854年開始被逐一出版。

49 梁啟超，前揭《清代學術概論》，頁13-14。

　　懷疑自小深信為普遍真理的經典，論證其為偽書，直到最終確認，這並非簡單的過程。人們的懷疑大量累積，經過與既存的刻板印象持續戰鬥後，才終於達成此事。閻若璩的《古文尚書疏證》在這個意義上，不只是經學史，在學術史上也被認定為有意義的業績。

　　以這樣的定義來看，伊藤仁齋對經書的辨疑，在十七世紀東亞的學術史、經學史中自然別具意義。他在經書中辨別後代竄入要素的工作，沒有屈服於經書和朱子學的權威，反倒將兩者拉進批判的研究領域。

　　伊藤仁齋曾敘述自己脫離後人解釋，直接面對古文的過程，如下：

　　　余十六七歲時，讀朱子四書。……二十七歲時，著太極論，二十八九歲時，著性善論，後又著心學原論，備述危微精一之旨，自以為深得其底蘊而發宋儒之所未發。然心竊不安。又求之於陽明近溪[50]等書，雖有合於心，益不能安，或合或離，或從或違，不知其幾回。於是悉廢語錄註腳，直求之於語孟二書，窹寐以求，跬步以思，從容體驗，有以自定醇如也。於是知余前所著諸論，皆與孔孟背馳，而反與佛老相鄰。[51]

50　近溪為明末陽明學者羅汝芳（1515-1588）之號。他主張「孔孟之教歸於孝悌」。

51　伊藤仁齋，前揭《古學先生詩文集》卷5〈同志會筆記〉。

學習十年後，仁齋理解朱子學理論，並開始執筆相關著作。然而，後來非但不是透過朱子學的理論或注釋，反而是直接體會《論語》、《孟子》本身，使他達到學問自得。因此仁齋領悟，朱子學近於與孔孟之教有所出入的佛教和老莊思想。

如此領悟後，仁齋開始論述孔子的簡潔言辭與程朱的複雜理論之間的差異，將《論語》、《孟子》的文章作為基準，闡明朱熹注釋與古代經書內容不合之處。仁齋主張，宋儒注釋會妨礙對於孔孟思想的正確理解。

同時，荻生徂徠也表示：「中年得李于鱗王元美集以讀之。率多古語，不可得而讀之。於是發憤以讀古書。……於是回首以觀後儒之解，紕漏悉見。唯李、王心在良史，而不遑及六經，不佞乃用諸六經，為有異耳。」[52]

然而，十七世紀朝鮮儒者也廣泛閱讀李攀龍（1514-1570）、王世貞（1526-1590）的著作。以先秦兩漢時代文章為模範的所謂「擬古文」著作，其中包含明代弘治、嘉靖年間流行的李夢陽、何景明等前七子，與李攀龍、王世貞等後七子，這些著作在1620年前幾乎全部輸入朝鮮。對朝鮮文壇發揮極大影響力者無他，乃李攀龍、王世貞兩人。[53]然而，朝鮮後期所謂秦漢古文派[54]對古文的追究，並未如荻生徂徠之古文辭學一

---

52 荻生徂徠，《徂徠集》（元文改元之頁附有勝忠統序，早稻田大學柳田文庫11A1126，18）卷28〈復安澹泊（第三書）〉。

53 姜明官，〈十六世紀末十七世紀初擬古文派之受容與秦漢古文派之成立〉，《韓國漢文學研究》第18號（首爾：韓國漢文學會，1995），頁292。

54 對於朝鮮朝中可以稱為「秦漢古文派」的流派是否實際存在，學界見解不

般展開。

朝鮮的許穆說「注疏起而古文廢」,[55]批判性地捕捉到,注疏使用的文體與古文不同,且該文體使古文逐漸不被使用。只是,從下文可知,許穆的古文觀實際上與他對注釋文體之價值認同,是同時存在的:

> 宋時程氏朱氏之學,闡明六經之奧纖悉,委曲明白,懇懇複繹,不病於煩蔓。此註家文體,自與古文不同,其敷陳開發,使學者了然無所疑晦。不然,聖人教人之道,竟泯泯無傳,穆雖甚勤學,亦何所從而得古文之旨哉。後來論文學者,苟不學程朱氏而為之,以為非儒者理勝之文。六經古文,徒為稀闊之陳言。穆謂儒者之所宗,莫如堯舜孔子,其言之理勝,亦莫如易、春秋、詩、書,而猶且云爾者,豈古文莫可幾及,而註家開釋易曉也。穆非捨彼而取此,主此而汙彼。[56]

許穆認為,雖然程朱學的文體受到儒者歡迎,但是最應尊崇的理勝之文則為六經古文。另方面,程朱用來解釋經書的文體,是使讀者能夠明瞭經書之意之無可取代的存在。正因為有那般詳細的經書解釋,學習者才能夠理解六經之文。若無闡明

一,唯本書暫且使用「秦漢古文派」之稱。

55 許穆,前揭《記言》卷5上篇〈答客子言文學事書〉,頁52。

56 同上,〈答朴德一論文學事書〉庚辰(1640)作,頁51。

六經深處之意的注釋，則聖人所教之道將亡而無法流傳。如此，許穆將朱子學經書解釋使用的注疏體與經書文體之間的差異解釋得理所當然。

許穆的古文重視只停留在文學及文體方面，並未直接連結經學觀。他對於文體的問題關心也不曾與經書的原典考證問題有所聯繫。因此，儘管許穆認同尹鑴《讀書記》之創見（詳見本書第三章），但卻對改訂《尚書》、《中庸》本文之行為不合道理，而有如下批評：

> 毀改經文，蓋亦前古之未聞。聖人之言，可畏不可亂也。天下可誣也，聖人之言不可亂也。……既以六經古文，毀改無難，則其視曾子子思，固已淺尠矣。然萬萬無此理。[57]

許穆認為「經文應當作為聖人之言尊崇，而非分辨真偽的對象」。朝鮮儒者的聚焦點在於——如同趙翼於下則引文所言——通讀「現行」的經書：

> 如尚書今文古文有無，[58]於文義小無所關，雖明記有何益，雖錯記有何害，而以此為立落。……如此之類，乃經

57 同上，卷3〈答堯典洪範中庸考定之失書〉，頁44。

58 表示《書經》中偽古文尚書部分之文句。例如，在朝鮮朝中廣為閱讀的《書經集傳》（朱熹命弟子蔡沈編纂的《書經》注釋）中，偽古文《尚書．大禹謨篇》，以「今文無，古文有」表示。

書中極不緊之事，雖使讀者於此極精且熟，於通經，豈少
有所益乎。[59]

此文主要批評要求完整記憶《尚書》全書之注的科舉考試
方法。同時顯露趙翼在學習經書時所關心的問題。若以今日常
識觀之，學習《尚書》必定需要先確定書中何處是偽古文，何
處是今文。既然趙翼未將「古文」視為「偽古文」，那麼他當
然認為，記得《尚書》某部分可見於《古文尚書》卻未收錄於
《今文尚書》之類的問題，都無助於通經，所以予以駁斥。

其次，他對於「四書體系由程朱所創，非古來就有」一
事，理解如下：

漢時未見有以論孟竝取者，亦未見竝取孔孟者。至唐韓
愈，始推尊孟子，謂孔子傳之孟軻，韓柳書皆竝稱論
孟。……庸學二篇，在戴記中，漢唐儒者，皆莫知其為聖
學正傳。……至程子，始合論孟及庸學二篇為四書，以為
學者求道希聖之門路。……此程夫子之學所以獨出於漢唐
以來千餘年間，而獨得乎聖人之傳也。……四書未表章之
前，學者固難乎知向方矣。四書表章之後，學者之於求
道，一如迷道之得指南，坦乎其無難也。然今世之士，未
見有深味乎此者，如日月光明，瞽者莫見，雷霆震動，聲

---

59 趙翼，前揭《浦渚集》卷24〈道村雜錄〉上，頁428。

者無聞也。[60]

　　趙翼知道《孟子》、《大學》、《中庸》在唐宋以後才被認可為經書，卻不將《孟子》、《大學》、《中庸》原本不具經之地位視為問題，他認為「因為宋儒將《孟子》、《大學》、《中庸》與《論語》一同彰顯，使聖人之道得以無缺損地流傳」。

　　進而言之，朝鮮儒者不但不認為《大學》等後來出現的經書有問題，甚至不認為以儒學文獻原本沒有的用語解釋經書有何問題。相反地，他們認為，如果只使用古代用語反而會使學習者難以著手，因此程朱所做的詳細說明有助於學習者求道。以下，謹就此點舉例，以比較德川日本儒者和朝鮮儒者的認識異同。

　　朱熹解釋《大學》「明明德」之際，使用佛教意味濃厚的「虛靈不昧」。朱熹以「明德者，人之所得乎天。而虛靈不昧，以具眾理而應萬事者也。禪家則但以虛靈不昧者為性，而無以具眾理以下之事」，[61] 來說明「虛靈不昧」。認為，儘管同樣使用「虛靈不昧」之詞，但是表述其狀態為「具備理而運作」之處，顯示自己與佛教有所不同。

　　然而，伊藤仁齋認為此舉之問題如下：

　　　　虛靈不昧四字本出於禪語，即明鏡止水之理，而明鏡止

60　同上，趙翼，《浦渚集》卷24〈道村雜錄〉上，頁428。

61　黎靖德編，前揭《朱子語類》卷14〈大學一〉，頁439。

水四字亦出莊子。此二語於吾聖人之書本無此理，亦無此語，實佛老之真詮也。要之，聖人其相反不翅冰炭，失明德二字之義遠甚矣。[62]

仁齋指出，「虛靈不昧」不只是佛教用語，其語意甚至與《莊子》「明鏡止水」之意相同，兩者皆違背儒學之教。蓋其認為，使用不存在於古代儒家概念的語詞來解釋經書的行為，應當批判。

「虛靈不昧」確實是佛教用語，表現「不偏好任何事物，空一般的心之本體」。佛教以保有「心之本體之空」狀態為目標進行修養。[63]

另一方面，趙翼卻主張「『虛靈』是朱熹新創的用語」，其說法如下：

> 虛靈二字，朱子以前，未之見也。乃朱子所創造以直指此心體段者也。靈以知覺言也。唯靈故能知覺也。乃指心神之妙也。虛以其無形象而言也。何以知朱子之意必然

---

62 伊藤仁齋，《大學定本》（元祿十六年冬校本）（東京大學文學部漢籍コーナー所藏：天理圖書館400012複寫本）。

63 例如，宗密《圓覺道場修證廣文》（域外漢籍珍本文庫編纂出版委員會編，《域外漢籍珍本文庫》第二輯子部第17冊，重慶：西南師範大學出版社，2011），頁442，卷12：「無意識知身識覺，虛靈不昧似明珠。此即經中明字是，不開智慧不開愚。又且珠明有可見，心明空廓無形軀。」宗密（780-840，唐人，俗姓何，謚定慧，圭峰大師）為華嚴宗第五祖，著有〈原人論〉，論三教一致。

也。觀朱子所自言者，可知矣。小註云，虛靈自是心之本體。[64]耳目之視聽，所以視聽者即其心也。豈有形象。然有耳目以視聽之，則猶有形象也。若心之虛靈何嘗有物。孟子盡心章小註云，知覺是氣之虛靈。[65]此可見此虛字以知覺無形象而言也。程子所謂心兮本虛應物無迹亦然。[66]唯無形象故應物無跡也。朱子之所自言如是，則所謂虛靈其意不過如是，而諸儒注釋或謂理氣合故虛靈，[67]或謂虛心之寂，靈心之感。[68]此說皆與朱子之言異。[69]

趙翼主張，「虛靈不昧」用以解釋「心的本來狀態是虛而靈妙，能應萬事而感知其原狀」的狀態。同時，他並未視「此用詞在朱熹使用之前，未曾出現在經書解釋中」為問題。繼而批判《四書大全》的小注中，陳淳和盧孝孫之注是不明朱熹使用「虛靈」的意圖而牽強附會的產物。

---

64 《大學章句大全》小注：「虛靈自是心之本體，（非我所能虛靈。）耳目之視聽所以視聽者即其心也，豈有形象。然有耳目以視聽之，則猶有形象也。若心之虛靈，何嘗有物。」此小注為《朱子語類》卷五之引用。

65 《孟子集注大全》卷13〈盡心上〉小注「偏言知覺惟見氣之靈耳。」為新安陳氏之說。

66 《河南程氏文集》卷8（伊川先生文）〈四箴、視箴〉。朱熹《論語集注》顏淵篇引用為注。

67 《大學章句大全》小注：「北溪陳氏曰，人生得天地之理，又得天地之氣。理與氣合，所以虛靈。」

68 《大學章句大全》小注：「玉溪盧氏曰明德只是本心。虛者心之寂，靈者心之感。」

69 趙翼，前揭《浦渚先生遺書》卷1〈大學困得〉，頁3-4。

　　眾所周知，不只「虛靈不昧」，朱熹尚使用許多佛教用語
解釋經書。若質疑構成朱子學理論體系之用語和概念出處，排
除從佛教而來的用語和概念，將無法完整表現朱熹欲傳達的內
容。從佛教而來的用語和概念在朱子學中占有如此大的比重，
就算是現代研究者研究朱子學時，也會意識到過去一直存在的
對於「朱子學是佛教」的批判。因此，研究朱熹哲學，或是閱
讀相關著作時，如陳來所言，我們需要知道「一個哲學的性質
與意義主要不在於運用了哪些傳統觀念材料，而在於對所利用
的材料是否或做了某種改造和新的解釋」。[70] 出於同樣理由，
可知致力於朱子學研究的朝鮮儒者的做法是，比起追尋解釋
用語的出處，不如直接在朱子學已經賦予的新意涵上使用該
用語。

　　如此，儘管朱子學的用語未見於古代經書，朝鮮儒者仍持
續使用該些用語。例如，丁若鏞如下說道：

　　　今按體用之說，不見古經。然物固有體用也。然天道布
　　散處，有體有用，其微密處，亦有體有用。[71]

　　「體用之說」未出現於經書，固非儒學原本就有的概念。
丁若鏞在承認此事的基礎上，認為「以體、用思考事物是有用

70　陳來，前揭《朱熹哲學研究》，頁5。
71　丁若鏞，《與猶堂全書》第2集《經集》卷4《中庸講義補》卷1〈君子之道
　　費而隱節〉（首爾：景仁文化社，1989），頁68。

的方法」。在朝鮮儒學界中，以經傳未見之用語、概念解釋經書的朱子學方法，被視為正確理解經書內容的活動及作為。

尖銳地指出經書原義和朱熹解釋之隔閡的伊藤仁齋見解，若傳入十七世紀的朝鮮儒學界，朝鮮儒者應該會予以否定。然而，追究經書原義之仁齋的態度，就算被否定，很有可能引起一定的反響。之所以能夠如此推論，是因為清儒毛奇齡（1623-1716）的著作傳入朝鮮時，產生如下的現象。

毛奇齡的著作傳入朝鮮後（普遍推測在十八世紀中期），他成為最受批評的人物。朝鮮儒者否定他的原因在於，身為明朝遺民卻入仕清朝，以及他毫不保留地批判朱子學之處。毛奇齡以回溯經書原義攻擊朱子學的這一點，可說與伊藤仁齋類似。只是，朝鮮後期儒者雖嚴厲批評毛奇齡學說，實際上卻十分關心毛奇齡提出的龐大資料及細緻的理論開展，並大量參考他的學說。一說認為朝鮮後期儒者因受到毛奇齡經學的刺激，而獲得批判性檢討朱熹經學的機會。[72]

伊藤仁齋的《童子問》在1719年傳入朝鮮。[73] 儘管此書激烈批評朱子學，卻沒有被朝鮮儒學界認定是值得認真討論的「問題作品」。然而，如眾所周知，也存在朝鮮儒者對德川日本

---

72 參照金文植，〈朝鮮後期毛奇齡經學的受容樣態〉，《史學志》（首爾：檀國史學會，2006），頁137-138。

73 姜在彥，〈朝鮮通信使と鞆の浦〉，《玄界灘に架けた歷史——歷史的接点からの日本と朝鮮》（東京：朝日新聞出版，1993），頁137。及夫馬進《朝鮮燕行使と朝鮮通信使》（名古屋：名古屋大學出版會，2015），頁255。

儒學展現興趣的例子，這些紀錄為一些先行研究所關注。[74] 例如，被稱為朝鮮後期實學者的金正喜（1786-1856），與作為書記和朝鮮通信使一同出行的金善臣（1775-1811 以後？）交遊，因此「凝視了日本文化的真相」。[75] 又，如同「1748 年的通信使中的許多人在抵達日本前已讀過此書（《童子問》）」，[76] 擔任通信使的朝鮮儒者於出使日本前，已「預習」德川日本的儒學，做好與日本儒者討論的準備。

儘管如此，當兩國儒者實際相遇時，通信使們「預習」的不過是過時的內容，而且當場就暴露他們對日本儒學情勢之無知。

如同夫馬進所敘述，1748 年擔任通信使書記前往日本的李鳳煥，與上月專庵（1704-1752）進行筆談：「（專庵）利用對方（李鳳煥——引用者注）對日本儒學情勢之無知，任由其誤解、配合話題，繼續進行筆談。……關於當時學術界的動向，刻意不傳達正確情報。」[77]

其次，讓我們進一步討論，朝鮮儒者中什麼人在何種著作中，如何提及日本儒者及其著作？首先，安鼎福（1712-1791）

---

74 朴熙秉，〈朝鮮的日本學之成立——元重舉與李德懋〉，《韓國文化》第61號（首爾：首爾大學奎章閣韓國學研究院，2013）以被稱為實學者的朝鮮儒者與日本相關的紀錄為中心，分析其內容，並稱之為「日本學」。

75 藤塚鄰，《清朝文化東伝の研究——嘉慶、道光學壇と李朝の金阮堂》，（東京：國書刊行會，1975），頁146-147。

76 夫馬進，前揭《朝鮮燕行使と朝鮮通信使》，頁255。

77 同上，頁259。

在《橡軒隨筆》中建立「日本學者」項目，以四百九十三字介紹伊藤仁齋和林羅山的學派。他以「大抵推尊孟子，而時疵伊川矣」[78]介紹仁齋的《童子問》，怎麼看都像是未曾讀過《童子問》，或者讀過卻不認為需要論辯此書。在「日本學者」項目之前後，是「海中大島」和「佛法入中國」的項目，這些項目中，介紹許多不可思議的傳聞。或許能夠將「日本學者」之內容視為與這些項目性質類似的文章。

其次是李德懋（1741-1793）所著〈日本文獻〉。由於開頭記有「戊辰（1748）年朝鮮通信使行之時」，[79]可知此書內容從通信使的紀錄或談話而來。以引用安藤陽洲（1718-1783）、留守希齋（1705-1765）等人談話的形式，列舉藤原惺窩、中江藤樹、木下順庵、山崎闇齋到伊藤仁齋、荻生徂徠等三十九位儒者之名（其中也包含少數對儒學持有興趣的大名之名），並加以簡單介紹。又，李德懋的《蜻蛉國志》之「人物」項目中，與豐臣秀吉等政治人物一起提到了伊藤仁齋、荻生徂徠等儒者。[80]《蜻蛉國志》是關於蜻蛉國（即日本國）的紀錄。從天

---

78 安鼎福，《順菴集》卷13，《橡軒隨筆》（首爾：民族文化推進會《韓國文集叢刊》第230冊，1999），頁46。

79 參照《朝鮮王朝實錄（英祖實錄）》英祖二十四年（1748）閏七月三〇日壬午記事。正使為洪啟禧，副使為南泰耆，書記官為曹命采。

80 李德懋，《青莊館全書》卷58《盎葉記》之〈日本文獻〉、卷64-65《蜻蛉國志》（首爾：民族文化推進會《韓國文集叢刊》第257-259冊，2000）。《蜻蛉國志》分成「世系圖」、「世系」、「姓氏」、「職官」、「人物」、「藝文」、「神佛」、「輿地」、「風俗」、「器服」、「物產」、「兵戰」、「異國」等項目介紹日本。李德懋字懋官，號青莊館。

皇世系到官職、風俗等都有簡略的介紹。未曾去過日本的李德
懋基於朝鮮通信使的紀錄，寫下「日本之人，大抵柔而能堅，
堅而亦不能悠久」[81]等評論。

　　要言之，十八世紀時，與朝鮮儒者主流群體有一段距離的
人們之中，對各式各樣的見聞有興趣者，撰寫「百科全書」類
的書籍時，曾介紹「日本的學者」。然而，其中展現對日本儒
學的興趣，大抵只有「日本存在例如仁齋和徂徠等攻擊程朱學
的儒者」般的程度而已。日本儒者之著作與毛奇齡的著作相
比，在朝鮮產生的影響大不相同。理由或許是受到以文祿、慶
長之役為契機而具象化的日本認識之影響，當時的日本認識主
要將日本人視為夷狄、野蠻人，[82]恐怕，朝鮮儒者並不認為包含
仁齋在內的德川日本儒學者，是值得認真思考的對象。

　　1813年，丁若鏞集《論語》古注和新注，加上自身見解完
成《論語古今註》。書中取來與古注做比較的今注，在朱熹、
顧炎武（1613-1682）、毛奇齡以外，尚引用伊藤仁齋之說兩
處，荻生徂徠之說四十三處，太宰春台之說一百一十二處。[83]然
而，丁若鏞並非直接從這些儒者的著書中引用其說法，而是從

81　同上，卷64〈蜻蛉國志〉之「人物」。

82　河宇鳳，《朝鮮後期實學者之日本觀研究》（首爾：一志社，1989）。此書
　　之日文譯本：井上厚史譯、解說《朝鮮實學者の見た近世日本》（東京：
　　ぺりかん社，2001）。

83　李篪衡，〈關於茶山《論語古今註》之研究〉，《大東文化研究》第29號
　　（首爾：成均館大學大東文化研究院，1994），頁5。關於《論語古今註》
　　中引述之德川日本學說，河宇鳳記為仁齋三處，徂徠五十處，春台一百四
　　十八處，與李篪衡計算結果不同。何者正確尚待今後考察。

春台的《論語古訓外傳》裡間接引用而來。[84]理由或許是當時關於德川日本儒學的資料相當有限。朝鮮通信使自1811年出使對馬後便停止訪問，在此之後，朝鮮對於日本的關心又更加下降。

　　進入殖民地時代後，如前所述，伊藤仁齋、荻生徂徠等人被日本學界評價為「果敢挑戰經典和朱子學權威」，而朝鮮朝儒者則作為對比，因為沒有德川日本儒者那般的革新性，所以被烙上「朱子學跟隨者」的烙印。十七世紀時，朝鮮儒者根本不把德川日本的儒學放在眼裡，但是到了二十世紀，德川儒學卻以「透過對朱子學的批判所成立的近代性思維」之模範案例的姿態重新出現，成為評價朝鮮儒學史的嶄新的──然而也是完全從外部來的──評價軸。

　　不久後，殖民地學界注意到，十七世紀朝鮮朝有一群儒者對朱子學經書解釋提出異議，因此將他們定位為「近代意識之萌芽」。然而，這實際上只是把積極評價德川日本古學派為「近代意識之成長」的觀點，強行適用在朝鮮儒學史而已。也就是，將前者的研究當作典型，不是從「朱子學內部展開」，而是從「朱子學批判意識之成長」的觀點──此種觀點由德川儒學研究史而來──對十七世紀朝鮮經學史進行重新解讀。

---

84 儘管有些研究認為丁若鏞直接參考仁齋和徂徠之著作，然而河宇鳳透過與伊藤仁齋《論語古義》、荻生徂徠《論語徵》之比對，闡明丁若鏞從太宰春台《論語古訓外傳》引用了仁齋和徂徠之說。參照河宇鳳，前揭《朝鮮後期實學者之日本觀研究》，頁232。

理解朱子學的方式

　　由程頤提倡，在朱子學中確立的「主敬」修養方法，不存在於古代儒學中。[85]因此，自朱熹在世之時，便有人開始指出「古之敬不同於朱子學所言之敬」。對此，《朱子語類》記錄了朱熹的回答：

　　　　曰，程子說得如此親切了，近世程沙隨猶非之，以為聖賢無單獨說敬字時，只是敬親、敬君、敬長，方著箇敬字。全不成說話。聖人說修己以敬，[86]曰敬而無失，[87]曰聖敬日躋，[88]何嘗不單獨說來。若說有君有親有長時用敬，則無君親無長之時，將不敬乎。都不思量，只是信口胡說。[89]

　　程迥（號沙隨）認為，本來之「敬」為在「敬父母」、「敬君」、「敬年長者」的狀態，除了「自己」之外，一定伴隨著另一個施行「敬」的對象，而程朱學中具有自我完結性的「主敬」脫離了「敬」的原義。對於程迥的指摘，朱熹舉《論

85　黎靖德編，前揭《朱子語類》卷12〈學六〉，頁368。「自秦漢以來，諸儒皆不識這敬字，直至程子方說得親切，學者知所用力。」

86　《論語・憲問》。

87　《論語・顏淵》：「君子敬而無失，與人恭而有禮。」

88　《詩經・商頌》，長發「湯降不遲，聖敬日躋。」

89　黎靖德編，前揭《朱子語類》卷12〈學六〉，頁368。程迥為隆興年間（1163-1164）進士。沙隨應為其號。

語》「修己以敬」和其他在無對象時言及「敬」的經文進行反駁。朱熹認為，「敬」的對象無論是他者或自己，在指涉「收斂身心，整齊純一，不恁地放縱」[90]的這一點上，是同一種將「敬」包含在內的精神態度。

　　伊藤仁齋和在宋代批評朱子學之人一樣，論及古人所言之「敬」異於朱熹所言之「敬」，如下：

> 論曰，古人言敬者多矣。或就天道而言，或就祭祀而言，或就尊長而言，或就政事而言。皆有所敬而然。曰修己以敬，[91]曰居敬而行簡，[92]皆以敬民事而言。未有無事而特言敬者也。若後世之言敬者，異哉。[93]

　　仁齋認為，古人所言之敬，是有一個需要敬慎的對象才產生的行為，而不是在什麼都沒有發生的狀況下進行的修養。若在什麼都沒有發生時行「敬」之事，乃後世學者（即宋儒）之敬說，與古代之敬說不同。

　　對於朱子學「持敬」之說，仁齋批判「專持敬者，特事矜持，外面齊整，故見之則儼然儒者矣。然察於其內則誠意或不給，守己甚堅，責人甚深，種種病痛。故在其弊有不可勝言者

90　同上，頁369。

91　《論語‧憲問》：「子路問君子。子曰，脩己以敬。」

92　《論語‧雍也》：「仲弓曰，居敬而行簡，以臨其民，不亦可乎。」

93　伊藤仁齋，前揭《論語古義‧憲問》。

焉」，[94]並進一步認為「（宋儒）不要以忠信為主，而卻徒欲以一敬字該學問之始終」，將「主敬」理解為「隨意對待『忠信』，認為只有『敬』就足夠」。[95]

然而，朱熹言「無事時敬在裡面，有事時敬在事上。有事無事，吾之敬未嘗閒斷也」，[96]又言「然敬有甚物。只如畏字相似，不是塊然兀坐，耳無聞，目無見，全不省事之謂。只收斂身心，整齊純一，不恁地放縱，便是敬」。[97]雖然「要且將箇敬字收斂箇身心，放在模匣子裡面，不走作了，然後逐事逐物看道理」，[98]但是「須於應事接物上不錯，方是」。[99]換言之，朱子學之「敬」是，從什麼都未發生時就醒覺精神，在事情發生時集中精神不出錯，因此反而警戒「捨忠信，徒守敬」之事。若是「將忠信等閒視之，只致力於敬」者，朱熹應該也會有所批判。

另一方面，朱熹的發言尚有「人之心性，敬則常存，不敬則不存」[100]，及「敬則天理常明，自然人欲懲窒消治」[101]，「人能

---

94 伊藤仁齋，前揭《童子問》上第36章（東京大學文學部漢籍コーナー所藏，天理圖書館406178の複寫本）。

95 同上，上第37章：「宋儒所謂持敬云者，與古人就事致敬者，其意既異，而亦不要以忠信為主，而卻徒欲以一敬字該學問之始終，猶欲以單方治百病，其不誤人者，未之有也。」

96 黎靖德編，前揭《朱子語類》卷12〈學六〉（《朱子全書》第14冊），頁374。

97 同上，頁369。

98 同上，頁369。

99 同上，頁375。

100 同上，頁371。

101 同上，頁372。

存得敬，則吾心湛然，天理粲然，無一分著力處，亦無一分不著力處」[102]等。也就是，上述仁齋之批評，只針對朱熹「敬」說中「在靜時修己」的部分。在朱子學關於「敬」的見解中，仁齋只擷取到向內的部分，並視為問題。

另一方面，朝鮮的趙翼則最為重視「敬」之修養方法，並留下許多相關著作。[103]其中，他曾揀選朱熹敬說中重要的言論，整理成〈朱子論敬要語〉，以「始終集中精神於某物事」、「無事時保持抖擻的精神狀態，作為有事時之準備」等語理解朱熹之敬說。根據趙翼，在無事發生時進行敬之修養的理由，是為了發生事情時做準備。在他的理解中，朱熹的「敬」論是為了對應物事的修養方法，絕非「一個人靜心而坐，什麼也不做、不反思物事」。在〈朱子論敬要語〉中，趙翼特地蒐集朱熹說明「敬」的文句中與自己的理解一致的文句。[104]

趙翼未打算確認朱熹所言之「敬」與經書之「敬」是否完全同義。他認為，就算朱熹所說的「敬」不同於孔孟，那也是從孔孟推展而來，是使學習者走向孔孟之說的線索。此種思考的基礎在於，比起認為朱子學所說的理論與經書本來的內容有

---

102 同上，頁372。

103 有〈持敬圖說〉、〈朱子論敬要語〉、〈心法要語〉等數篇。

104 趙翼，前揭《浦渚集》卷19〈朱子論敬要語〉，頁345：「程子說人心做工夫處，特注意此字。蓋以此道理貫動靜，徹表裡，一始終，本無界限。閑靜無事時也用敬。應事接物時也用敬。心在裡面也如此，動出外來做事也如此，初頭做事也如此，做到末梢也如此。此心常無閒斷，纔閒斷，便不敬。」〈朱子論敬要語〉尚收錄其他多則朱熹講述「有事」時之敬說。

異，更近於接受前者，且認為它能引領學習者理解經書真正的意思。

　　然而，對於朱子學理論及經書解釋不合於經書內容之批判，宋代以來屢屢有之。以下即其中一例。《大學章句》中朱熹以「意者，心之所發也」，說明「意」與「心」的關係。根據此注，「意」由作為「本體」之「心」所派生。但是，《大學》有「欲正其心者，先誠其意」之句，有些人認為朱熹之注與此不相容。他們認為，若如朱熹所言「意者，心之所發也」，應該要先修作為本體之心，但是經文寫的是「先誠其意」。此種困惑來自於，這些人認為先修作為本體之心就是正確的順序。

　　伊藤仁齋也基於同樣觀點，批評朱熹對「誠意」的解釋：

　　　案章句以為意者心之所發也，非也。若使意為心之所發焉，則是心本而意末，心源而意委。夫本立而後枝自茂，源澄而後流自清，自然之理也。大學當曰，欲誠其意先正其心，又當曰心正而後意誠，而大學乃曰欲正其心先誠其意，又曰意誠而後心正，則豈非本末顛倒之甚乎？[105]

在朱熹的時代也有做同樣批評者，朱熹如此回答：

　　　問，心，本也。意，特心之所發耳。今欲正其心，先誠

105　伊藤仁齋，前揭《大學定本》。

其意，似倒說了。曰，心無形影，教人如何撐拄。須是從
心之所發處下手，先須去了許多惡根。如人家裡有賊，先
去了賊，方得家中寧。如人種田，不先去了草，如何下
種。須去了自欺之意，意誠則心正。誠意最是一段中緊要
工夫，下面一節輕一節。106

朱熹回答：「心無影無形，比起直接支撐心本身，更應該
從心所發處著手，去除頻頻出現的惡之根。」「誠意」是，在
心實際開始運作的時點，為能夠適切地對應事態而累積修養。
藉由「誠意」「去除欺騙自己之意」，如同家裡有賊時先除
賊，耕田時先除雜草等，各種狀況皆有其當務之急。

另一方面，從朱子學角度學習朱熹注釋的後人，區別「正
心」之「心」與作為本體之「心」，藉此回應「誠意和正心順
序顛倒」的批評。例如，朝鮮的趙翼說明道：

心所以應物。正心使其心之應物皆得其正也。107

正心者，正其心之應物不得其正者而正之，使無過不及
之謂也。至於心正，則日用之間，本心昭著，隨所應接，
無不各當其則。108

---

106 黎靖德編，前揭《朱子語類》卷15〈大學二〉，頁488。

107 趙翼，前揭《浦渚先生遺書》卷1〈大學困得〉，頁3。

108 趙翼，前揭《浦渚集》卷20〈拙脩雜錄〉，頁355。

　　趙翼說明，使心發揮應物功能時皆得其正，即為「正心」。觀「本心昭著」之語，可知趙翼所言「正心」之「心」與「本心」之「心」不同。「正心」非「正『心之本體』」，而是「監督應物時心的活動」。

　　明代蔡清（1453-1508）限縮「正心」之「心」的意思，進一步分析如下：

　　　　意者心之萌也。心該動靜，意只是動之端。心之時分多，意之時分少。

　　　　意者心之所發也。未發之前，心固在乎。曰然。既發之後，猶有心在乎。曰然。然則心兼動靜，或靜而未應物，或動而應物，皆當敬以存之矣。夫心對意而言則為本體，不必謂正心之心，全是體而以意為用也。如彼說則將以心意分動靜相對工夫矣。正心只是主靜之法，靜亦靜，動亦靜也。故曰敬以直內。誠意者，致謹於動之端也。蓋一念善惡分路之始也，別是一關頭也。故另為一目。[109]

　　蔡清以「意者心之萌」解釋朱熹的「意者，心之所發也」，將「意」理解為「心之所發」之萌生，而非其全體。「誠意」之「意」是心開始動的瞬間，「正心」之「心」指還未動的時刻。由於「心」活動的瞬間便有善惡之分，所以學習者

---

109 蔡清，《四書蒙引》卷1（台北：臺灣商務印書館，1983，王雲五主持，四庫全書珍本三集），頁65。

必須致力於「誠意」。即，「心」開始動之瞬間其修養為誠意。「正心」是將「靜」（未發）、「動」（已發）的階段皆作為對象，「以靜為方針」的修養。如此說明，則修身時由「誠意」到「正心」之順序與「意者，心之所發也」之注便不會矛盾。經由賦予「心」在字義上的伸縮性，蔡清能夠同時說明：在「正心」前需先修「誠意」之理由，以及正心和誠意應該立為各自獨立的條目之理由。

讓我們再看一則對朱熹解釋有不同理解的例子。伊藤仁齋對照其他經書內容，論證朱熹對於《大學》「明德」一詞解釋有誤。他的批判對象是朱熹的這一則解釋：

> 明，明之也。明德者，人之所得乎天，而虛靈不昧，以具眾理而應萬事者也。但為氣稟所拘，人欲所蔽，則有時而昏。然其本體之明，則有未嘗息者。故學者當因其所發而遂明之，以復其初也。[110]

眾所周知，朱熹基於《大學》開頭的「大學之道，在明明德，在親（新）民，在止於至善」，取「明明德」、「新民」、「止於至善」三者為大學之綱領。其中，「明明德」的解釋是「人彰明自己與生俱來的明德」。接著朱熹說明，「儘管人生而有明德，有時會因為私欲掩蓋原本的清明。所以不能不努力去除私欲，取回原本的清明。本體本明，誰都有可能回復原本的

110　朱熹，前揭《大學章句》經一章，頁3。

狀態。學習者首先要彰明自己的明德（明明德），然後及於他人（新民），並止於至善的境界（止於至善）。

對於朱熹以學習者的修養解釋「明明德」，仁齋舉其他經書的用例加以反駁。仁齋認為，「明德」是讚美聖人之德的言詞，「明明德」指的是「彰明聖人之德」：

> 明德者，謂聖人之德，光輝發越，至於幽隱之地，遐陬之遠，莫所不照，若虞書贊堯之德曰，光被四表，格於上下，泰誓贊文王之德曰，若日月之照臨，光於四方，是也。[111]

> 若章句之解，則克明俊德四字，則學者之用功而非所以稱堯之德。[112]

如上，仁齋主張，朱熹「一般人生來就有的德是明德，修此明德為明明德」之說明有錯。仁齋著眼於《尚書》以「明」、「光」字表現聖人「明亮」的德，認為「明德」不是對一般人的敘述詞，而是用來表現「聖人之德照亮其所至之處」。「明」字之外也列舉「光」字的用例，因為兩者字義相似。因為「光」和「明」的基本字義相似，所以仁齋參照雙方在經書中的用例，以確定「明德」之義。

---

111 伊藤仁齋，前揭《大學定本》。
112 同上。

　　然而，在《尚書》的解釋史中，「光被四表」之「光」並非總是解釋成「明亮」、「耀眼」等義。孔安國的傳以「充」字解釋「光」，蔡沈《書經集傳》解作「顯」義。兩者皆未將「光被四表」之「光」理解為「明亮」。儘管「光」和「明」的基本字義相似，未必總是被當成同義字使用。若根據通行的解釋，其實無法基於「光被四表」確定「明德」指的是聖人之德。

　　仁齋的論證繼續如下。《尚書》在「光被四表，格於上下」後，接上「克明俊德，以親九族，九族既睦，平章百姓，百姓昭明，協和萬邦。黎民，於變時雍」之句。此處之「克明俊德」為《大學》所引用。「克明俊德」在《尚書》中明顯指帝堯之事，無法解作一般學習者之修養。因此，仁齋認為，與「明俊德」相似的「明明德」也不是「一般學習者之修養」，兩者皆與聖人有關。仁齋主張從這一點可以證明朱熹注釋有誤。

　　另一方面，蔡清卻對「明德」與「明俊德」兩者主體的差異，作如下說明。或許是因為明代也有人提出與仁齋──由於「明俊德」清楚屬於聖人之德，所以相似的「明明德」無法解釋為學習者的努力──相似的質疑：

　　　峻德亦非帝堯之所獨。萬物皆備於我，[113] 堯舜與人同耳。[114] 或以峻德為光被四表格於上下者，非也。蓋明峻德

113《孟子‧盡心上》：「萬物皆備於我矣。反身而誠，樂莫大焉。強恕而行，求仁莫近焉。」
114《孟子‧離婁下》：「何以異於人哉。堯舜與人同耳。」

只就帝堯一身言，乃至誠無息處，光四表，格上下，則是
徵則悠遠以後事，[115]所謂聖人之德，著於四方者也。故帝
典於明峻德之下，方說親睦九族，平章百姓，協和萬邦。
今之言明峻德者，只可說其德之明，有以盡夫天理之極，
而無一毫人欲之私，卻是正意。若說出外便是新民境界
矣。以上歷引三書，皆不用過文。深淺始之意，只可於言
外意會。[116]

　　依蔡清之見，「峻德」之語儘管在《尚書》中屬於帝堯，
但若依照《孟子》的「萬物皆備於我」、「堯舜與人同耳」，不
一定只能用來解釋帝堯。指涉「至誠無息」的最高境界之時，
「峻德」屬帝堯一身。而《大學》引用的「明峻德」則多少指
涉無人欲之私的境界。蔡清認為，解釋經書時，儘管是同一個
詞語也不能盡用同一個意思含括解釋，應該按照文脈，確認是
「深義或淺顯之義？該當初步階段或最高階段？」後，才能把
握準確的意思。
　　蔡清對於《大學》中的「知」字的理解，也適用他所說的
「按照文脈確認各自詞義」。他主張「知止」之「知」與「知所
先後」之「知」，兩者字義「深淺」不同，並如下進行複雜的
說明：

115《中庸》（《章句》之26章）：「至誠無息，不息則久，久則徵，徵則悠
　　遠，悠遠則博厚，博厚則高明。」
116 蔡清，前揭《四書蒙引》卷2「克明峻德」之注。

　　知止知字深，知所先後知字淺。此知字又在知止之前。
近道雖就知上說，而所以近道者，正以其於用工處知所先
後也。故或問既曰進為有序，[117]而小註又云不知先後便倒
了，[118]可見先後自重，不是全未下著工夫，只泛泛然僅知
其序，即便為近道耳。此近道與忠恕違道不遠一般。故不
必指為近大學之道。蓋非為大學之道道字，不足以該天下
之道也。只是於詞氣之間欠寬平，不類古人言語氣象耳。
所謂平地鋪著看何傷。中庸忠恕違道不遠亦不必說是近中
庸之道。道是天下古今公共物事。[119]

　　也就是，「知止」之「知」是深刻理解，「知所先後」之
「知」是「先要知道先後」的淺顯意思，兩者背後意涵不同。
又，「近道」之「道」字，與「忠恕違道不遠」之「道」字同
義，但是不需要視其為「大學之道」或「中庸之道」。「近道」
和「忠恕違道不遠」之「道」就算視為一般意義的「道」也沒
有問題。

---

117 朱熹，前揭《大學或問》，頁510-511：「曰物有本末，事有終始，知所先
　　後，則近道矣，何也。曰此結上文兩節之意也。明德新民，兩物而內外相
　　對，故曰本末。知止能得，一事而首尾相因，故曰終始。誠知先其本而後
　　其末，先其始而後其終也。則其進為有序而至於道也不遠矣。」

118 《大學章句大全》：「問事物何分別。朱子曰對言則事是事，物是物，獨言
　　物則兼事在其中。知止能得，如耕而種而耘而斂。是事有箇首尾如此。明
　　德是理會己之一物，新民是理會天下之萬物。以己之一物對天下之萬物，
　　便有箇內外本末。知所先後自然近道，不知先後便倒了，如何能近道。」

119 蔡清，前揭《四書蒙引》卷1「知所先後則近道矣」之注。

　　蔡清又以同樣方法，對《大學》「十目所視，十手所指，其嚴乎」的朱熹注釋，作如下補充：

　　<u>誠中形外之理，本兼善惡</u>。但此所引之意則主惡者言，下條章句雖兼言善惡之不可掩然，[120] 其意亦主惡言。[121]

　　對於「此所謂誠於中形於外，故君子必慎其獨也」的經文，蔡清以「君子務於慎獨，使心中無惡，故惡無法顯於外」解釋。因此他指出，朱注之「善惡之不可掩」，其實是「惡之不可掩」的意思。乍看之下，朱熹針對「惡」作注釋似乎與經文有所齟齬，於是蔡清將其補足，說明朱熹注釋之「真正的」意思。

　　在朱熹的著作中，其術語欠缺一貫性，有時也存在互相齟齬的命題。例如，一面提出「理先於氣」，一面提出「氣先於理」，既說「理無活動」，卻又說「應當看作理有活動」。如果只以表面的意思理解這些術語，那麼朱子學便充滿矛盾，這些矛盾會使人懷疑它是否真理。

　　研究朱子學時，需從文脈內在理解朱熹文章中的用語和命題。例如，現代研究者對朱熹的理氣說進行研究時，會將合說

120　朱熹，前揭《大學章句》，頁7：「言雖幽獨之中，而其<u>善惡之不可掩</u>如此。可畏之甚也。」

121　蔡清，前揭《四書蒙引》卷2：「此謂誠於中形於外，故君子必慎其獨也」之注。

理與氣的文章，與分說理與氣的文章，區分開來考察。[122]

　　此種朱子學研究方法在朝鮮的儒者之間逐漸確立。此即為從文章的脈絡考慮字義之「活看」、「通看」方法。至於「活看」、「通看」的方法，將於下一小節詳細敘述。

方法論——文脈重視或文本重視

　　明末清初的陳確提出「《大學》包含非聖人之言」之質疑。據他所說，《大學》的言詞雖似聖人之言，卻潛藏禪說，非秦以前儒者所作。[123]因此，他順著經書產生的時代，重新進行檢討。檢討之際，他所採用的方法論，主要是交互參照其他經書的文本。

　　舉例而言，陳確言：「凡言誠者，多兼內外言。中庸言誠身，不言誠意。」[124]他主張，《大學》的誠意論不是充分理解「誠」之意思後的產物，《中庸》內也找不到類似「誠意」的概念。與《中庸》之「誠身」對照來看，《大學》之「誠意」一詞顯得可疑。

　　又，陳確以《大學》只引用兩處孔子之言，一處曾子之言為根據，主張無法將《大學》與孔子、曾子連上關係：

---

122 例如，大濱晧，《朱子の哲學》（東京：東京大學出版會，1983）等。

123 陳確，〈大學辨〉，《陳確集》（北京：中華書局，1979），頁552：「大學，其言似聖而其旨實竄於禪，其詞游而無根，其趣罔而終困，支離虛誕，此游夏之徒所不道，決非秦以前儒者所作可知。」

124 同上，頁555。

大學兩引夫子之言，則自於止聽訟兩節而外，皆非夫子
之言可知。一引曾子之言，則自『十日』一節而外，皆非
曾子之言可知。由是觀之，雖作大學者絕未有一言竊附孔
曾，而自漢有戴記，至於宋千有餘年間，亦絕未有一人焉
謂是孔曾之書焉者，謂是千有餘年中無一學人焉，吾不信
也。125

陳確認為，原本和孔子、曾子毫無關係的《大學》，到了
宋代才開始被稱為「曾子傳承孔子之言」的書籍。

伊藤仁齋同樣使用對照其他經書的方法，論證《大學》所
言違背孔子、孟子之教。透過這樣的工作，仁齋對作為朱子學
四書體系四支柱之一的《大學》之位置提出異議。首先，他說
道：

大學曰，大學之道，在明明德。按明德之名，屢見於三
代之書。然三代之書，本記聖人之所行，或以此美聖人之
德。或曰明德，或曰峻德，或曰昭德。其意一也。故雖數
數見典、謨、誓、誥之間，然非學者之所能當。故至於孔
孟每曰仁，曰義，曰禮，而未嘗有一言及於明德者矣。作
大學者，未知其意在，見詩書多有明德之言而漫述之耳。
豈非不識孔孟之意乎。126

---

125 同上，頁557-558。
126 伊藤仁齋，《語孟字義》附〈大學非孔氏之遺書辨〉（林本，東京大學漢

　　仁齋又提出，《大學》之「誠意」與《論語》、《中庸》內容有部分明顯不合：

　　又曰欲正其心者先誠其意。夫意一也，論語說毋，[127] 大學說誠。一正一反，必不可無是非。而中庸曰誠身而不曰誠意，[128] 則誠字當施之於身，而不可施之於意，明矣。[129]

　　仁齋指出，對於同一個「意」字，《大學》言「誠意」而《論語》言「毋意」，兩者文句有所齟齬。既然以相反的方式用於同一個「意」，若其中一方正確，則另一方必定不正確。兩者中一定存在是與非。仁齋在此處採取的方法是對照古典文句。
　　另一方面，羅欽順（1465-1547）使用別的方法，說明如下：

　　有心必有意，心之官則思。是皆出於天命之自然，非人之所為也。聖人所謂無意無私意耳。[130]

　　籍コーナー所藏〔天理圖書館400954之複寫本〕）。

127 《論語・子罕》：「子絕四。毋意，毋必，毋固，毋我。」

128 《中庸》（《章句》之第二十章）：「在下位不獲乎上，民不可得而治矣。獲乎上有道。不信乎朋友，不獲乎上矣。信乎朋友有道。不順乎親，不信乎朋友矣。順乎親有道。反諸身不誠，不順乎親矣。誠身有道。不明乎善，不誠乎身矣。」

129 伊藤仁齋，前揭〈大學非孔氏之遺書辨〉。

130 羅欽順，《困知記》續卷下（北京：中華書局，1990），頁81。

　　羅欽順認為，作為心之所思的「意」，是心自然出現的功能。若是此種意義上的「意」，不可能因為人的意圖而出現或消失。而孔子以「無意」表現之「意」，便不是心之機能的「意」，具有其他意義。孔子之「無意」說的是無「私意」，《論語・子罕篇》「毋意」之「意」指「私意」，不同於《大學》「誠意」之「意」。

　　在羅欽順之前，陳淳《北溪字義》也區別兩者，認為《論語》中「毋意」之「意」是「私意」，《大學》中「誠意」之「意」則帶有正面意義。[131]

　　如此一般，陳淳和羅欽順從各個文脈中考慮「意」的字義。而如同前述，陳確和仁齋則想定經書中的概念基本上是一貫的，他們認為，若經書之兩處互相齟齬，一定有一方是錯誤的（＝不是真正的經書）。陳淳和羅欽順不是在群經中尋求概念的一貫，而是按照文脈理解各自的實際意涵。由此可知，雙方解釋經書時的基本態度，有顯著的不同。

　　朝鮮的趙翼主張《中庸》之「誠身」與《大學》之「誠意」處於同樣的文脈中，如下：

　　　　按中庸孟子皆述此篇之旨。論為學之道，而其言自修之方，皆只言誠身。如順親信友以下乃誠之效也。是言自修

---

131 陳淳，《北溪字義》卷上（四川大學古籍整理研究所等編，《諸子集成續編》第5冊，成都：四川人民出版社，1998），頁17：「毋意之意是就私意說，誠意之意是就好底意思說。」

以誠身為至也。誠身與誠意一也。……子思孟子所論自脩
之方，實出於此傳也。然則此篇此傳實曾子子思孟子相傳
為學之要旨也。[132]

在趙翼的理解中，《中庸》和《孟子》的「誠身」[133]修養方
法，是誠己自修之方法，與《大學》「誠意」相同。如何將
「身」和「意」的不同文字理解成相同意涵？趙翼並未詳細說
明，只說「此為子思、孟子傳承自曾子者」。趙翼之所以判斷
此處不需要進一步說明，或許是因為他將朱子學的四書體系視
為理所當然之前提。

然而，對於伊藤仁齋來說，四書體系並非被規定的前提，
所以他對《中庸》「喜怒哀樂之未發，謂之中。發而皆中節，
謂之和。中也者，天下之大本也。和也者，天下之達道也。致
中和，天地位焉，萬物育焉。」等四十七字，作如下論述：[134]

---

132 趙翼，前揭《浦渚先生遺書》卷1〈大學困得〉，頁21。

133 由於《孟子‧離婁上》與《中庸》（《章句》之第20章）有幾乎一樣的文
　　章，應是同時提及《孟子》和《中庸》。

134 伊藤仁齋雖然認為《中庸》文本的一部分有問題，卻並非不承認《中庸》
　　之價值。仁齋於《中庸發揮》之〈敘由〉，提到「中庸又演繹孔子之言，
　　故今附於論孟之後，改為三書，合之三書總一意云」。仁齋之子東涯在正
　　德四年（1714）刊行的《中庸發揮》序文中，以「六經之總括，學問之宏
　　要」評價《中庸》。參照田尻祐一郎，〈伊藤仁齋の中庸論〉，市來津由彥
　　等編，《江戶儒學の中庸注釋》（東京：汲古書院，2012），頁182-183。

已上四十七字，本非中庸之本文。蓋古樂經[135]之脫簡，贊禮樂之德云爾。若以此為中庸之本文，則唯喜怒哀樂未發之中，獨為學問之根本，而六經語孟，悉為言用而遺體之書，害於道甚矣。故今斷為古樂經之脫簡。[136]

仁齋列舉十條理由，主張應該將此段敘述「已發」、「未發」的文字從《中庸》刪去。其中之第六條到第十條，列舉《中庸》中互相矛盾之內容：

如未發已發之說，六經以來，群聖人之書，皆無之，一也。孟子受業於子思之門人，當祖述其言，而又不言，二也。如中字虞廷及三代之書，皆以已發言之，此處獨以未發言之，三也。而典謨所謂中字，此反以和名之，四也。若以未發之中為言，則六經語孟皆為有用而無體之書，五也。以其一書之中自相矛盾者言之，此書本以中庸名篇，當專論中庸之義而首論中和之理，六也。中字雖後屢出，皆以已發言之，而不一有以未發言者，七也。且若和字，子思當屢言之，而終篇又無復及之者，八也。此以喜怒哀樂，發皆中節為天下之達道，後以君臣父子夫婦昆弟朋友

---

135 中國經學史中，古文學派主張古代存在《樂經》，今文學派則認為原本便無《樂經》，只有《禮》和《詩》內所包含的「樂」。參照皮錫瑞著，周予同注釋《經學歷史》（北京：北京中華書局，2004），頁2。

136 伊藤仁齋，《中庸發揮》元祿七年校本（東京大學漢籍コーナー所藏本〔天理圖書館400031の複寫本〕）。

之交，為天下之達道，九也。此以大本達道並稱，而後單言天下之大本，偏而不備，十也。[137]

仁齋言：「此十證者，蓋據中庸本文及六經語孟而言之，非（予）臆說。」[138]他採用對照複數經書文本的方法來考證《中庸》文本，闡明「中和」之說無論在《中庸》他處或六經、《論語》、《孟子》中皆未出現。關於仁齋的經學方法論，可參照下文：

> 予嘗教學者，以熟讀精思語孟二書，使聖人之意思語脈，能了然於心目閒焉，則非惟能識孔孟之意味血脈，又能理會其字義而不至於大謬焉。夫字義之於學文固小矣，然而一失其義則為害不細。只當一一本之於語孟，能合其意思語脈而後方可。不可妄意遷就以雜己之私見。[139]

仁齋強調，不僅要知道孔孟的意思和脈絡，還需理解其中之字義。也就是，對仁齋而言，確認某個文字被使用作何種意思，與理解文章的脈絡，是兩種不同的學習。只是，確定字義的時候，需以《論語》、《孟子》的脈絡為準。因此，仁齋的主張是：一、不只要知道意思和脈絡，還要把握字義；二、字

---

137 同上。

138 同上。

139 伊藤仁齋，前揭《語孟字義》上。

義必須基於意思和脈絡來理解。從引用文末句，可以感受到仁
齋對於向來（宋儒的）經書解釋——妄自找理由，擅自做出異
於經書用法的解釋——的批判意識，一般認為他的方法論產生
自此種批判意識。

　　仁齋標榜的「基於論孟二書」的方法，即「不是採用『蒐
集二書中同一言詞的用例，歸納後決定字義』的方法，而是以
前述意義血脈為根據，對照意思血脈（思考方法及文章形式）
一詞一詞的決定字義」。[140]

　　另一方面，朝鮮儒學界則擁有「活看」、「通看」的讀解
方法，使用的方法論是「與其思考一詞一詞的字義，不如去理
解從脈絡中自然浮現的字義」。

　　趙翼做經書解釋時，比起將文字視為文字，更將文字視為
存活於文脈之物。他認為必須使用靈活地閱讀（活看）及通過
前後文閱讀（通看）的方法：

　　　凡看文字，須要活看，不可專泥言句。且通看上下前後
　　之言，可得其旨意之所在而無差矣。[141]

此種讀解方法也存在於朱子學的治經方法中：

　　　文字須活看。此且就此說，彼則就彼說，不可死看。牽

140　石田一良，《伊藤仁齋》新裝版（東京：吉川弘文館，1989），頁133。
141　趙翼，前揭《浦渚先生遺書》卷1〈大學困得〉，頁3。

此合彼，便處處有礙。[142]

　　曰，鳶飛魚躍，皆理之流行發見處否。曰，固是。然此段更須將前後文通看。[143]

　　朱熹所言，無論文字的字義為何，都不會完全合於固定的基本字義，所以需要從文脈上理解。就算是同一個文字，根據狀況也有不能不看作其他意思的時候。朱熹的發言及文章皆基於此種想法發展而來。

　　熟讀朱熹著作的朝鮮儒者，並未協議將它定為共同的讀解方法論，卻理所當然地，總是用它作為文獻讀解的方法。

142　黎靖德編，前揭《朱子語類》卷5〈性理二〉（《朱子全書》第14冊），頁217。

143　同上，卷94〈周子之書〉（《朱子全書》第17冊），頁3126。

終章

　　何謂朝鮮儒學史？本書透過重新檢討十七世紀朝鮮儒學史之通說，以回答此問題。根據通說，十七世紀的朝鮮受到中國、日本數度入侵，面臨建國以來最大的危機，在此狀況下，產生了思想史轉換。通說將異於朱子學之經書解釋的登場，定義為對向來朱子學思想批判意識之萌芽。並從記載這些新解釋的作者受到政治迫害的史料，解讀出朱子學派與反朱子學派的對立。

　　然而，對於上述意義賦予，本書透過以下考察，提出新見解如下：

　　第一，闡明韓國正式開始進行儒學史研究之二十世紀初——即淪為殖民地的時代——的背景下，存在著扭曲儒學史研究的可能性。

　　殖民地時代的朝鮮史研究過度強調可能支持國家獨立的史實，批評甚至否定可能妨礙獨立的史實。眾所周知，朝鮮以中國宋代發祥的朱子學作為官學，無論科舉考試的標準答案，或是國家禮法施行之根據，都是朱子學。士大夫家的朝鮮男子，從小就必須基於朱熹的注釋學習經書。成為官僚後，他們的朱子學者身分不會改變，政治議論也以朱子學書籍為論據。然而，殖民地時代的韓國，朝鮮儒學的朱子學偏向卻成為批判的

焦點。這等於批判朝鮮儒學史最大的特徵本身。在當時對於朝鮮儒學史的全面否定下，樹立了「反朱子學思想」對抗位於權力中心的「朱子學思想」之架構。同時，十七世紀反朱子學傾向的登場，作為所謂的「朝鮮後期實學派」之萌芽獲得矚目。

第二，闡明朝鮮儒者的自我認同。

十七世紀朝鮮儒者的問題意識，與二十世紀的韓國知識分子大不相同。儘管朝鮮儒者都是科舉考生，他們將來卻不一定會科舉及第、成為官僚。朝鮮士大夫作為社會統治階層的使命，無論他們自己或他人都認為是為了實現正確之道。朝鮮儒學史由以實現正道為己身義務，無論何時都為此行動的儒者所形成。他們進一步以取代滿族之清朝，繼承中華之道統自任，這個必須繼承的道的中心，在他們看來無他，就是朱子學。他們細密地研究作為理解經書和世界之基礎的朱子學，並從中產生新的見解。如此說來，自然無法在那些新見解作者的著作中，找到他們對朱子學的懷疑或批判意識。

第三，將被定位為十七世紀思想史轉換之證據的著作——即批判朱熹或表現出疑問的著作——與擁護或批判朱子學的近世中國、日本著作比較，得知，實際上很難認為朝鮮朝著作表現出批判朱子學的意圖。

將德川日本的儒學史展開作為比較對象來看，德川儒者皆出於自己的選擇，選擇儒者為「業」。例如，有人放棄町人或醫生等選項，遭到周圍反對卻仍志於儒學，也有武士雖然擔心受到周圍武士的排斥，卻仍勤勉學習經書。這正是德川日本的儒者，與沒有選擇餘地的朝鮮朝儒者，形成完全不同的儒學史

之最大原因。

　　然而，二十世紀初，發展背景完全不同的朝鮮儒學與日本儒學，前者之「朱子學研究」與後者之「朱子學批判」，卻經由殖民與反殖民抗爭的權力構造，硬是將兩者繫在一起，成為過度單純的比較對象。此種不當的文化比較，是朝鮮儒學史研究難以設立妥當觀點的主要原因。本書在有限的範圍內，將德川日本的儒者、儒學與朝鮮進行比較，以便闡述殖民地時代進行的文化比較之問題。

　　第四，重新定位十七世紀朝鮮的部分儒者提出的經書新解釋。

　　十七世紀朝鮮儒學界所關心的問題在於，一如前述，作為肩負中華文化者，如何繼承以朱子學為中心的道統。基於此信念，朱子學研究益發深化，有時也會出現不同於朱熹學說的見解。

　　十七世紀，不同於朱熹學說的見解，時而被作者之政敵，批評為「求異於朱子」。而這些「求異」於具有權威的朱子學的著作，自二十世紀初以來備受學界矚目。理由是，可以從這些著作推導出，挑戰向來的權威、構築新思想體系的「近代意識」。

　　然而，在充滿「繼承以朱子學為核心之道統」的意志下，對於朱子學本身之懷疑是否可能萌芽？此種問題意識實際上能取得何種成果？事實上，能夠確認這兩點的史料並不足夠。因此，二十世紀初以來主要的研究方法是，解讀十七世紀著作時，就算其中沒有對朱子學的直接批判，也能從著作的字裡行

間「發現」批判朱子學之意識。然而,詳細鑽研史料後,本書發現,朝鮮儒者使用高度精密的方法進行朱子學研究,他們找出朱熹著作中的變化及矛盾,在此過程中產生了新的見解。這才是十七世紀朝鮮儒學史的真相。

　　若從十七世紀東亞的時代背景來看,理所當然能推導出本書的論證。然而,此種論證卻難以獲得殖民地時代韓國學界的認可。理由是,當時一邊將朝鮮儒學視為長時間偏向朱子學、缺乏獨創性的「虛」、「假」的學術史,一邊在其中挖掘具有朱子學批判性、獨創性的歷史人物。也就是,朱子學派被設定為對立於獨創性見解之存在。在這樣的對立架構中,從一開始就不存在從朱子學研究中找出新學說的可能性。因此,本來就無法期待在殖民地時代以來的朝鮮儒學史研究中,出現從朝鮮朱子學著作尋獲意義的研究。

　　本書對於二十世紀初以來一直通行的說法——十七世紀已產生對朱子學的批判意識,導致朝鮮後期登場的「實學」思想萌芽——提出異議。但是絕非對於殖民支配下之學界所達成的努力與貢獻等閒視之。本書中,將朝鮮儒學史研究,與纏繞著它的殖民地時代之時代使命感分離,論證其歷史開展,期望對於現今研究者必須完成之工作有些許幫助——若果如此,乃筆者所願。

聯經評論

被誤讀的儒學史：國家存亡關頭的思想，十七世紀朝鮮儒學新論

2020年12月初版　　　　　　　　　　　　　　　　　定價：新臺幣480元
有著作權・翻印必究
Printed in Taiwan.

著　　者	姜	智	恩	
譯　　者	蔣	薰	誼	
叢書主編	王	盈	婷	
校　　對	吳	淑	芳	
封面設計	兒		日	

出　版　者	聯經出版事業股份有限公司	副總編輯	陳	逸	華
地　　址	新北市汐止區大同路一段369號1樓	總編輯	涂	豐	恩
叢書主編電話	(02)86925588轉5316	總經理	陳	芝	宇
台北聯經書房	台北市新生南路三段94號	社　長	羅	國	俊
電　　話	(0 2) 2 3 6 2 0 3 0 8	發行人	林	載	爵
台中分公司	台中市北區崇德路一段198號				
暨門市電話	(0 4) 2 2 3 1 2 0 2 3				
台中電子信箱	e-mail：linking2@ms42.hinet.net				
郵政劃撥帳戶第	0 1 0 0 5 5 9 - 3 號				
郵撥電話	(0 2) 2 3 6 2 0 3 0 8				
印　刷　者	文聯彩色製版印刷有限公司				
總　經　銷	聯合發行股份有限公司				
發　行　所	新北市新店區寶橋路235巷6弄6號2樓				
電　　話	(0 2) 2 9 1 7 8 0 2 2				

行政院新聞局出版事業登記證局版臺業字第0130號

本書如有缺頁，破損，倒裝請寄回台北聯經書房更換。　ISBN　978-957-08-5650-7 (平裝)
聯經網址：www.linkingbooks.com.tw
電子信箱：linking@udngroup.com

國家圖書館出版品預行編目資料

被誤讀的儒學史：國家存亡關頭的思想，十七世紀朝鮮
儒學新論/姜智恩著．蔣薰誼譯．初版．新北市．聯經．2020年12月．
296面．14.8×21公分（聯經評論）
譯自：朝鮮儒學史の再定位：十七世紀東アジアから考える
ISBN　978-957-08-5650-7（平裝）

1.儒學　2.韓國

132.509　　　　　　　　　　　　　　　　　　　　109017249